I0831176

Historische und literarische Bilder im Werk von Arno Surminski

LUBLINER BEITRÄGE ZUR GERMANISTIK
UND ANGEWANDTEN LINGUISTIK

Herausgegeben von Janusz Golec und Hans-Jörg Schwenk

BAND 12

Konrad Łyjak

Historische und literarische Bilder im Werk von Arno Surminski

PETER LANG

Bibliografische Information der Deutschen Nationalbibliothek
Die Deutsche Nationalbibliothek verzeichnet diese Publikation in der DeutschenNationalbibliografie; detaillierte bibliografische Daten sind im Internet über http://dnb.d-nb.de abrufbar.

Gedruckt mit finanzieller Unterstützung der
Maria-Curie-Skłodowska-Universität Lublin.

ISSN 2196-3649
ISBN 978-3-631-78039-8 (Print)
E-ISBN 978-3-631-79072-4 (E-PDF)
E-ISBN 978-3-631-79073-1 (EPUB)
E-ISBN 978-3-631-79074-8 (MOBI)
DOI 10.3726/b15652

Peter Lang – Berlin · Bern · Bruxelles · New York ·
Oxford · Warszawa · Wien

Diese Publikation wurde begutachtet.

www.peterlang.com

Inhaltsverzeichnis

1. Einleitung

Der gegenwärtige gedächtniskulturelle Diskurs geht unterschiedlichen Aspekten der Zeitgeschichte auf den Grund. Die im Rahmen dieses Diskurses aufgegriffenen Fragen zur Vergangenheit hängen offensichtlich von den einzelnen Erfahrungen der jeweiligen Träger des Gedächtnisses ab. Demnach sind die einen Aspekte für eine Nation von größerem Belang, während die anderen Nationen anderen Kategorien mehr Beachtung schenken. Ein markantes Beispiel dafür ist die Diskrepanz zwischen der Betrachtungsweise eines historischen Phänomens, das von Deutschen und Polen völlig anders wahrgenommen, analysiert und bewertet wird, und zwar das der Flucht und Vertreibung. Im polnischen Diskurs funktionieren die Deutschen nie als Opfer, sie werden immer als Täter angesehen, infolgedessen werden die doch unbestreitbaren Leiden der deutschen Nation aus der öffentlichen Debatte ausgeschlossen. Dabei wird immer – übrigens nicht zu Unrecht – auf die Dichotomie Ursache-Folge hingewiesen, nach der es zur Flucht und Vertreibung niemals gekommen wäre, wenn die Deutschen den blutigsten Krieg aller Zeiten nicht entfesselt hätten. Demensprechend orientiert sich der gedächtniskulturelle bzw. geschichtliche Diskurs in Polen an solchen Grundbegriffen wie „die Niederlage des Staates im Polenfeldzug 1939“, „der Kriegsalltag“ und „die Grausamkeiten der Konzentrationslager“. Die deutsche Erinnerung umfasst dagegen völlig andere Themen, die vor allem im Spiegel der Nachtkriegsliteratur das deutsche Leid betonen.[1] Dazu gehören nach Orłowski die Niederlage bei Stalingrad, die Flächenbombardements der deutschen Städte durch die Alliierten und selbstverständlich auch die Hölle, die mit dem Jahr 1945 begann. Lothar Bluhm bemerkt in Bezug auf die von den Deutschen vorgenommene Vergangenheitsbewältigung, dass im Zentrum des erinnerungs- und gedächtniskulturellen Diskurses die sogenannten zwei „jüngsten Vergangenheiten“ der deutschen Geschichte stehen: der Nationalsozialismus, das Dritte Reich und der Holocaust einerseits, die DDR, die Wende und ihre Folgen andererseits.[2] Monika Melchert behauptet dagegen, dass „in den

1 Vgl. Orłowski, Hubert: *Von ungleichwertiger Deprivation. ‚Verlorene Heimat' in der deutschen und polnischen Literatur nach 1939.* In: Bialek, Edward; Zybura, Marek (Hrsg.): *Orłowski, Hubert: Literatur und Herrschaft – Herrschaft und Literatur. Zur österreichischen und deutschen Literatur des 20. Jahrhunderts.* Peter Lang Verlag. Frankfurt am Main; Berlin; Bern; Bruxelles; New York; Wien 2000, S. 118.

2 Vgl. Bluhm, Lothar: *Popliteratur und Erinnerung – Kritische Anmerkungen zu einer topischen Entgegensetzung.* In: Gansel, Carsten; Zimniak Pawel (Hrsg.): *Das „Prinzip*

meisten Zeitgeschichtsromanen über die Jahre seit 1933 mit Schwerpunkt auf den Kriegsjahren und der ersten Nachkriegszeit" erzählt wird.[3] Trotz dieser auffallenden Unterschiede bei den Versuchen, den eigentlichen Themenkomplex des gedächtniskulturellen Diskurses möglichst präzise zu bestimmen, ist es nicht zu übersehen, dass die selbst, das heißt die von den einzelnen Nationen gemachten Erfahrungen in den Vordergrund rücken, während die für die anderen Nationen relevantesten Probleme entweder bagatellisiert oder sogar außer Acht gelassen werden. Auf der Ebene der Literatur spiegelt sich dies durch zahlreiche rein autobiographische oder auf den Biografien einzelner Autoren basierende Texte aus dem Bereich der schöngeistigen Literatur wider. Unter den „rein autobiographischen" Texten sind vor allem Briefe, Erlebnisberichte oder Tagebücher zu verstehen, in denen die Schriftsteller die eigenen Erfahrungen schlechthin thematisieren. Zu nennen sind an dieser Stelle beispielsweise die Tagebücher von Thomas Mann, Max Frisch oder Walter Kempowski. Es gibt jedoch auch unzählige Romane und Erzählungen, deren frei erfundener Inhalt scheinbar auf literarischer Fiktion beruht, jedoch auf persönliche Erlebnisse der einzelnen Schriftsteller zurückgeht. Die zur Zeit des Zweiten Weltkrieges, der Flucht und Vertreibung oder der DDR-Diktatur gesammelten Erfahrungen fanden in der Nachkriegsprosa einen starken Widerhall. Die in diesem Geist verfassten Texte von Günter Grass, Siegfried Lenz, Walter Kempowski oder Arno Surminski zielten auf eine subjektive Beschreibung und Bewertung bestimmter Ereignisse ab. So wie Christa Wolfs *Was bleibt* oder Hermann Kants *Abspann* „sofort zum

---

Erinnerung" in der deutschsprachigen Gegenwartsliteratur nach 1989. V&R unipress. Göttingen 2010, S. 47. Die von Bluhm genannten Phänomene sind noch um einen wichtigen Begriff zu ergänzen, und zwar den Zweiten Weltkrieg samt dessen Ursachen, Verlauf und Folgen. Der Zweite Weltkrieg war nämlich *das* Ereignis, das einen wesentlichen Einfluss auf die Nachkriegsliteratur ausübte. Vgl. Heukenkamp, Ursula: *Der Zweite Weltkrieg in der Prosa der Nachkriegsjahre (1945–1960)*. In: Heukenkamp, Ursula: *Deutsche Erinnerung. Berliner Beiträge zur Prosa der Nachkriegsjahre (1945–1960)*. Erich Schmidt Verlag. Berlin 2000, S. 296: „Die Kriegsprosa nach dem Zweiten Weltkrieg orientierte sich, oft unter ausdrücklicher Berufung auf das Genre oder einzelne Erzähler, an den Romanen der zwanziger Jahre, besonders oft an Remarque. Insofern hat die literarische Tradition den Autoren nach 1945 zumindest dazu verholfen, daß sie schnell eine Sprache für ihr unfaßliches Schicksal fanden. In der frühen Phase schrieben sie gegen den Krieg und alles, was von ihm kam".

3 Melchert, Monika: *Die Zeitgeschichtsprosa nach 1945 im Kontext der Schuldfrage*. In: Heukenkamp, Ursula: *Deutsche Erinnerung*, S. 103.

wesentlichen Teil der literarischen Debatten der Nachwendezeit“[4] wurden, stellen auch die stark autobiographisch geprägten Romane *Heimatmuseum* von Siegfried Lenz oder *Jokehnen* von Arno Surminski wichtige Stimmen in der Diskussion über die deutsche Vergangenheit dar, insbesondere über die Flucht und Vertreibung der Deutschen aus der ehemaligen ostpreußischen Provinz.

Der Gedächtnisdiskurs im Nachkriegsdeutschland wurde darüber hinaus durch die Teilung des Staates in die BRD und die DDR enorm beeinflusst. Ersichtlich ist in diesem Kontext vor allem die unterschiedliche Einstellung zum Problem der Gräueltaten der Roten Armee in den beiden deutschen Staaten. Während dieses Thema vonseiten der westdeutschen Politiker, Publizisten und Schriftsteller aufgearbeitet wurde, blieb es auf dem Gebiet der DDR aus:

> Das Trauma, das mit dem Bild der russischen Soldaten (…) verbunden war, wurde in der neuen (DDR-)Literatur tabuisiert oder mit klischeehaften Bildern in der Literatur und im Film fixiert.[5]

Die Tabuisierung der historischen Wahrheit ergab sich aus dem Abhängigkeitsverhältnis der DDR gegenüber der Sowjetunion. Dieses Verhältnis sorgte dafür, dass die peinlichen und unbequemen Themen mithilfe der Propaganda und der Kunst entweder gar nicht behandelt oder verfälscht wurden. Diese Tendenz betrifft wohl alle ehemaligen Ostblockstaaten, die unter Einfluss der Sowjetunion gerieten. Die Absicht war, die Sowjets als Brüder und Befreier, keineswegs aber als Mörder und Vergewaltiger darzustellen. Die Atmosphäre alltäglicher Überwachung, ständigen Misstrauens und drohender Konsequenzen brachte die DDR-Autoren davon ab, sich mit diesem Thema auseinanderzusetzen, während die Schriftsteller aus der BRD, darunter auch Surminski, das Kriegsende mit all seinen Grausamkeiten frei beschreiben konnten.

---

4 Ludorowska, Halina: *Individuelle Geschichten im Erinnerungsdiskurs der Nachwendezeit – Günter der Bruyns Zwischenbilanz (1992) und Günter Kunerts Erwachsenenspiele. Erinnerungen (1997).* In: Gansel, Carsten; Zimniak Pawel (Hrsg.): *Das „Prinzip Erinnerung“ in der deutschsprachigen Gegenwartsliteratur nach 1989.* V&R unipress. Göttingen 2010. S. 75. Die Stärke der von Halina Ludorowska genannten Texte bestand nämlich darin, dass sie „das kulturelle Gedächtnis mitformten“. Die Forscherin unterstreicht, welch große Rolle der privaten Erinnerung zukommt und bezieht sich auf die Worte von Aleida Assmann, nach denen die „private Erinnerung mit Hilfe der Kunst Teil eines sozialen und kulturellen Gedächtnisses wird“. Vgl.: Assmann, Aleida: *Der lange Schatten der Vergangenheit. Erinnerungskultur und Geschichtspolitik.* C. H. Beck. München 2006, S. 216.

5 Ludorowska, Halina: *Individuelle Geschichten im Erinnerungsdiskurs der Nachwendezeit*, S. 85.

Den gemeinsamen Nenner aller im Rahmen der vorliegenden Arbeit behandelten Werke von Arno Surminski bildet auf der inhaltlichen Ebene die Zeitgeschichte oder die Erinnerung beziehungsweise das Gedächtnis. Von zentraler Bedeutung ist dabei der thematische Umfang, „das Was des Erinnerns".[6] Alle von den oben genannten Forschern aufgeführten Themenkomplexe sind in den Werken von Surminski zu finden, wobei den einen eine größere Beachtung zuungunsten der anderen geschenkt wird. Alles dreht sich um den Zweiten Weltkrieg, der zweifellos als wichtigstes Ereignis im ganzen Schaffen des Schriftstellers funktioniert. In den einzelnen Werken werden die verheerenden Konsequenzen dieses Konflikts ausdrücklich hervorgehoben. Die Erinnerung an die Ereignisse von damals, das Gedenken der Opfer des Nazi-Regimes oder der Flucht und Vertreibung ist jedoch frei von moralisierendem Ton. Die Erinnerung stützt sich in der Prosa von Surminski auf eine literarische, das heißt auf Fiktion basierende, und mit Anknüpfungen an historische Quellen untermauerte Beschreibung, ohne dass auf solche Kategorien wie etwa Schuldfrage näher eingegangen wird.[7] Der Leser erhält einen bestimmten Erzählstoff, anhand dessen der historische Stoff ans Licht gebracht wird.

Die Werke von Arno Surminski erzählen von Flucht, Vertreibung, Stalingrad oder Bombenkrieg, also von jenen Kategorien, die sich in der letzten Zeit eines zunehmenden Interesses erfreuen. Carsten Gansel behauptet, dass es mit der Aufhebung der deutsch-deutschen Grenze und den globalen Veränderungen zu einem Umbau des „Funktionsgedächtnisses" insofern gekommen sei, als eine Neuaufnahme und Neubewertung erfolge. Über Literatur und Film würden seiner Meinung nach auch jene Prozesse, Ereignisse und Erinnerungen aus dem Speichergedächtnis ins Funktionsgedächtnis gelangen, die über einen längeren Zeitraum ausgeblendet, abgewiesen, ausgemustert oder unabgeschlossen

---

6 Bluhm, Lothar: *Popliteratur und Erinnerung*, S. 47.

7 Monika Melchert bemerkt, dass das Schuldthema eher in der Prosa aus dem ersten Nachkriegsjahrzehnt präsent war, die sich weniger auf die Geschichtsschreibung konzentrierte, sondern vielmehr auf den Versuch abzielte, nach den Erklärungsmustern für das Geschehen der zwei von Deutschland entfesselten Kriege zu suchen. In der späteren Literatur wird die Schuldfrage durch andere Themen zurückgedrängt wie zum Beispiel Flucht und Vertreibung, Integrationsprobleme der Flüchtlinge oder deutsche Teilung. Vgl. Melchert, Monika: *Die Zeitgeschichtsprosa nach 1945 im Kontext der Schuldfrage*, S. 101 ff. Die Schuldfrage ist bei Surminski vielmehr in seinen publizistischen Texten *Schweigen ist keine Antwort* und *Der Schrecken hatte viele Namen* präsent, in den Romanen ist dieses Problem eher nur angedeutet.

gewesen seien.[8] Diese These ist zumindest umstritten, da es lange vor der Wende des Jahres 1989 literarische Texte gab, in denen die vermeintlich „neu aufgenommenen“ oder „neu bewerteten“ Themen umfassend beschrieben, analysiert und kommentiert wurden. Es muss explizit hervorgehoben werden, dass die Beschreibung der Leiden der deutschen Nation kein neues Sujet in der Literatur ist, wovon die ausgesprochen große Menge von literarischen Exempeln zeugt, von denen einige auch in dieser Abhandlung untersucht werden.

Bei der Analyse des Schaffens von Arno Surminski können Begriffspaare genannt werden, die je nach dem im jeweiligen Werk aufgegriffenen Problem als Schlüsselbegriffe angesehen werden sollen: Flucht und Vertreibung, die von vielen Forschern für das zentrale Problem im ganzen Schaffen des Schriftstellers gehalten werden; Die Wind-und-Sturm-Theorie, verstanden als kritische Meinung Surminskis zur Frage nach deutscher Schuld und Strafe; schließlich die Täter-Opfer-Perspektive[9], im Falle deren die Wechselhaftigkeit der beiden Rollen in Surminskis Werken ausdrücklich hervorgehoben wird. Diese Begriffe haben einen wichtigen Stellenwert in seiner Prosa und sind in allen im Rahmen der vorliegenden Abhandlung behandelten Romanen dem Oberbegriff „Geschichte“ untergeordnet. Die deutsche Geschichte, das heißt die mit chronikalischer Genauigkeit beschriebenen und in literarischer Form wiedergegebenen Ereignisse des vorigen Jahrhunderts bilden den roten Faden der Romane und Erzählungen von Arno Surminski. Mit der vorliegenden Dissertation will ich nachweisen, dass die hier analysierten Werke eine einzigartige Chronik der Jahre 1914–1994 darstellen. Am Beispiel der ausgewählten Romane werden unterschiedliche geschichtliche Ereignisse, Persönlichkeiten und Phänomene geschildert, deren Echos im Schaffen von Surminski zu finden sind, die aber

---

8 Gansel, Carsten: *Formen der Erinnerung in der deutschsprachigen Gegenwartsliteratur nach 1989*. In: Gansel, Carsten; Zimniak Pawel (Hrsg.): *Das „Prinzip Erinnerung“ in der deutschsprachigen Gegenwartsliteratur nach 1989*, S. 19.

9 Aleida Assmann bemerkt, dass die kriminalistischen Begriffe „Täter“ und „Opfer“ neu in der Geschichte sind, in der bislang ausschließlich von Siegern und Verlierern die Rede war. Die Entscheidung, auch zwischen Tätern und Opfern zu unterscheiden, ergibt sich ihrer Meinung nach daraus, dass der von den Deutschen entfesselte totale Krieg nicht nur auf die militärischen Aktionen beschränkt war, sondern auch die Zivilbevölkerung miterfasste, was „im wahnhaften Projekt der Vernichtung der europäischen Juden im Schutz und Schatten dieses Krieges“ gipfelte. Vgl.: Assmann, Aleida: *Der lange Schatten der Vergangenheit. Erinnerungskultur und Geschichtspolitik*. C. H. Beck. München 2006, S. 72.

auch mit historischen Abhandlungen und mit den Werken anderer Schriftsteller konfrontiert werden.

Mit den im Titel dieser Dissertation genannten literarischen und historischen Bildern sind drei zentrale Begriffe verbunden, und zwar Historisierung, Literarisierung und Zeitgeschichte. Der Begriff „Historisierung" soll dabei in erster Linie als schriftstellerische Strategie verstanden werden, mit der der historische Stoff durch künstlerische Mittel zur Darstellung gebracht wird. Die Historisierung geht mit der „Literarisierung" einher – dem Prozess der Umwandlung des Historischen in literarische Form, was bei Surminski nicht zu übersehen ist. Der Begriff „Zeitgeschichte" steht dafür, was Pierre Nora unter dem Begriff „Geschichte" in Opposition zum Begriff „Gedächtnis" versteht.[10] Die bei Surminski implizite Geschichte repräsentiert nur einen kurzen Abschnitt der Vergangenheit, gemeint ist nämlich ein Zeitraum vom Ersten Weltkrieg bis zur Gegenwart. Die Literarisierung ist zugleich mit den persönlichen Erfahrungen des Schriftstellers verbunden, wobei seine Prosa trotz zahlreicher Anknüpfungen an die echten Ereignisse aus dem Leben von Surminski keine Autobiographie[11]

10 Unter Gedächtnis verstand Nora „ein stets aktuelles Phänomen, eine in ewiger Gegenwart erlebte Bindung", die Geschichte betrachtete er dagegen als „eine Repräsentation der Vergangenheit". Vgl.: Nora, Pierre: *Zwischen Geschichte und Gedächtnis*. Wagenbach. Berlin 1990, S. 12f.

11 Es handelt sich hier um die von Lejeune vorgeschlagene Definition der Autobiographie: „Rückblickender Bericht in Prosa, den eine wirkliche Person über ihr eigenes Dasein erstellt, wenn sie das Hauptgewicht auf ihr individuelles Leben, besonders auf die Geschichte ihrer Persönlichkeit legt.": Vgl. Lejeune, Philippe: *Der autobiographische Pakt*. In: Niggl, Günter (Hrsg.): *Die Autobiographie. Zu Form und Geschichte einer literarischen Gattung*. Wissenschaftliche Buchgesellschaft. Darmstadt 1998, S. 215. Die Werke von Surminski lassen sich dagegen der Kategorie des „autobiographischen Romans" zuordnen. Unter diesem Begriff sind nach Lejeune alle fiktionalen Texte zu verstehen, „bei denen der Leser – ausgehend von Ähnlichkeiten, die er zu erraten glaubt – Anlaß hat zur Vermutung, daß es eine Identität von Autor und Figur gebe, während er, der Autor, es für richtig hält, diese Identität zu leugnen oder sie doch wenigstens nicht zu bestätigen": Vgl. Ebd. S. 229. Das Erstlingswerk *Jokehnen* ähnelt in bestimmten Aspekten einem Erlebnisbericht. Nach der Meinung von Carsten Wurm handelt es sich beim Erlebnisbericht „gewissermaßen um eine Urform des Erzählens, die sich unmittelbar aus der mündlichen Erzählsituation ergibt. Gegenstand ist ein außergewöhnliches Ereignis, in das der Erzähler als Protagonist oder Zeuge verwickelt ist. Das Genre erlebt Blütezeiten immer in oder nach gesellschaftlichen Krisen, Revolutionen und Kriegen".: Wurm, Carsten: *Die Autobiographik*. In: Heukenkamp, Ursula: *Deutsche Erinnerung*, S. 251. Der einzige Unterschied zwischen dem so verstandenen Begriff des Erlebnisberichts und den Werken von Surminski besteht darin,

im eigentlichen Sinne darstellt. Das Autobiographische wird mithilfe unterschiedlicher schriftstellerischer Techniken in die Handlung der einzelnen Werke eingeführt, wodurch diese Werke zu Konstrukten aus Wirklichkeit und Fiktion werden, in denen das Wirkliche auf zwei Ebenen zum Vorschein kommt: der kollektiven (Geschichte) und der individuellen (persönliche Erfahrungen des Schriftstellers). Die Literatur bildet für den Schriftsteller eine Gelegenheit, sich mit der eigenen Biographie auseinanderzusetzen, das Erlebte aufzuarbeiten und das Traumatische zu bewältigen.

Die einzigartige Schilderung der Geschichte tendiert bei Surminski zu einer objektiven Darstellungsweise, frei von Vorurteilen, gegenseitigen Anklagen und Forderungen. Der Schriftsteller spricht nie über Folgen, ohne zuvor die Ursachen nicht analysiert zu haben. Er thematisiert die Leiden der Deutschen nach dem Zweiten Weltkrieg, verschweigt jedoch nicht die verbrecherische Politik von Adolf Hitler und die Zustimmung, derer er sich bei der deutschen/ostpreußischen Bevölkerung erfreute. Der Autor beschreibt die unmenschliche Verhaltensweise der Rotarmisten, generalisiert aber keineswegs und betont zugleich, dass nicht alle russischen Soldaten Verbrecher waren. Einerseits äußert er sich kritisch über alle Regimes: das Dritte Reich, die Sowjetunion, die Deutsche Demokratische Republik, andererseits unterstreicht er, dass es auch in den grausamsten Zeiten Menschen gibt, bei denen der autoritäre Staat das menschliche Element nicht unterdrücken kann.

Die vorliegende Arbeit ist chronologisch strukturiert und enthält drei zentrale Kapitel, die Vorkriegszeit, Kriegszeit und Nachkriegszeit thematisieren. In dem der Vorkriegszeit gewidmeten Kapitel wurden insbesondere der Erste Weltkrieg und die Nazi-Zeit zum Gegenstand der Erwägung gemacht. Außerdem analysiere ich das Problem der bei anderen Autoren so häufigen Idealisierung der alten (ostpreußischen) Heimat und stelle es dem von Surminski gezeichneten Heimatbild gegenüber.

Das nächste Kapitel handelt ausschließlich vom Zweiten Weltkrieg. Dieser blutigste Konflikt in der Geschichte der Menschheit findet eine ausgesprochen große Repräsentanz in den Romanen von Surminski. Die Kriegsphasen werden im Einzelnen behandelt: vom Ausbruch des Krieges, über das Unternehmen Barbarossa und die Niederlage bei Stalingrad, bis zum bitteren Ende mit Flucht und Vertreibung.

---

dass die Protagonisten seiner Romane fiktive Gestalten sind, die jedoch oft mit dem Autor selbst identifiziert werden können.

Im letzten Teil der Abhandlung wird die Nachkriegszeit dargestellt, im Falle deren drei Themenkomplexe zu nennen sind: die Integrationsprobleme der Flüchtlinge und Vertriebenen im Nachkriegsdeutschland, analysiert in Anlehnung an den Roman *Kudenow oder An fremden Wassern weinen*; die Teilung Deutschlands in die BRD und die DDR – am Beispiel von *Polninken oder Eine deutsche Liebe* dargestellt; das Motiv der Reise in die alte Heimat, das in den Romanen *Grunowen oder Das vergangene Leben*, *Polninken oder Eine deutsche Liebe* und *Sommer vierundvierzig oder Wie lange fährt man von Deutschland nach Ostpreußen?* präsent ist.

Derartige Komposition der Arbeit ergibt sich aus dem Inhalt der Werke von Surminski selbst. Obwohl alle sechs gewählten Romane von anderen Zeiten erzählen und den Schwerpunkt auf andere Aspekte legen, weisen sie eine Gemeinsamkeit auf, alle sind nämlich mit der Geschichte des 20. Jahrhunderts untrennbar verbunden. Der Inhalt des einen Romans bildet die konsequente Fortsetzung des anderen, mit Änderung der Handlungszeit ändern sich auch die Namen der Romanfiguren und die Orte der Handlung.

Bis dahin erschienen nur wenige wissenschaftliche Arbeiten, die das Werk von Arno Surminski komplex analysieren. Darunter sind vor allem Herman Ernst Beyersdorfs *Erinnerte Heimat* und Simone Metzgers *Verlusterfahrung und literarische Erinnerungsstrategie* zu nennen. Für die polnische Germanistik ist dagegen Mirosław Ossowski der wichtigste Forscher in Bezug auf Analysen und Interpretationen der Werke von Arno Surminski. Die vorliegende Dissertation ist somit die nächste Abhandlung, in der nicht nur ein konkreter Aspekt oder ein einziges Werk Surminskis untersucht wird, sondern in der ein Versuch unternommen wird, auf die ausgewählten Werke des Schriftstellers aus Jäglack aus unterschiedlichen Perspektiven und im Vergleich mit anderen historischen und literarischen Texten einzugehen.

Die Werke von Surminski bilden eine Auseinandersetzung mit der deutschen Geschichte des vorigen Jahrhunderts. Die Erinnerung an die vergangenen Zeiten erfüllt hier nicht nur eine deskriptive Funktion, indem die historischen Kategorien einzig und allein beschrieben werden. Sie kann nämlich auch als Mittel interpretiert werden, mit dessen Hilfe die Wiederholbarkeit der Geschichte unterstrichen wird. Insofern ist die Literatur von Surminski vor allem als Warnung anzusehen. Im Vorwort zur fünften Auflage des Romans *Jokehnen oder Wie lange fährt man von Ostpreußen nach Deutschland?* vermittelt der Autor seine Botschaft: „Nie wieder Krieg, nie wieder Flucht und Vertreibung".[12] Die Erinnerung an die Schrecken der Vergangenheit soll die künftigen Generationen

12 Surminski, Arno: *Jokehnen oder Wie lange fährt man von Ostpreußen nach Deutschland?* Ullstein Taschenbuch Verlag. Berlin 2008, S. 6.

vor der Wiederholung der Geschichte in allen ihren tragischen Aspekten schützen, egal, ob Holocaust, Krieg oder Vertreibung gemeint ist.[13] Die Prosa von Surminski gehört demnach zur sogenannten engagierten Literatur, in der die auf Wirklichkeit basierenden Aspekte in den Vordergrund rücken. Auf der formalen Ebene lassen sich unter anderem die Echos des Realismus, manchmal auch des Naturalismus erkennen. Seine Werke spielen eine wichtige Rolle für die Vergangenheit, Gegenwart und Zukunft, sind keineswegs *l'art pour l'art*. Und das macht die Stärke dieser Literatur aus.

---

13 Die Bedeutung des Gedächtnisses ist hier nicht zu überschätzen. Aleida Assmann zeigt am Beispiel des Holocausts, dass „das Gedächtnis auf ganz verschiedenen Ebenen eine Rolle spielt: als Erfahrungsgedächtnis der Überlebenden und als Erinnerungsgebot für die Menschheit".: Assmann, Aleida: *Der lange Schatten der Vergangenheit*, S. 48. Im Essay *Wozu nationales Gedenken* schreibt Assmann von dem sogenannten Gruppengedächtnis, das die individuelle Geschichtserinnerung und die wissenschaftliche Geschichtsforschung ergänzt. Das Gruppengedächtnis „unterscheidet sich von den beiden anderen Formen historischer Erinnerung durch zwei Merkmale: Es hat Appell-Charakter, und es ist transgenerationell. Das heißt, es macht das Erinnern zu einer bewußten Aufgabe und überbrückt die prekäre Zäsur des Aussterbens persönlicher Erinnerungen dadurch, daß die Nachgeborenen durch Erziehung eingebunden und zur Teilhabe an gemeinsamen Erinnerungen verpflichtet werden. (…) Dieses Gedächtnis ist ebenso retrospektiv wie prospektiv: Es beansprucht in der Gegenwart, einen Bezug zur Vergangenheit für die Zukunft herzustellen". Assmann, Aleida: *Wozu nationales Gedenken*. In: Kobylińska, Ewa; Lawaty, Andreas: *Erinnern, Vergessen, Verdrängen. Polnische und deutsche Erfahrungen*. Otto Harrassowitz Verlag. Wiesbaden 1998, S. 112.

2. Arno Surminski als Chronist der deutschen Geschichte

Die deutsche Nachkriegsliteratur zählt zur Zeit schon hunderte Werke, die das Trauma der Flucht und Vertreibung zum Gegenstand der Erwägung machten. Die Schriftsteller setzten sich mit der Geschichte der ehemaligen, infolge des Zweiten Weltkrieges verlorenen Gebiete auseinander, unter denen Westpreußen, Ostpreußen, Schlesien, Sudetenland, Pommern sowie das weit im Osten gelegene Siebenbürgen, Wolhynien und die Bukowina zu nennen sind. All diese ehemals deutschen Provinzen können nach Helbig als „Vertreibungslandschaften" bezeichnet werden[14] und eine jede von ihnen hat ihre literarischen Vertreter, die an Geschichte, Alltag und Schicksal der jeweiligen Provinz in ihren Werken erinnern. Somit setzte sich Horst Bienek in seiner *Gleiwitzer Tetralogie* mit dem Verlust der schlesischen Provinz auseinander, Günter Grass behandelte das Thema der Flucht und Vertreibung in seinem weltberühmten Roman *Die Blechtrommel* aber auch in der nicht weniger bekannten, erfolgreichen, umstrittenen und heftig diskutierten Novelle *Im Krebsgang*, wo das Bild von Danzig und der Kaschubei, wie auch das verhängnisvolle Schicksal der auf der Wilhelm Gustloff entkommenden Flüchtlinge zur Darstellung gebracht wurden. Christine Brückner beschrieb in ihrer Poenichen Trilogie, zu der die Romane *Jauche und Levkojen*, *Nirgendwo in Poenichen* und *Die Quints* gehören, die Geschichte einer aus Pommern vertriebenen Familie. Keine von den ehemaligen deutschen Provinzen findet aber eine so starke Repräsentanz in der Nachkriegsbelletristik wie die ostpreußische Vertreibungslandschaft[15]. Zu den Literaten, die in ihren Werken das Bild von Ostpreußen nachzeichneten, gehören unter anderem Siegfried Lenz, Ernst Wiechert und Arno Surminski. Während über den ersten schon Bände geschrieben wurden, ist die Rezeption der letzten beiden sicherlich nicht so groß. Surminski hat in seiner über vierzigjährigen Arbeit als Schriftsteller Romane und Kurzgeschichten geschrieben, die ihm eine feste Leserschaft sicherten. In seinen Werken, aber auch in vielen Interviews ließ er sich als „einer der (wenigen) wichtigen Botschafter einer Verständigung über das, was man als

14 Helbig, Louis Ferdinand: *Der ungeheure Verlust. Flucht und Vertreibung in der deutschsprachigen Belletristik der Nachkriegszeit.* Otto Harrassowitz. Wiesbaden 1999, S. 6ff.

15 Helbig formuliert die These, nach der das Gebiet des ehemaligen Ostpreußens zur typischen Vertreibungslandschaft nach 1945 geworden sei: vgl. Helbig, Louis Ferdinand: *Der ungeheure Verlust*: S. 9.

das nicht mehr „zu Verstehende" bisher gesehen hat", wie auch als „einer der wichtigen „Zeugen des Jahrhunderts", (...) der Polen und Deutsche einander näher bringen kann"[16] kennen lernen. Merkwürdigerweise ist der Schriftsteller in Polen wenig bekannt, es wurden buchstäblich nur vier Werke ins Polnische übersetzt.[17] Es ist umso unverständlicher, als die von ihm behandelte Problematik für Polen im gleichen Ausmaß wie für Deutsche sehr nahe ist. Die gemeinsame Geschichte der beiden Nationen voller Stürme, Kriege, Streitigkeiten und gegenseitiger Ressentiments, bewirkte, dass bestimmt nicht alle, jedoch viele deutsche Autoren, die sich mit solchen Themen wie Flucht, Vertreibung, Krieg oder Holocaust beschäftigten, ein breites Publikum in Polen fanden. Auch wenn ihre Ansichten, Überzeugungen, oft umstrittenen Aussagen für Polen nicht zu akzeptieren waren, aus welchen Gründen auch immer, wurden sie doch übersetzt, gelesen und im Nachhinein kommentiert. Und diejenigen Autoren, die durch ihre Werke und persönlichen Aussagen als polenfreundlich „etikettiert" worden sind, erfreuen sich an der Weichsel eines großen Ansehens. Ein gutes Beispiel dafür ist der Roman *Heimatmuseum*[18] von Siegfried Lenz, der wegen einer simplen Botschaft den Schriftsteller einerseits in den Konflikt mit vielen Vertriebenenvereinen brachte, andererseits aber positive Reaktionen in Polen hervorrief. Die Chance, sich mit den Werken von Arno Surminski bekannt zu machen, haben leider nur die deutschsprechenden Polen und eben dieser Mangel an polnischen Fassungen der Werke Surminskis ist dafür verantwortlich, dass seine Prosa weniger rezipiert wird als die von Günter Grass, Siegfried Lenz, Martin Walser oder in der letzten Zeit aus selbstverständlichen Gründen auch von Hertha Müller. Die vorliegende Abhandlung zielt an erster Stelle auf die Analyse der ausgewählten Werke des Schriftstellers ab, die als wichtige Stimme in der Diskussion über die deutsche Geschichte betrachtet werden kann.

Arno Surminski engagiert sich nicht in Politik, wie Günter Grass und Siegfried Lenz, die 1970 Willy Brandt auf seiner Reise nach Warschau begleiteten. Arno Surminski ist jedoch auch ein Schriftsteller, der sich für den Prozess der Versöhnung zwischen Deutschen und Polen einsetzte, wenn auch nur mit literarischen Mitteln und ohne direktes politisches Engagement. Die „Entspannungspolitik" der 70er Jahre hielt der Schriftsteller für einen richtigen Schritt auf dem Weg zur

16 Boll, Reinhard: *Littera Borealis. Edition zur zeitgenössischen Literatur im Norden. Arno Surminski*. Sparkassenstiftung Schleswig-Holstein. Kiel, 2012, S. 1.

17 Zu diesen Werken gehören *Polninken oder Eine deutsche Liebe* (1994 in Polen erschienen), *aus dem Nest gefallen. Ostpreußische Geschichten* (1995), *Ein Dorf in Ostpreußen* (2008) und *Die Vogelwelt von Auschwitz* (2011).

18 Der Roman erschien in Polen zum ersten Mal im Jahre 1991.

Versöhnung zwischen Deutschland und Polen[19]. Außerdem artikulierte er eindeutig seinen Standpunkt zur Idee der Gründung des Zentrums gegen Vertreibungen. Seine persönlichen Erfahrungen aus dem Zweiten Weltkrieg ließen ihn eine kritische Perspektive gegenüber dieser Idee entwickeln. In einem Interview mit Frank Trende betont er die Gefahr, die ein solches Zentrum mit sich bringen könnte: „Ich war anfangs, als das Projekt nur „Zentrum gegen Vertreibung" hieß, skeptisch. Denn ich habe so viel Schrecken selbst mitgemacht, ich habe die Flucht erlebt, ich habe die Vertreibung erlebt, ich habe Massenvergewaltigungen erlebt, ich habe die Deportation erlebt. Als ich hörte, dass ein Zentrum gegen Vertreibung aufgebaut werden sollte, dachte ich: Warum Vertreibung? Das war doch nach meinem Erleben das geringste Übel. Anderes fand ich viel schlimmer. Ein solches Zentrum sollte alle Leiden auflisten und nicht nur die der Deutschen (…) Sie [Erika Steinbach] hat es zugelassen, dass der Anfangsverdacht bestand, es gehe um Rückansprüche, um Rückgabe, um Vermögensansprüche. Damit wurde die ganze Idee, vor allem aus der Sicht der Polen und Tschechen, unglaubwürdig".[20]

Die von mir ausgewählten und analysierten Werke von Surminski sollen auch nachweisen, dass seine Schriftstellerei im Vergleich mit den oben genannten Autoren auf keinen Fall als triviale, künstlerisch schwache Literatur und somit als Literatur zweiter Klasse eingestuft werden kann. Im Gegenteil, seine Werke wurden von vielen Literaturkritikern und -wissenschaftlern geschätzt. Möge die Beurteilung von Louis F. Helbig die beste Rezension seiner Werke sein: „Surminskis schlichte, eindringliche Prosa zeichnet sich durch aufrichtige Menschlichkeit aus, die umso höher zu bewerten ist, als sie – im Gegensatz etwa zu Grass – durchweg realistisch bleibt und deshalb klare Stellungnahmen verlangt".[21] Darüber hinaus bedient sich Surminski in seinen Werken zahlreicher Stilmittel, die seine Literatur noch attraktiver machen. Der Leser findet hier Spott und Ironie, unterschiedliche Erzählweisen und -perspektiven, Vermischung von erfundenen Geschichten mit historischem Stoff. Bei der Analyse der Werke von Arno Surminski sind auch zahlreiche autobiographische Motive nicht zu

19 Vgl. Trende, Frank: *„Es gibt nicht nur gut, es gibt nicht nur schlecht". Ein Gespräch über erzählte Zeitgeschichte mit Arno Surminski.* In: Littera Borealis. Edition zur zeitgenössischen Literatur im Norden. Arno Surminski. Sparkassenstiftung Schleswig-Holstein. Kiel 2012, S. 9.

20 Ebd. S. 10.

21 Helbig, Louis F.: *Fünfunddreißig Jahre Literatur der Vertreibung. Versuch einer Bilanz 1945 – 1980.* In: *Deutsche Studien. Vierteljahreshefte. Flucht und Vertreibung.* Heft 71. Hrsg. von Gehrmann, Heinz, Hildebrandt, Lades. 1978, S. 247.

übersehen, was auch selbstverständlich zu sein scheint. Schon 1980 bemerkte Louis F. Helbig, dass die Literatur der Vertreibung eine Zeitlang fast ausschließlich von Betroffenen geschrieben worden sei, wobei die Generation der vor etwa 1935 geborenen Autoren überwiege.[22] Die in den Werken von Surminski zur Darstellung gebrachten persönlichen Erfahrungen bestätigen die Behauptung von Siegfried Lenz, nach der ein jeder Schriftsteller am Anfang seiner schriftstellerischen Tätigkeit, an einen bestimmten Erfahrungshaushalt gebunden ist.[23] Der autobiographische Stoff findet eine besonders große Repräsentanz in drei ersten Romanen von Arno Surminski: *Jokehnen*, *Kudenow* und *Fremdes Land*, die „als Trilogie betrachtet werden können".[24] Die Literarisierung der eigenen Erfahrungen wird von Literaturwissenschaftlern wie auch vom Autor selbst hervorgehoben. Das Autobiographische hatte einen enormen Einfluss auf das Schaffen von Surminski, die persönlichen Erfahrungen prägten im großen Ausmaß seine Betrachtungsweise der deutschen Geschichte. Auf diese Aspekte aus dem Leben des Schriftstellers, die später in literarischer Form bewältigt worden waren, will ich in meiner Arbeit eingehen. Den Gegenstand der vorliegenden Abhandlung bilden sechs Romane von Arno Surminski, die unterschiedliche Phänomene der deutschen Geschichte betreffen:

Jokehnen oder Wie lange fährt man von Ostpreußen nach Deutschland, in dem die deutsche Geschichte aus der Perspektive eines elfjährigen Jungen thematisiert wurde. Der Roman erzählt über den Ersten Weltkrieg und dessen Einfluss auf das Leben in einem ostpreußischen Dorf. Er beschwört den Mythos von Paul von Hindenburg, dem Retter Ostpreußens. Der Leser findet im Buch Kritik am Nationalsozialismus, erfährt vieles über die ersten Reaktionen auf den Zweiten Weltkrieg und schließlich über das Inferno der Flucht und Vertreibung, versehen mit Bildern der Barbarei der Rotarmisten.

Kudenow oder An fremden Wassern weinen bildet gewissermaßen eine Fortsetzung der in *Jokehnen* erzählten Geschichte. Am Beispiel der Familie Marenke werden die Integrationsprobleme der Flüchtlinge zum Ausdruck gebracht. Der Roman schildert unwürdige Lebensbedingungen der Ankömmlinge aus dem Osten und beschreibt Probleme, denen die Vertriebenen jeden Tag ausgesetzt waren: Hunger, Krankheiten, Läuse, Vorurteile vonseiten der Einheimischen.

22 Vgl.: Ebd. S. 234.

23 Vgl. Elm, Theo, Lenz, Siegfried: *Ganz wird sich der Mensch nicht definieren lassen… Ein Gespräch über Literatur und Geschichtsschreibung*. In: Engelmann Peter (Hrsg.): *Weimarer Beiträge*. Passagen Verlag GmbH Wien. 1992, S. 31.

24 Beyersdorf, Herman Ernst: *Erinnerte Heimat. Ostpreußen im literarischen Werk von Arno Surminski*. Harrassowitz Verlag. Wiesbaden 1999, S. 23.

Polninken oder Eine deutsche Liebe ist in erster Linie als Auseinandersetzung mit der deutsch-deutschen Teilung zu interpretieren. Lebendig sind hier jedoch auch die Erinnerungen an Landschafen von Masuren, wo die Handlung des Romans spielt.

Grunowen oder Das vergangene Leben ist eine Geschichte über eine sentimentale Reise nach Ostpreußen, auf die sich Werner Tolksdorf, Sohn des früheren ehemaligen Gutsbesitzers, und der achtzigjährige Felix Malotka, der ehemalige Kutscher des Gutes begeben. Im Roman werden unterschiedliche Haltungen der im Nachkriegsdeutschland lebenden Menschen dargestellt, die einen haben sich nie mit dem Verlust der ehemaligen ostpreußischen Gebiete zurechtgefunden und nach wie vor erheben sie den Anspruch auf den Rückgewinn der verlorenen Heimat, während für die anderen gerade das Nachkriegsdeutschland und nicht Ostpreußen die echte Heimat darstellt.

Sommer vierundvierzig oder Wie lange fährt man von Deutschland nach Ostpreußen schildert das Schicksal der ostpreußischen Hauptstadt Königsberg. Der Schriftsteller konzentriert sich vor allem auf die Beschreibung der Zerstörung dieser Stadt im August 1944.

Vaterland ohne Väter ist bis dahin das letzte Werk von Arno Surminski, das sich mit der Geschichte Deutschlands beschäftigt. Der Roman, eine einzigartige Mischung aus literarischer Fiktion und historischer Dokumentation, leistet einen bedeutsamen Beitrag zur Diskussion über den Zweiten Weltkrieg, der in diesem Buch aus der Perspektive unterschiedlicher Orte und Personen geschildert wird.

Die im Rahmen der vorliegenden Arbeit analysierten Werke von Arno Surminski unterscheiden sich voneinander hinsichtlich der aufgegriffenen Problematik und der Ziele, die sich der Schriftsteller gesetzt hatte. Auch der Stil der früheren Werke unterscheidet sich wesentlich vom Stil der zwei letztgenannten Romane. Während im Falle von *Jokehnen*, *Kudenow*, *Polninken* und *Grunowen* von Romanen „im eigentlichen Sinne“ gesprochen werden kann, sind *Sommervierundvierzig* und insbesondere *Vaterland ohne Väter* eine seltsame Mischung aus Literatur und Dokumentation. Nichtsdestotrotz haben alle diese Werke einen gemeinsamen Nenner, sie sind im gewissen Grade als ein Rahmen zu verstehen, der eine wichtige Periode im Werk von Arno Surminski umfasst. Das, was sie verbindet und als einen geschlossenen Komplex betrachten lässt, ist nämlich die Auseinandersetzung des Schriftstellers mit der deutschen Geschichte. Bei Surminski rückt das Problem der verlorenen Heimat in den Vordergrund. Die meisten literaturwissenschaftlichen Arbeiten zum Werk von Surminski konzentrieren sich auf alles, was mit dem Oberbegriff Heimat einhergeht. Wenn über Heimatliteratur oder Vertreibungsliteratur, gemeint sowohl als „Literatur von vertriebenen Autoren wie allgemein Literatur über Vertriebene und Vertreibung“[25], gesprochen wird, wird der Name Surminski in einer Reihe mit Siegfried Lenz, Horst Bienek oder Christine Brückner genannt. Während Bienek mit Schlesien, Grass mit Danzig und der Kaschubei und Christine Brückner mit Pommern assoziiert werden, ist der Name Surminski mit Ostpreußen verbunden. In allen hier analysierten Romanen findet der Leser Anknüpfungen an die Geschichte dieser Provinz, die in der deutschen Nachkriegsliteratur einen hohen Stellenwert hat. Die Häufigkeit des Themas Ostpreußen haben nach Mirosław Ossowski zwei entscheidende Faktoren beeinflusst: eine neue Betrachtungsweise der Geschichte in den postmodernen Gesellschaften und der Stellenwert Ostpreußens in der nationalen Tradition und im kollektiven Gedächtnis.[26] Ossowski bemerkt, dass sich in den letzten fünfundzwanzig Jahren des 20. Jahrhunderts in vielen europäischen Gesellschafen ein großer Wandel der Einstellung zur Vergangenheit vollzogen hatte. Der Forscher bezieht sich auf die Thesen des französischen Historikers und Publizisten Pierre Norra und seinen Essay „Das Zeitalter des Gedenkens“. Eine immer stärkere Kritik an offiziellen Versionen der Geschichte hatte zur Entdeckung der aus der Erinnerung verdrängten Geschichtsetappen beigetragen, wessen Folgen Interesse an eigenen Wurzeln, Entwicklung der genealogischen Forschungen, Vorliebe für Jubiläumsfeierlichkeiten sowie Bindung an alle als Erbe oder Nachlass bezeichneten Kategorien gewesen waren.[27] Der zweite von Ossowski genannte Faktor, der eine dynamische Entwicklung der dem ehemaligen Ostpreußen gewidmeten Literatur begünstigte, geht auf die Rolle dieses Landes zurück, die es mit seiner reichen Geschichte und seinem mannigfaltigen Kulturerbe in der deutschen Erinnerungskultur spielt.[28] Zieht man die Anzahl der Menschen, die die ostpreußische Provinz bei Beginn des Zweiten Weltkrieges bewohnten[29], in Betracht, soll es auf keinen Fall verwundern, dass dieses Land nach 1945„zur typischen

25 Helbig, Louis F.: *Fünfunddreißig Jahre Literatur der Vertreibung*, S. 234.

26 Ossowski, Mirosław: *Literatura powrotów – powrót literatury. Prusy Wschodnie w prozie niemieckiej po 1945 roku.* Wydawnictwo Uniwersytetu Gdańskiego. Gdańsk 2011, S. 16.

27 Ebd. S. 16.

28 Ebd. S. 17.

29 Je nach der Quelle können an dieser Stelle unterschiedliche Angaben gemacht werden, die Unterschiede zwischen den einzelnen Studien sind jedoch nicht so wesentlich, sodass man die von Helbig genannte Bevölkerungszahl für repräsentativ erachten kann. Der Forscher behauptet nämlich, „das Memelland eingeschlossen, lebten in Ostpreußen bei Beginn des Zweiten Weltkrieges über zweieinhalb Millionen Menschen“: Helbig, Louis. F.: *Der ungeheure Verlust*,S. 9.

Vertreibungslandschaft in der Belletristik geworden ist".[30] Helbig geht in seiner Bewertung einen Schritt weiter. Er hält Ostpreußen für

> eine preußische Landschaft, die preußischste vielleicht, karg, herb, protestantisch, nicht erst seit Hamann zur Mystik neigend. Sie zeigt auch altpreußisch-baltische Züge und ist eingespannt in ein Koordinatensystem zwischen dem seinerzeit deutsch bestimmten Baltikum und dem polnischen Umfeld, über die Häfen Danzig und Königsberg auch in den skandinavischen Raum wirkend, geographisch wie geistig einzigartig.[31]

Zweifellos bildet Ostpreußen das zentrale Thema bei Arno Surminski, das bedeutet aber ganz und gar nicht, dass die anderen Aspekte der unglaublich interessanten, schwierigen, nicht selten tragischen Geschichte Deutschlands mit Absicht außer Acht gelassen werden. Und gerade einen solchen Eindruck kann man gewinnen, wenn man sich näher mit der Literatur über Surminski befasst. Es reicht nur aus, einige Titel der bis dahin erschienenen wissenschaftlichen Abhandlungen zu nennen, und es wird sich sofort erweisen, welchen Aspekten die Forscher die größte Bedeutung beimessen. Simone Metzgers *Verlusterfahrung und literarische Erinnerungsstrategie. Die Darstellung von Heimat, Flucht und Integration in den Ostpreußen-Romanen von Arno Surminski*, Herman Ernst Beyersdorfs Monographie *Erinnerte Heimat. Ostpreußen im literarischen Werk von Arno Surminski* oder das Kapitel über *Jokehnen* in *Flucht, Vertreibung und verlorene Heimat im früheren Ostdeutschland* von Wolfgang Schneiß – das sind bis dahin die wesentlichsten Beispiele der literaturwissenschaftlichen Beiträge zum Werk von Surminski, in denen die Kategorien Heimat, Flucht, Vertreibung oder Ostpreußen zum zentralen Gegenstand der Erwägung gemacht worden sind. Herman Ernst Beyersdorf widmet in seiner Monographie viel Platz auch den Romanen *Polninken* und *Sommervierundvierzig*, die als Beitrag des Schriftstellers zur Diskussion über die Teilung Deutschlands in die BRD und die DDR (*Polninken*) oder über den Zweiten Weltkrieg (*Sommer vierundvierzig*) interpretiert werden können. Zweifelsohne sind sie auch eine Erinnerung an die alte Heimat, die behandelten Probleme dürfen jedoch nicht einzig und allein auf Verlusterfahrung reduziert werden. Zu Recht bemerkt Beyersdorf, dass Arno Surminski „nach wie vor in erster Linie als Autor der Vertreibung und der ostpreußischen Vergangenheit zu betrachten ist"[32]. Diese Behauptung ist natürlich unbestritten, sie charakterisiert am deutlichsten, was den roten Faden der schriftstellerischen Tätigkeit von Surminski bildet. Es darf jedoch nicht

---

30 Helbig, Louis. F.: *Der ungeheure Verlust.* S. 9.

31 Ebd. S. 9.

32 Beyersdorf, Herman Ernst: *Erinnerte Heimat*, S. 93.

vergessen werden, dass die verlorene ostpreußische Provinz zwar ein zentrales, bestimmt jedoch nicht das einzige Thema seiner Werke ist[33]. Meines Erachtens – und an dieser Stelle stimme ich der Behauptung von Mirosław Ossowski zu – ist Arno Surminski in erster Linie als „Chronist der neueren deutschen Geschichte“[34] anzusehen, in der Flucht, Vertreibung und Heimatverslust äußerst bedeutsame, jedoch nur einige von vielen nicht weniger relevanten Perioden der deutschen Geschichte darstellen. Demzufolge ist der Roman *Jokehnen* nicht nur als Bericht über Flucht und Vertreibung zu interpretieren, sondern als Lehrbuch zur Geschichte Deutschlands, vom Ersten Weltkrieg über die Nazi-Zeit bis zur Flucht vor der Roten Armee. Obwohl sich die Handlung von *Polninken* im polnischen Masuren abspielt und obwohl der Roman zahlreiche Reminiszenzen an die alte Heimat enthält, ist er grundsätzlich als ein Buch über die deutsch-deutsche Teilung anzusehen, in dem die ehemalig ostpreußischen Landschaften von Masuren lediglich den Hintergrund bilden, auch wenn dieser Hintergrund von großer Bedeutung ist. Der Roman *Sommer vierundvierzig* ist nach der Meinung von Simone Metzger, der ich nur zustimmen kann, „kein Flucht- bzw. Vertreibungsroman im eigentlichen Sinne“.[35] Er ist vielmehr ein kurzer Ausschnitt aus der Geschichte Königsbergs, in dem das Bild der ehemaligen Hauptstadt der ostpreußischen Provinz mit dem Bild der Stadt in der Gegenwart, das heißt im Jahre 1994, konfrontiert wird.

Unter den wenigen bisher geschriebenen Publikationen über das Werk von Arno Surminski gibt es keine, die alle oben genannten Romane zur Analyse gestellt hätte. *Erinnerte Heimat* von Herman E. Beyersdorf ist bis dato die komplexeste und ausführlichste Abhandlung über das Werk von Surminski und kann als Monographie bezeichnet werden. Weil sie schon im Jahre 1999 erschienen ist, enthält sie kein Kapitel über *Vaterland ohne Väter* (erschienen im Jahre

33 Über die Bedeutung Ostpreußens für Surminski äußerte sich Tadeusz Namowicz, indem er den Schriftsteller „den für das Thema Ostpreußen wichtigsten Autor“ nennt: Vgl.: Namowicz, Tadeusz: *Flucht, Vertreibung und Zwangsaussiedlung in der westdeutschen Literatur über Ostpreußen*, S. 166. In: Mehnert, Elke (Hrsg.): *Landschaften der Erinnerung. Flucht und Vertreibung aus deutscher, polnischer und tschechischer Sicht*. Peter Lang. Frankfurt am Main 2001, S. 158–187.

34 Ossowski, Mirosław: *Arno Surminski und der europäische Osten. Krieg und Erinnerung im Roman „Vaterland ohne Väter“*. In: Wille, Lucyna, Homa, Jaromin (Hrsg.): Menschen-Sprachen-Kulturen. Tectum Verlag. Marburg 2006, S. 211.

35 Metzger, Simone: *Verlusterfahrung und literarische Erinnerungsstrategie. Die Darstellung von Heimat, Flucht und Integration in den Ostpreußen-Romanen von Arno Surminski*. Tectum Verlag. Marburg 2011, S. 299.

2004). Alle übrigen oben genannten Werke des Schriftstellers, wie auch andere Romane und Erzählungen werden hier in chronologischer Reihenfolge besprochen. Der einzige Nachteil dieser Abhandlung besteht darin, dass der Forscher die einzelnen Werke, die doch so viele Gemeinsamkeiten aufweisen und die komplex analysiert werden sollten, nicht miteinander vergleicht. Die Zusammenstellung der von mir gewählten Werke, deren Vergleich zueinander und nicht zuletzt der Vergleich mit den Werken von anderen Autoren – Lenz, Grass, Wiechert oder Kempowski, sind primäre Ziele meiner Abhandlung, wobei die Auseinandersetzung nicht nur mit Flucht, Vertreibung und Heimatverlust, sondern im gleichen Ausmaß mit dem Nationalsozialismus, dem Zweiten Weltkrieg und der deutschen Teilung in die BRD und die DDR im Mittelpunkt stehen wird. Die von Surminski thematisierten Probleme sollen hier vielschichtig besprochen werden. Wenn zum Beispiel die von vielen Forschern vertretene Behauptung über die Idealisierung der alten Heimat in den Werken von Surminski untersucht wird, zu der ich übrigens besonders skeptisch eingestellt bin, dann wird diese vermeintliche Idealisierung am Beispiel vieler Werke von Surminski analysiert und auch mit den Werken von anderen Autoren verglichen.

Der Schriftsteller setzt sich mit solchen historischen Phänomenen wie Flucht, Vertreibung oder Integration im Nachkriegsdeutschland auseinander. In seinen Werken fragt er nach Ursachen und Folgen der Zwangsmigrationen, äußert sich entschieden und durchaus negativ über den Nationalsozialismus, der für den wichtigsten Grund für das der deutschen Nation zugefügte Übel gehalten wird. In meiner Arbeit will ich zuallererst den Schriftsteller Surminski als Kenner der deutschen Geschichte vorstellen, der vielmehr als neutraler Beobachter und objektiver Analytiker als rücksichtsloser Richter oder Revanchist anzusehen ist. Reinhard Boll schreibt über den Schriftsteller:

> Surminski hat mit vielen seiner Schriften diese furchtbaren Zeiten und Ereignisse „durchdrungen". Dennoch ist er kein sentimentaler, heimattümelnder – geschweige „revanchistischer" Literat geworden. Im Gegenteil: er schildert das Erlebte und das Gesehene, ohne anzuklagen oder zu verurteilen.[36]

In diesen Worten wird die Stärke von Surminski ausgedrückt, und zwar die Fähigkeit der objektiven Darstellung eines Problems, die verschiedene Perspektiven beinhaltet und sich jeglichen Schwarz-Weißen Urteilen entzieht. Der Schriftsteller spricht sich gegen allerlei Versuche aus, die Leiden der einen den Leiden der anderen gegenüberzustellen. In seinem Essay *Schweigen ist keine Antwort* hat er

---

36 Boll, Reinhard: in: *Littera Borealis. Edition zur zeitgenössischen Literatur im Norden. Arno Surminski.* Sparkassenstiftung Schleswig-Holstein. Kiel 2012, S. 1.

einen klaren Text geschrieben, der einerseits als Credo des Schriftstellers, andererseits als Interpretationsschlüssel zu seinen Werken betrachtet werden kann:

> Die einseitige Wahrnehmung nur bestimmter Opfergruppen stellt immer auch eine Herabsetzung aller anderen Opfer dar. Auch Flucht, Vertreibung und die anderen Schrecken des Zweiten Weltkriegs dürfen nicht mehr selektiv behandelt und bestimmten Opfergruppen allein zugeordnet werden. Alle Plagen gehören zu jener Urkatastrophe, die Europa heimgesucht hat, und sind gemeinsames Schicksal der europäischen Völker. Es gab nicht nur Flucht und Vertreibung der Deutschen, sondern auch der Polen, der Russen, der Balten, der Russlanddeutschen. Der „Archipel Gulag", das KZ-System, der Holocaust, Flucht, Vertreibung, Verschleppung, Massenvergewaltigung und Bombenkrieg gegen Frauen und Kinder gehören zum gemeinsamen Gedenken an die aus den Fugen geratene Welt des 20. Jahrhunderts. Viele Ereignisse überschritten sich, Täter und Opfer tauschten die Rollen (...). So richtig es ist, nicht mehr über das Leiden der Deutschen zu schweigen, so wichtig ist es auch, an alle Opfergruppen zu denken. Erinnern und Gedenken sollen als europäisches Gemeinschaftserlebnis verstanden werden. Das zusammenwachsende Europa muss den Kalvarienberg, den das 20. Jahrhundert hinterlassen hat, gemeinsam abtragen. Es ist uneuropäisch, nur der eigenen Opfer zu gedenken.[37]

In den Werken von Arno Surminski wurden mithilfe literarischer Mittel die wichtigsten Ereignisse des zwanzigsten Jahrhunderts zur Darstellung gebracht, wobei der Schriftsteller denjenigen Phänomenen die größte Beachtung schenkt, die er persönlich erlebt hatte. In seinen Romanen verbindet er die historische Ebene mit der literarischen Fiktion, die Zeitgeschichte steht dabei immer im Vordergrund, die literarische Ebene ist dagegen ein Mittel, mit dessen Hilfe der Autor über die entscheidenden historischen Geschehnisse erzählt. Für Surminskis Werke sind Objektivität und Wahrheitstreue so charakteristisch, dass sie im gewissen Sinne als eine einzigartige Form der Historiographie interpretiert werden können. Die dem zwanzigsten Jahrhundert gewidmete Geschichtsschreibung umfasst heutzutage unzählbare Bände, in denen die wichtigsten Ereignisse, Persönlichkeiten und Veränderungen thematisiert worden sind. Die Historiographie zeigt immer die eigene Version der Vergangenheit und ist im Großteil von äußeren Faktoren abhängig, sie

> drückt das kollektive Gedächtnis aus, sie ist wie Sauerstoff, mit dem die Nationen atmen. Sie registriert und erklärt Vergangenheitstrends und festigt Erfolge und Misserfolge der Forschung. Im Rahmen der Historiographie zeichnen die Nationen das eigene sowie das fremde Bild. Die Historiographie wird insbesondere im Falle der benachbarten Länder

37 Surminski, Arno: *Schweigen ist keine Antwort*. In: *Flucht und Vertreibung. Europa zwischen 1939 und1948*. Ellert & Richter Verlag. Hamburg. 2004, S. 14.

> der Versuchung einer einseitigen oder sogar tendenziellen Auffassung ausgesetzt. Sie greift zu Mythen und Stereotypen, drückt Komplexe aus, unterliegt diversen Vorurteilen (…), sie will auch Vertreter der Staatsräson sein, sie gerät unter Druck der öffentlichen Meinung und der Politiker. Die Geschichte der Historiographie der deutsch-polnischen Beziehungen kann hier als klinisches Beispiel dienen.[38]

Seit mehreren Jahrhunderten fungiert die Literatur als Ergänzung der Geschichtsschreibung, sie kommentiert die Vergangenheit in Anlehnung an eigene Mittel und Strategien, somit soll sie immer als wichtiger Beitrag zur Diskussion über die historischen Phänomene betrachtet werden. Nicht selten hat sie einen viel stärkeren Einfluss auf die Gestaltung der öffentlichen Meinung als tausende wissenschaftlich-historische Abhandlungen zu den einzelnen Problemen. Sie stellt Fragen, provoziert, bewegt die Gemüter. Welches Potential die Literatur enthält, kann die Kontroverse um die im Jahre 2002 erschienene Novelle *Im Krebsgang* von Günter Grass bezeugen, die das Thema des Zweiten Weltkrieges wieder ans Licht brachte und zur erneuten Debatte über die Täter-Opfer-Rolle führte. Obwohl die Werke von Arno Surminski „nie zu einer so mitreißenden Diskussion geführt [haben] wie die Novelle von Grass“[39], sind sie als wichtiger schriftstellerischer Kommentar zur Geschichte des zwanzigsten Jahrhunderts anzusehen.

Analysiert man die Geschichte des deutsch-polnischen, polnisch-ukrainischen, polnisch-litauischen oder eines beliebigen Diskurses, der im Rahmen von zwei oder mehreren benachbarten Ländern erfolgt und den unbequemen, schwierigen, oft peinlichen Problemen gewidmet ist, dann fallen die unterschiedlichen Betrachtungsweisen derselben historischen Ereignisse auf, je nachdem, was das eine oder das andere Ereignis für die jeweilige Nation bedeutete. Selbst die heutzutage geläufigen Begriffe werden unterschiedlich bewertet und dementsprechend von den einzelnen Nationen entweder angewandt oder völlig abgelehnt. Als Beispiel können hier die Begriffe Aussiedlung, Zwangsaussiedlung, Vertreibung angegeben werden, die – bezogen auf die Schicksale der Ostdeutschen gegen Ende des Zweiten Weltkrieges – einerseits dasselbe Phänomen bezeichnen, andererseits aber – und hier eben je nach der Perspektive – unterschiedliche Konnotationen enthalten. In einem jeden Konflikt gibt es Angreifer auf der einen und Angegriffene auf der anderen Seite, Täter und Opfer, Schuldige

38 Olszewski, Henryk: *Klaus Zernack i jego filozofia historii stosunków niemiecko-polskich.* In: Olszewski, Henryk (Hrsg.): *Klaus Zernack. Niemcy-Polska: Z dziejów trudnego dialogu historiograficznego*. Wydawnictwo Poznańskie. Poznań 2006, S. 9.

39 Ossowski, Mirosław: *Arno Surminski und der europäische Osten. Krieg und Erinnerung im Roman „Vaterland ohne Väter“ (2004).*S. 217.

und Unschuldige. Die Geschichte lehrt, wie leicht die Rollen wechseln, wie oft der Jäger zum Gejagten wird. Auf die zeitlich-räumliche Ungleichwertigkeit der kollektiven Erfahrungen des polnischen und des deutschen Volkes hat Hubert Orłowski in seinem Essay *Von ungleichwertiger Deprivation* hingewiesen. Während Polen den Krieg schon ab dem 1. September erlebten, wurde der totale Krieg aus der Perspektive der deutschen Bevölkerung vorerst nach außen getragen.[40] Die unterschiedlich empfundenen Erfahrungen der beiden Nationen hatten enorme Konsequenzen für die Literatur in Deutschland und Polen:

> Das hatte als Folge eine unterschiedliche Kriegs(folgen)thematisierung in der polnischen und deutschen Literatur. In der polnischen wurden folgende Erfahrungssyndrome festgehalten: „1. die Niederlage Polens im Polenfeldzug 1939, verstanden als ein kataklismusartiger Untergang der Welt, auch einer Welt der (hart erkämpften) Werte (z.B. des der nationalen Unabhängigkeit); 2. der grausame, irrationale Okkupationsalltag; 3. die Erfahrungen mit den ‚Warteräumen des Todes' und der ‚steinernen Welt' der Konzentrationslager und des Gulags. Die für die deutsche Gesellschaft relevanten Erfahrungsräume lauten: 1. der ‚Schock Stalingrad', verstanden als kollektive Vorahnung des herannahenden Debakels; 2. das ‚Inferno Dresden', verstanden als Metapher für das Leben und Sterben (nicht nur) unter dem Bombenhagel; 3. das Jahr 1945, begriffen als das Jahr des Zusammenbruchs des deutschen Reiches, als das Jahr der Flucht, der Zwangsaussiedlungen und Vertreibungen".[41]

Alle drei von Orłowski genannten zentralen Themenkomplexe der deutschen Nachkriegsliteratur finden eine Exemplifikation in den Werken von Arno Surminski, wobei die Schilderung der Ereignisse des Jahres 1945 und dessen Folgen zum roten Faden seines Schaffens geworden sind. Interessanterweise erinnert der Autor nicht nur an die aus der deutschen Perspektive relevanten Ereignisse. In seinen Romanen und Erzählungen stößt der Leser auch auf die für Polen und Juden bedeutenden Erinnerungsorte, unter denen z.B. Katyń, die Konzentrationslager und das Warschauer Getto genannt werden können.

Der Fokus des literarischen Interesses von Surminski liegt also auf Ostpreußen. Wie Mirosław Ossowski betont, war der Verlust dieser Gebiete im Jahre 1945 der entscheidende Faktor, der eine Reihe von belletristischen Werken über die ostpreußische Provinz nach sich zog. Damit waren traumatische

---

40 Vgl. Orłowski, Hubert: *Von ungleichwertiger Deprivation. ‚Verlorene Heimat' in der deutschen und polnischen Literatur nach 1939*. In: Bialek, Edward; Zybura, Marek (Hrsg.): *Orłowski Hubert. Literatur und Herrschaft – Herrschaft und Literatur. Zur österreichischen und deutschen Literatur des 20. Jahrhunderts*. Peter Lang Verlag. Frankfurt am Main; Berlin; Bern; Bruxelles; New York; Wien 2000. S. 118.

41 Orłowski, Hubert: *Von ungleichwertiger Deprivation*, S. 118–119.

Erfahrungen des Krieges, der Flucht und Vertreibung, Integrationsprobleme in der neuen Wirklichkeit sowie die Suche nach eigener Identität in der neuen Lebenssituation verbunden.[42]

Arno Surminski wird durch seine Werke zwar nicht als Historiker, sondern als Literat, Augenzeuge und Kenner der Geschichte zum Bestandteil des durch unzählige Vorurteile und gegenseitige Vorwürfe geprägten deutsch-polnischen Dialogs. Der Schriftsteller erhebt keine Anklagen, verkündet keine Urteile. In seinen Werken beschwört er die Erinnerung an grausame Zeiten des Nazi-Regimes herauf, dessen Konsequenz der am eigenen Leibe erfahrene Verlust der Heimat, der Eltern und der Kindheit gewesen war. In seinen „klug ausgewogenen Romanen"[43] ist das Echo der Worte Richard von Weizsäckers aus seiner Rede vom 8. Mai 1985 zu hören, nach denen man „den 8. Mai 1945 nicht vom 30. Januar 1933trennen"[44] darf.

42 Vgl. Ossowski, Mirosław: *Literatura powrotów – powrót literatury*, S. 10.

43 Ossowski, Mirosław: *Arno Surminski und der europäische Osten. Krieg und Erinnerung im Roman „Vaterland ohne Väter" (2004).* Marburg 2006, S. 217.

44 Richard von Weizsäcker, Zum 40. Jahrestag der Beendigung des Krieges in Europa und der nationalsozialistischen Gewaltherrschaft. Ansprache des Bundespräsidenten Richard von Weizsäcker am 8. Mai 1985 in der Gedenkstunde im Plenarsaal des Deutschen Bundestages. Archiv vom Haus der Geschichte der Bundesrepublik Deutschland.

3. Die Vorkriegszeit

3.1 Die alte Heimat in Ostpreußen – keine Idealisierung

Ostpreußen wird bei Surminski überwiegend am Beispiel von fiktiven oder real existierenden Dörfern (Jokehnen, Polninken, Grunowen, Kruglanken[45]) geschildert, die an den Geburtsort des Schriftstellers, das Dorf Jäglack, erinnern, was insbesondere im Erstlingsroman eindeutig unterstrichen wurde. Der scheinbar fiktive Handlungsort wurde in die echte Landkarte Ostpreußens hineinkomponiert. Der Schriftsteller wies persönlich darauf hin, dass man anhand der im Roman impliziten Beschreibungen und mithilfe einer alten Landkarte den Weg nach Jokehnen/Jäglack finden kann.[46] Vier Jahre später (1978) hatte sich Siegfried Lenz derselben literarischen Strategie bedient, indem er die Handlung seines Romans *Heimatmuseum* in der Stadt Lucknow spielen lässt, die man vergebens auf der Landkarte des ehemaligen Ostpreußens suchen kann. Ähnlich wie bei Surminski versteckt sich hinter dem erfundenen Namen ein echter geografischer Ort – die Stadt Lyck. Im Falle der beiden Romane sind die Handlungsorte die einzigen fiktiven Namen, die anderen Angaben stimmen mit der geografischen Wirklichkeit überein, sodass man bei Surminski auf die Ortsnamen Bartenstein, Korschen, Königsberg, Insterburg, Sensburg, Neidenburg, Ortelsburg, Frisches Haff und bei Lenz auf Klein-Grajewo, Goldap, Neidenburg, Arys oder Königsberg stoßen kann.

Zu den im Rahmen dieser Abhandlung analysierten Werken gehört auch der Roman *Sommer 44 oder Wie lange fährt man von Deutschland nach Ostpreußen*, in dem der Schriftsteller den Versuch unternimmt, einen kleinen Ausschnitt aus der Geschichte von Königsberg darzustellen.[47] Die Erinnerung an die alte

45 Der Name des Dorfes stammt aus dem zweiten Roman des Schriftstellers, in dem die Geschichte der Flüchtlinge im schleswig-holsteinischen Dorf Kudenow im Vordergrund steht, der aber auch viele Bezüge auf das ostpreußische Dorf Kruglanken, den früheren Wohnort der Familie Marenke, enthält.

46 Vgl. Schneiß, Wolfgang: *Vertreibung und verlorene Heimat im früheren Ostdeutschland*, S. 186.

47 Die Entscheidung, die Handlung seines Romans in die Hauptstadt der ostpreußischen Provinz zu versetzen, hatte ihren Ursprung in den Gesprächen des Schriftstellers mit den Einwohnern dieses Gebiets, die ihn gewissermaßen „beauftragt" haben, dieses Buch zu schreiben: „Daß das Werk in Richtung *Jokehnen* ging, hing auch damit zusammen, daß mir viele Menschen aus dem nördlichen Ostpreußen immer gesagt

Heimat des Schriftstellers stützt sich aber zum größten Teil auf die literarischen Bilder der ostpreußischen Dörfer, die als ruhige Orte fungieren, wo die Menschen frei vom großstädtischen Lärm ihr Leben führen, ihre Bräuche und Sitten pflegen und sich mit alltäglichen Tätigkeiten beschäftigen. Eine der wichtigsten Eigenschaften der östlichen Provinz Deutschlands, auf die der Autor oft hinweist, ist deren „Entfernung von Machtzentren und auch ihre Überschaubarkeit - jeder kennt jeden in dieser Dorfgemeinschaft".[48] Diese Abgeschiedenheit bleibt nicht ohne wesentlichen Einfluss auf das Leben der Einheimischen, sie bewirkt, dass der NS-Terror und die Vorkommnisse des Zweiten Weltkrieges der ostpreußischen Bevölkerung lange erspart geblieben waren und die Dorfidylle mäßigt „jeden Fanatismus bei der Bevölkerung".[49] Auch wenn der Leser auf den ersten Blick den Eindruck gewinnen kann, dass die in Jokehnen oder Kruglanken lebenden Menschen ein harmloses und friedliches Leben geführt hatten, ist der Schriftsteller selbst einer „Überbewertung des Idyllischen und Nostalgischen in *Jokehnen* und seinem Frühwerk"[50] skeptisch eingestellt:

> Das Nostalgische im Sinne von reiner Sehnsucht zurück nach der alten Zeit, das nehme ich nicht so gerne an. Das geht auch aus meinen Büchern nicht hervor. In ihnen wird sehr deutlich und distanziert auch der Schrecken der alten Zeit dargestellt.[51]

Wolfgang Schneiß nennt in seiner Abhandlung *Flucht, Vertreibung und verlorene Heimat im früheren Ostdeutschland* viele im Roman *Jokehnen* enthaltene Beweise dafür, dass das Leben in einem ostpreußischen Dorf alles andere als idyllisch gewesen war:

> hohe Kindersterblichkeit und fehlende Gesundheitsvorsorge, der Major, dem seine Stubenmädchen hilflos ausgeliefert sind, überhaupt das Tabuthema Sexualität. Die Männer des Dorfes neigen zum Alkohol-Konsum, die Frauen arbeiten hart und tragen am Ende die schwersten Lasten des Krieges. Es gibt tiefsitzende konfessionelle Vorurteile und natürlich auch den ländlichen Aberglauben.[52]

---

haben: Mein Gott, über unseren Norden schreibt keiner. Schreiben Sie doch auch über unsere Geschichte". Zitiert nach: Beyersdorf, Herman Ernst: *Erinnerte Heimat*, S. 187.

48 Beyersdorf, Herman Ernst: *Erinnerte Heimat*, S. 30.

49 Ebd. S. 30.

50 Ebd. 26.

51 Ebd. S. 26–27.

52 Schneiß, Wolfgang: *Flucht, Vertreibung und verlorene Heimat im früheren Ostdeutschland. Beispiele literarischer Bearbeitung.* Peter Lang Verlag. Frankfurt am Main 1996, S. 185.

Auffallend ist, dass das vermeintlich idyllische Dorf Jokehnen auch durch Selbstmorde heimgesucht wird. Die erste Selbstmord-Geschichte erzählt über ein Stubenmädchen, die schwarzhaarige Anna, die vom Major für den Gutshaushalt eingestellt wurde. Der Major ist ein Frauenschänder, dessen niederträchtige Taten den meisten Einwohnern von Jokehnen bekannt sind:

> Die Mamsell wußte es, schwieg aber wie in allen Jahren. Sogar der Frau des Majors war bekannt, warum die Stubenmädchen so oft wechselten. Der kleine Blonski wußte es und Kämmerer Mikoteit.[53]

Niemand warnte jedoch das ahnungslose Mädchen, das in Kürze am eigenen Leib hat erfahren müssen, welches Schicksal sie erwartet. Da das Thema Sexualität ein Tabu ist, werden die Schandtaten des Majors verschwiegen und somit auf eine gewisse Art und Weise legitimiert. Das kollektive Schweigen und Ausbleiben von entsprechenden Reaktionen vonseiten der passiven Jokehner Bevölkerung untermauert beim Major das Gefühl der Straflosigkeit:

> So blieb Anna ahnungslos, bis der Major eines Nachts in ihrem Zimmer stand, mit Reithose und Stiefeln bekleidet, wie er gerade von der Jagd gekommen war. Sie schrie vor Schreck, aber das Schloß besaß dicke Wände, und Annas Zimmer lag im äußersten Südflügel. Der Major bekam seine Genugtuung. So war der Lauf der Welt in Jokehnen. Warum sollte es Anna anders ergehen als den vielen Stubenmädchen vor ihr?[54]

Als der Major erfahren hatte, dass das Mädchen von ihm geschwängert wurde, überredete er den Melker August, das Mädchen zu heiraten. Nachdem Anna die aufgezwungene Heirat jedoch abgelehnt hatte, blieb die Rückkehr nach Hause, ins katholische Ermland, ihr einziger Ausweg. Letzten Endes beschloss das Mädchen, sich das Leben zu nehmen.[55] Auch Alex, ein polnischer Junge, begeht Selbstmord. Als er erfahren hatte, dass Maruschka, eine Polin, die von Frau Wittkuhn als Hilfskraft eingestellt worden war, von ihrer Herrin geschlagen wird, meldete er sich sofort bei Karl Steputat und bat ihn um Intervention. Als Steputat den Vorfall mit der Wittkunsche klären wollte, fragte diese sofort, ob sich das „Miststück"[56] beschwert hat. Warum Frau Wittkuhn das Mädchen prügelt, begründet sie folgendermaßen:

53 Surminski, Arno: *Jokehnen oder Wie lange fährt man von Ostpreußen nach Deutschland?*. Ullstein Taschenbuch Verlag. Berlin 2008, S. 36.

54 Ebd. S. 36.

55 Ebd. S. 40–41.

56 Ebd. S. 95.

> Das Dreckstück ist schlampig und faul. Hat gestern die Bodentreppe gescheuert und dabei den Eimer mit Dreckwasser umgekippt. Jetzt ist der Teppich hin.[57]

Trotz der Intervention von Alex, bleibt Maruschka bei Frau Wittkuhn. Der Junge kann das nicht ertragen, verzweifelt und ratlos erhängt er sich vor der Tür von Frau Wittkuhn.[58]

Die Lebensbedingungen der polnischen Kriegsgefangenen und Zivilisten widerlegen die These vom idyllischen und friedlichen Leben in der ostpreußischen Provinz. Der in Surminskis Werken beschriebene Ausbruch des Zweiten Weltkrieges, die ersten Reaktionen darauf sowie die einzelnen Kriegsetappen werden im weiteren Teil dieser Abhandlung am Beispiel der ausgewählten Werke besprochen, die Lage der polnischen Bevölkerung ist jedoch für das Problem der Idealisierung der alten Heimat dermaßen wichtig, dass sie an dieser Stelle ausführlicher behandelt werden muss. Die implizite Beschreibung der Polen in *Jokehnen* entspricht dem nationalsozialistischen Bild des Polen als eines Menschen zweiter Klasse:

> Das also waren die Polen! Sie sahen so aus, wie sich die deutsche Überheblichkeit damals die Polen vorstellte, zerlumpt und frierend, schmutzig. Es ging das Gerücht um, sie hätten allesamt Läuse, und das war das Schlimmste, was man in Jokehnen haben konnte.[59]

> Die polnischen Gefangenen und Zivilisten sollten vor ihrer Verteilung auf die Bauernhöfe und Güter einer gründlichen Reinigungsprozedur unterworfen werden. Wir wollen das deutsche Heim nicht verwanzen und verlausen! Das Gut stellte einen Kübel grüner Seife und die Gutswaschküche für die Mädchen, die Schweinsküche für die Männer zur Verfügung. Dort schrubbten sie sich gegenseitig mit Seife ab, während die Kleidung in den Kesseln kochte. Für die Haare hatte Neumann eine besondere Tinktur besorgt; nach dem Bad mußten sich die Polen damit Kopfhaare, die Achselhöhlen und das Schamhaar einreiben. „Erst mal Menschen machen aus den Pollacken!" sagte Blonski.[60]

Die Polen werden wie Gegenstände behandelt und als Ware betrachtet, ihr einziger Wert drückt sich in der Einsetzbarkeit auf den Bauernhöfen und Gütern aus. Der Handel mit Menschen weckt schlimmste Assoziationen mit der Sklaverei und ist einer der Aspekte, die die Behauptung von der Dorfidylle wenig glaubwürdig machen:

> Auch Bauer Behrend kaufte reichlich Arbeitskräfte ein. Es sprach sich bald herum, daß die Polen preiswert waren. Sogar die Wittkunsche aus dem Krug ließ sich eine

57 Ebd. S. 95
58 Ebd. S. 96.
59 Ebd. S. 74.
60 Ebd. S. 75.

> Maruschka für die grobe Arbeit schicken (…). Aber Martha brauchte keine Hilfskraft. Sie hatte Angst um ihr Kind, denn ein Polenmädchen konnte Krankheiten oder Ungeziefer ins Haus schleppen.[61]

Im Umgang mit den Polen drückt sich die Feindlichkeit der Einheimischen gegenüber den „Pollacken" aus. Auch wenn es im Dorf nur zwei überzeugte Nazis gibt, wie die These von Herman Ernst Beyersdorf besagt[62], herrscht bei der ganzen Bevölkerung zumindest anfangs ein Überlegenheitsgefühl gegenüber den Polen. Das ursprünglich negative und vor allem durch die NS-Propaganda geschürte Bild der Polen ändert sich jedoch wesentlich im Laufe der Zeit. Die Jokehner gewöhnen sich „schneller als gedacht"[63] an die Fremden:

> Die Kinder verloren als erste die Scheu. Anfangs hatten sie in den Holunderbüschen gesessen und „Pollack!" gerufen, aber bald wurde das langweilig (…). Man kannte sich bald mit Namen, und von den Eltern hatte niemand etwas dagegen, wenn die Kinder mit den Polen aufs Feld fuhren. Das tägliche Beisammensein öffnete eine andere Welt, sehr weit entfernt von jenem erkünstelten Unterschied, der in den Zeitungen stand.[64]

Herman Beyersdorf formuliert die These, die polnischen und russischen Kriegsgefangenen würden im Dorf relativ gut behandelt.[65] Von Bedeutung ist dabei das Prädikat „relativ", das die Wirklichkeit im Dorf gewissermaßen verfälscht. Zwar wird im Roman buchstäblich gesagt: „Die Bauern behandelten die Polen gut"[66], jedoch „so wie man einen braven Hund behandelt".[67] Es wäre allerdings ungerecht, die Einwohner von Jokehnen als böse Nazis oder skrupellose Nationalisten zu bezeichnen. Ihre anfangs negative, mehr unwillkürliche und durch aufgezwungene Propaganda gehetzte als bewusste Einstellung gegenüber den polnischen Kriegsgefangenen und Zivilisten ändert sich doch allmählich und zu guter Letzt entdecken die Einheimischen in Polen auch Mitmenschen, mit denen man später an demselben Tisch sitzen kann, ohne dass „Krankheiten oder Ungeziefer" von Polen eingeschleppt werden. Die oben genannten Beispiele aus dem Roman liefern jedoch einen eindeutigen Beweis dafür, dass das Leben in Jokehnen nicht so idyllisch war. Surminski lässt in seiner Beschreibung

61 Ebd. S. 75.

62 Vgl.: Beyersdorf, Herman Ernst: *… den Osten verloren. Das Thema der Vertreibung in den Romanen von Grass, Lenz und Surminski*. In: Engelmann Peter (Hrsg.): *Weimarer Beiträge*. Passagen Verlag GmbH. Wien 1992, S. 59.

63 Surminski, Arno: *Jokehnen…*, S. 77.

64 Ebd. S. 77.

65 Vgl. Beyersdorf, Herman Ernst: *…den Osten verloren*, S. 58.

66 Surminski, Arno: *Jokehnen…*, S. 78.

67 Ebd. S. 78.

des ostpreußischen Alltags auch die Schattenseiten und Probleme nicht außer Acht, selbst wenn diese Schattenseiten nichts daran ändern, dass die in Ostpreußen verbrachte Kindheit eine glückliche Zeit für den kleinen Hermann, den Protagonisten des Romans, darstellt. Das wird aber nicht zuletzt dadurch verursacht, dass er in „offensichtlich geordneten Familienverhältnissen lebt und seine Eltern nicht zu den Armen des Dorfes gehören".[68] Vergleicht man den Roman von Surminski mit der Erzählsammlung *So zärtlich war Suleyken* von Siegfried Lenz, in der mithilfe von literarischen Mitteln eine Idylle schlechthin erschaffen worden ist, sind die Unterschiede nicht zu übersehen. In seinen masurischen Geschichten schilderte der in Lyck geborene Schriftsteller das Leben einer kleinen heterogenen Dorfgemeinschaft, zu der „keine berühmten Physiker, keine Rollschuhmeister oder Präsidenten"[69] gehören, die sich aus einzig und allein einfachen Menschen –„Holzarbeitern und Bauern, Fischern, Deputatarbeitern, kleinen Handwerkern und Besenbindern"[70] – zusammensetzt und in der die Einwohner trotz Zänkereien zu sich stehen und ein Netz von Verbindungen bilden, das zur Stärkung der ganzen Gemeinschaft beiträgt.[71] Diese skurrilen Geschichten erzählen von einem friedlichen Zusammenleben der Einwohner eines erfundenen Dorfs Suleyken, das es „nie und nirgendwo" gegeben hat.[72] Das Auffallendste im Vergleich der in *So zärtlich war Suleyken* enthaltenen echten Idylle mit der angeblichen Idylle von *Jokehnen* ist die Anwesenheit des Bösen. Während Surminski nicht nur die friedlichen Aspekte des Dorflebens zum Ausdruck bringt, sondern sich auch mit dessen Schattenseiten auseinandersetzt, ist das Böse in *So zärtlich war Suleyken* „zwar in diese idyllische Welt integriert, es existiert aber nur in harmloser Form; es haftet den Menschen meistens als kleines Laster an, das leicht zu entschuldigen ist, wie z.B. die Lesewut des Großvaters, die ihn zwar die Pflichten vernachlässigen lässt, aber keine schlimmen

68 Schneiß, Wolfgang: *Flucht, Vertreibung und verlorene Heimat im früheren Ostdeutschland*, S. 185.

69 Lenz, Siegfried: *Diskrete Auskunft über Masuren*. In: Lenz, Siegfried: *So zärtlich war Suleyken. Masurische Geschichten*. Fischer Taschenbuch Verlag. Frankfurt am Main, 1967, S. 117. Die einzigartige Mischung von Völkern, Kulturen und Konfessionen betont auch Jan Chłosta: Vgl.: Chłosta, Jan: *Prusy Wschodnie w literaturze niemieckiej 1945–1990. Biografie pisarzy*, Olsztyn 1993, S. 5.

70 Lenz, Siegfried: *Diskrete Auskunft über Masuren*, S. 117.

71 Vgl.: Jakubów, Katarzyna: *Mythische Landschaften. Ostpreußen und Kresy im Werk von Johannes Bobrowski, Siegfried Lenz, Czesław Miłosz und Tadeusz Konwicki*. Lublin 2009, S. 65.

72 Lenz, Siegfried: *Diskrete Auskunft über Masuren*, S. 118.

Konsequenzen mit sich bringt. Sonst wird es nur durch Diebe oder märchenhaft wirkende Räuber verkörpert, die natürlich von außen kommen, weil die Gemeinschaft selbst keine Form von Gewalt oder Aggression hervorbringen könnte (…). Es passiert auch, dass das Böse durch die Natur selbst vereitelt wird, wenn die Haustiere sich vor dem Geflügeldieb selbst wehren".[73] Die beiden Schriftsteller schildern die alte verlorene Heimat auf eine humorvolle Art und Weise, die Beschreibung der ostpreußischen Landschaft ist voller Spott, Ironie und beabsichtigter Übertreibung. Der Humor spielt in *Jokehnen* allerdings eine andere Rolle als in *So zärtlich war Suleyken*. In den masurischen Geschichten funktioniert er als Mittel, mit dessen Hilfe die Handlung der einzelnen Erzählungen konstruiert wird. In seinem Kommentar zur Erzählsammlung stellt der Schriftsteller fest, es wird „in diesen Geschichten ein wenig übertrieben – aber immerhin, es wird methodisch übertrieben. Und zwar in der Weise, daß das besonders Eigenartige hervorgehoben wird und das besonders Charakteristische zum Vorschein kommt. Insofern steht das bewährte Mittel der Übertreibung ganz im Dienst der Wahrheitsfindung".[74] Vorrangig ist demnach die Betonung aller für Masuren charakteristischen Merkmale, wobei der durch übertrieben geschilderte, manchmal absurde, durchaus aber komische Geschichten gekennzeichnete Humor zum primären Stilmittel der literarischen Darstellung wird. Die von Surminski oft angewandte Ironie und spöttische Erzählweise rücken dagegen in den Hintergrund, sind als sekundäre Faktoren einzustufen und dienen in erster Linie der Kritik am Deutschnationalen und Nationalsozialistischen.[75] Durch Humor und Ironie „wird die beschränkte Auffassung der einfachen Dorfbewohner aufgespießt".[76] Wolfgang Schneiß bemerkt auch ein enorm wichtiges Merkmal der Prosa von Surminski, das in seinem Essay zwar nur auf den Roman *Jokehnen* bezogen wird, das sich aber auch in anderen Werken des Schriftstellers finden lässt. Grausame und schreckliche Dinge werden nämlich von Surminski ins Lächerliche gezogen und auf sarkastische Weise beschrieben.[77] Da der Forscher zur Begründung dieser Bemerkung viele Beispiele aus dem Roman aufzählt, verweise ich an dieser Stelle auf seinen Essay. Man kann aber eine Fülle von Beispielen aus anderen Werken nennen, die bestätigen, dass sich Arno Surminski über ernsthafte Fragen und Probleme oft mit Spott äußert.

73 Jakubów, Katarzyna: *Mythische Landschaften*, S. 66.

74 Lenz, Siegfried: *Diskrete Auskunft über Masuren*, S. 118.

75 Vgl.: Schneiß, Wolfgang: *Flucht, Vertreibung und verlorene Heimat im früheren Ostdeutschland*, S. 206.

76 Ebd. S. 206.

77 Ebd. S. 206.

So ist es auch im Falle der „Ode" an die Kartoffel aus dem Roman *Kudenow oder An fremden Wassern weinen*, wo der Autor auf der einen Seite die Ironie bis ins Absurde zieht, auf der anderen Seite auf das schwere Schicksal der Flüchtlinge in der neuen Heimat aufmerksam macht:

> Und dann zu guter Letzt Vorhang auf für die Königin aller Früchte: die Kartoffel. Es wird Zeit, das Hohelied der deutschen Kartoffel zu singen, ihr ein Denkmal zu setzen, dieser schmutzigen Erdknolle, die Millionen Menschen vor dem Verhungern bewahrt hat. Kartoffeln sind für die Schweine da! Kartoffeln gehören in den Keller und nicht auf den Tisch! Diese Sprüche sind später erfunden worden. Damals war sie heilig, unsere Kartoffel. Dieses zarte gelbe Fleisch! Der erdige Geruch. Gold in der Erde. Wenn dir jemals am Leben elend zumute ist, mußt du dir heiße, geplatzte Pellkartoffeln vorstellen – das hilft. Oder das Braungold der Bratkartoffeln, das zarte Weiß des Kartoffelsalats, den pampigen Kartoffelbrei für Säuglinge und zahnlose Großmütter. Für jeden bist du da, du großartige Erdfrucht! Sogar Schnaps gibst du her, obwohl es eine Sünde ist, dich zu Schnaps zu verbrennen. Für spätere Hungersnöte sei es hier niedergeschrieben: Man kann die Saatkartoffeln ruhig aufessen. Auch Kartoffelschalen eignen sich im Notfall als Saat – so tüchtig ist die kleine, schmutzige Kartoffel.
>
> Dank sei dir, Francis Drake! Du hast auf deinen südlichen Raubzügen Zeit gefunden, die Kartoffel an Bord deines Schiffes zu nehmen und nach Europa mitzubringen (…). Die Flüchtlinge und die Kartoffeln. Das ist eine Geschichte für sich. Die waren ein Herz und eine Seele.[78]

Die Absicht des Autors, bei der Beschreibung von Grausamkeiten, Leiden und Tod zu Spott, Humor und Ironie zu greifen, lässt sich einfach begründen. Auf diese Art und Weise versucht er die Erinnerung „erträglicher und damit die Ereignisse letztlich auch darstellbarer zu machen".[79] In *Jokehnen* hat dieses literarische Mittel auch eine andere Begründung, die zusätzlich zur Geltung kommt. Es darf nämlich nicht vergessen werden, dass die im Roman illustrierten Vorkommnisse aus der Perspektive eines elfjährigen Jungen dargestellt worden sind. Die von diesem Jungen beobachteten, nicht selten tragischen Ereignisse, werden von ihm oft missverstanden, was wiederum einer der Gründe für eine so große Ansammlung der humorvollen Elemente im Roman ist.

Die Idealisierung der alten Heimat ist in den Augen der Flüchtlinge auch eine Folge der riesigen Diskrepanz zwischen dem Leben vor und dem nach der Flucht oder Vertreibung. Zu den Flüchtlingen und Vertriebenen gehörten nicht selten

---

78 Surminski, Arno: *Kudenow oder An fremden Wassern weinen*. Ullstein Taschenbuch Verlag. Berlin 2008, S. 164–165.

79 Schneiß, Wolfgang: *Flucht, Vertreibung und verlorene Heimat im früheren Ostdeutschland*, S. 206.

auch die ehemaligen Adeligen und Gutsbesitzer und gerade der Verlust des Vermögens machte die neue Existenz einerseits unerträglicher, andererseits trug er zur Idealisierung der alten Heimat bei, indem sich die Erinnerungen überwiegend auf die guten Seiten der vergangenen Zeit beschränkten. Eine solche Tendenz beobachtet man bei Mutter Marenke, einer der Heldinnen des Romans *Kudenow oder An fremden Wassern weinen*. Ergreifend ist die Szene, in der die Mutter einen Mann namens Ernst Kasulki, der für die Verteilung der von der Deutschen Gemeinschaft besorgten Güter zuständig war, um einen Mantel für ihren Sohn bittet und sich an ihren ehemaligen Wohlstand in der alten Heimat erinnert:

> Ich würde nicht so bitten, wenn es nicht nötig wäre, Kasulki. Glauben Sie mir, zu Hause hatten wir von allem genug. Zwanzig Kühe im Stall und ein halbes Dutzend Pferde, von den vielen Schweinen gar nicht zu reden. In unserem Kleiderschrank hätten Sie mal reinsehen müssen, Kasulki![80]

Unmenschliche Existenzbedingungen in der neuen Heimat bewirken, dass die Idealisierung des vergangenen Lebens in der ostpreußischen Provinz *ad absurdum* geführt wird. Die auf einzig und allein positive Aspekte beschränkte Erinnerung ist nichts als ein Trugbild der alten Heimat, ein Auswuchs der Vorstellungskraft, der mit der Wirklichkeit wenig zu tun hat. Auf einer Hochzeitsfeier zählt die Mutter Marenke in den Gesprächen mit den Gästen auf,

> was es in Ostpreußen schon alles gegeben hatte. Elektrisches Licht zum Beispiel, im Nachbarhaus sogar eine Kokszentralheizung, herrlich asphaltierte Straßen, auch Autos und Traktoren.[81]

Die Wirklichkeit sah aber viel anders aus, was auch die Kinder zu erkennen wissen:

> Mutter, Mutter! Du brauchst dein Ostpreußen nicht zu rechtfertigen. Es macht doch nichts, daß die Kinder barfuß durch den masurischen Klackermatsch gelaufen sind, daß die Hühner auch mal in die Küche kamen und im Flur die Schwalben nisteten. Alles Schöne an Ostpreußen, an das Kurt sich erinnerte, hatte nichts mit elektrischem Licht, Asphaltstraßen oder Zentralheizungen zu tun.[82]

Die Erinnerung an „die verlorene Heimat und die unrealistische Hoffnung auf die Rückkehr dorthin“[83] sind für Mutter Marenke der einzige Trost in der schweren

---

80 Surminski, Arno: *Kudenow…*, S. 38.
81 Ebd. S. 346.
82 Surminski, Arno: *Kudenow…*, S. 346.
83 Beyersdorf, Herman Ernst: *Erinnerte Heimat*, S. 38.

Situation, in der sich ihre Familie befand. Das ostpreußische Dorf Kruglanken wird von ihr hauptsächlich mit guten Bildern assoziiert. Obwohl sie auf der Flucht von Rotarmisten vergewaltigt worden war, scheint sie dieses immer noch lebendige und in Gedanken wiederkehrende Erlebnis zu verdrängen und verbindet das erlebte Trauma nicht mit der alten Heimat. Die positiven Erinnerungen voller Idealisierung bringen zugleich die Unmöglichkeit der Integration in der neuen Heimat mit sich. Die unbegründete und vor dem Hintergrund der neuen Wirklichkeit völlig unrealistische Hoffnung auf den Rückgewinn des Verlorenen ist zum entscheidenden Faktor geworden, der die Mutter stört, sich in einer neuen Lebenssituation zurechtzufinden. Die Gegenüberstellung der aktuellen Situation der Familie, die durch Hunger, Abneigung vonseiten der Einheimischen und schließlich unwürdige Wohnungsverhältnisse (die Familie lebt im Hühnerstall auf einem Bauernhof) gekennzeichnet ist, mit dem ehemaligen und auf immer verlorenen Wohlstand hat volle Ablehnung des Neuen und zugleich bedingungslose Idealisierung des Alten zur Konsequenz. Die Sehnsucht der Mutter nach der guten alten Zeit und die idealisierende Betrachtungsweise des ostpreußischen Lebens haben zur Folge, dass die alte Heimat als verlorenes Paradies betrachtet wird. Die Parallele eines verlorenen Paradieses wird im Roman *Kudenow oder An fremden Wassern weinen* zusätzlich durch den Untertitel hervorgehoben, der eindeutig auf die Bibel hinweist und das Gefühl des Verlusts noch verstärkt.[84] Der Topos Masurens als verlorenes Paradies wird von vielen Literaturwissenschaftlern bei der Interpretation der Werke über Ostpreußen unterstrichen.[85] Die Tendenz, Masuren oder ganz Ostpreußen eben als verlorenes Paradies zu betrachten und zu schildern, wird in den Werken von Surminski nur angedeutet, während zum Beispiel im Falle von Ernst Wiechert eine solche Perspektive unbestreitbar ist.

---

84 Vgl.: Ebd. S. 37.

85 Zu diesem Problem äußerten sich unter anderem Mirosław Ossowski in *Literatura powrotów – powrót literatury. Prusy wschodnie w prozie niemieckiej po 1945 roku.* Wydawnictwo Uniwersytetu Gdańskiego. Gdańsk 2011, S. 206–209, Magdalena Sacha in *Topos Mazur jako raju utraconego w literaturze niemieckiej Prus Wschodnich. Ośrodek Badań Naukowych.* Olsztyn 2001 oder Ewa Konarska in ihrem Vortrag *Vertreibung aus dem Paradies. Ernst Wiecherts Missa sine nomine, Siegfried Lenz' Heimatmuseum.* Vortrag anlässlich der Konferenz *Preußens vergessene Hälfte. Ostpreußen – Renaissance einer Kulturregion*, Potsdam, 18–21. Oktober 2001.

3.2 Der Erste Weltkrieg

Die Schilderung des Ersten Weltkriegs stellt einen wesentlichen Abschnitt vieler Romane Surminskis dar, auch wenn dieses Thema nicht vorrangig ist und nur über einige Erinnerungen der einzelnen Figuren zur Darstellung gebracht wird. Der Konflikt der Jahre 1914–1918 und der damit verbundene Vormarsch der russischen Armee bis nach Tannenberg war für das Gebiet Ostpreußens die erste historische Erschütterung seit hundert Jahren.[86] In der Abhandlung „Za górami, za lasami" behauptet Hubert Orłowski, dass die deutsche Literatur die vom Osten ankommende Gefahr thematisierte, die im metaphorischen Bild eines Kosaken mit Lanze auf einem zottigen Pferd und vor dem Hintergrund von Schornsteinen der verbrannten Häuser personifiziert wurde.[87] Die historischen Angaben zum Zeitraum 1914–1918 lassen auch keinen Zweifel daran, dass der Erste Weltkrieg ein zerstörerischer, blutiger und grausamer Konflikt gewesen war. An den Fronten wurden Soldaten aller am Krieg beteiligten Armeen in einen jahrelangen vernichtenden Stellungskrieg verwickelt, der äußerst tragische Konsequenzen nach sich zog. Selbst die Zahl der Opfer[88] zeigt den Ernst des Konflikts zwischen der Entente und den Mittelmächten. Weil die meisten Soldaten des Deutschen Heeres an der Westfront eingesetzt wurden, blieb die Ostfront nicht ausreichend geschützt und weil Ostpreußen „weitgehend ungesichert war, hatten die russischen Truppen anfangs leichtes Spiel, große Teile des Südens und des Ostens der Provinz zu besetzen".[89] Nach der Meinung von Andreas Kossert erlitt Ostpreußen in den Jahren 1914–1918„als einzige deutsche Provinz (…) Krieg, Besatzung, Tod und Verwüstung".[90] Wie groß das Ausmaß der Vernichtungen war, zeigt das folgende Zitat:

> Die Ernte des Jahres 1914 war vernichtet oder von russischen und deutschen Truppen requiriert worden. Zivilisten waren von russischen Soldaten als Spione ermordet, einige tausend nach Sibirien deportiert worden. Allein im Kreis Ortelsburg wurden 130 Einwohner von russischen Soldaten getötet, 200 verschleppt, ganze Dörfer abgebrannt; der Kreis Lyck zählte 133 ermordete Zivilisten, 21 Verwundete und 1204 Verschleppte. Im

---

86 Vgl. Orłowski, Hubert: *Za górami, za lasami… O niemieckiej literaturze Prus Wschodnich 1863–1945*. Borussia. Olsztyn 2003, S. 53.

87 Ebd. 53.

88 Je nach der Quelle werden unterschiedliche Zahlen der getöteten und verletzten Soldaten und Zivilisten angegeben. Die Zahl der Getöteten beläuft sich auf 8,5–9,5 Millionen.

89 Kossert, Andreas: *Ostpreußen. Geschichte und Mythos*. Verlagsgruppe Random House. München 2007, S. 198.

90 Ebd. S. 196.

> natangischen Kreis Preußisch Eylau erschossen russische Soldaten am 29. August 1914 in einem Anfall von Hysterie 74 männliche Zivilisten. Eine russische Autopatrouille traf in den unbesetzten Dörfern Abschwangen, Almenhausen und Neu-Waldeck auf ein deutsches Luftschiff und eine deutsche Patrouille. Nach einem kurzen Feuergefecht gerieten die Russen in Panik und schossen will um sich, wobei viele Gebäude in Brand gerieten und etwa zwanzig Menschen getötet wurden. Am Ende trieben sie 45 Männer aus dem Dorf zusammen und erschossen sie.[91]

Von derartigen Bildern ist in den Werken Surminskis, die an den Ersten Weltkrieg zurückerinnern, wenig zu spüren. Stattdessen wird der Große Krieg als ein Ereignis geschildert, das der historischen Wirklichkeit kaum entspricht. Solch eine gemilderte Beschreibung des ersten Konflikts, der sich weit über ganz Europa verbreitete, hat nach der Ansicht von Mirosław Ossowski zwei Gründe. Der erste Grund bezieht sich auf die Tatsache, dass der Erste Weltkrieg mitsamt dessen Verlauf und Konsequenzen von einem anderen, diesmal viel tragischeren weltweiten Konflikt überdeckt wurde. Der zweite Grund ist direkt mit der Literatur verbunden und zeigt die Zusammenhänge zwischen der Erinnerungskultur und der Schriftstellerei. Im kollektiven Gedächtnis der Deutschen werden nämlich die Ereignisse der Jahre 1914–1918 als Trauma des Stellungskriegs im Westen assoziiert. Ein solches Bild des Krieges wurde durch die Belletristik gestaltet, die überwiegend die Erfahrungen von der Westfront zum Ausdruck brachte. Der Krieg im Osten wurde dagegen von keinem so bedeutenden Schriftsteller wie Ernst Jünger oder Erich Maria Remarque beschrieben. Außerdem wurde der Erste Weltkrieg nie zum Gegenstand eines ernsthaften literarischen Diskurses. Obwohl vieles über den Krieg geschrieben wurde, blieb er hauptsächlich die Domäne der Publizistik.[92]

Die Erinnerung an den Ersten Weltkrieg lässt sich bei Surminski in den Romanen *Jokehnen*, *Grunowen*, *Sommer vierundvierzig* und *Vaterland ohne Väter* finden. In all diesen Werken bildet der Erste Weltkrieg nur ein zweitrangiges Thema, das nur anhand von wenigen Reminiszenzen geschildert wird. Nichtsdestotrotz spielt die Darstellung dieses Krieges eine enorm große Rolle. Simone Metzger weist auf die große Bedeutung hin, die diesem Konflikt von Surminskis Romanfiguren beigemessen wird, und zwar unabhängig davon, welcher Sozialschicht diese Figuren angehören:

---

91 Kossert, Andreas: *Ostpreußen. Geschichte und Mythos*, S. 202.

92 Vgl. Ossowski, Mirosław: *Literatura powrotów – powrót literatury*, S. 24. Bei dieser Beschreibung stützt sich Mirosław Ossowski auf die Behauptung von Eva Horn, die „wenige bedeutende Werke über die Ostfront gefunden hatte".

Der personalen wie auktorialen Erinnerung an den Ersten Weltkrieg kommt in den hier berücksichtigten Romanen Surminskis große Bedeutung zu. Es sind Vertreter einer städtisch-aufgeklärten Bevölkerung ebenso wie einer ländlich-ungebildeten, Männer gleichermaßen wie Frauen, Gutsbesitzer in gleichem Ausmaß wie Handwerker oder Deputatsarbeiter, Nehrunger gleichfalls wie Masuren, die bis zuletzt die Ereignisse des Zweiten Weltkrieges vor dem Hintergrund der Ereignisse von 1914/1918 – zentrale Begriffe sind Tannenberg und Hindenburg – wahrnehmen und bewerten.[93]

Im Erstlingswerk des Schriftstellers stößt der Leser auf folgende Beschreibung des Kriegsausbruchs:

Es fing damals in der Erntezeit an. Am Abend brannte die Jokehner Mühle; die Mühlenflügel standen wie ein feuriges Kreuz am Himmel. Ein böses Zeichen, wie die Markowsche sagte. (…) Zu dieser Zeit flogen schon Schrapnells über das Dorf und explodierten am Waldrand, wo sich deutsche Landwehrmänner eingegraben hatten. (…) Es war damals noch ein faires Wettrennen: die Kosaken mit ihren kleinen, zottigen Pferden und die Bauern mit ihren schwitzenden Ackergäulen. (…) Nur Vater ging brummend auf und ab. Er nahm es den Kosaken übel, daß sie zur Erntezeit gekommen waren. War es nicht eine Sünde vor dem Herrgott, das reife Brot auf den Feldern im Stich zu lassen? Und die Kosaken ritten durch die Getreideschläge wie durch ihr Steppengras.[94]

Schon an diesem kurzen Abschnitt lässt sich die Denkweise der Jokehner verfolgen, die sich der neuen Situation kaum bewusst sind. Am Beispiel der brennenden Mühle und der über das Dorf fliegenden Schrapnells schildert Surminski zwar die ersten für die Bevölkerung spürbaren Folgen des gerade ausgebrochenen Konflikts, andererseits aber scheinen sich die Dorfbewohner keine Gedanken über die möglichen Konsequenzen des Krieges zu machen. Das Schlimmste und Unerträgliche ist für sie der Fakt, dass der Feldzug der russischen Armee gerade in der Erntezeit begann. Ackerbau, Ernte, Alltagspflichten sind in der ostpreußischen Provinz von größtem Belang, die Kriegsmaßnahmen rücken dagegen in den Hintergrund. Eine große Verbundenheit der Ostpreußen mit dem Ackerland bei gleichzeitiger Unterschätzung der großen historischen Ereignisse, die sich um sie herum abspielen, wird auch von Siegfried Lenz in seinem *opus magnum* geschildert:

Jedenfalls sagte mein Großvater, nachdem er die Flammenbälle und Feuerbogen ausreichend auf sich hatte wirken lassen: Und das alles, Mänschenkind, ausjerechnet zur Ernte, als ob's keine anderen Jahreszeiten gäbe fier Krieg. Aber unserer werden's schon schaffen, sie sind im Vorteil, weil für sie jeht es um de Heimat, um de Heimat, ja….[95]

93 Metzger, Simone: *Verlusterfahrung und literarische Erinnerungsstrategie*, S. 252.
94 Surminski, Arno: *Jokehnen…*, S. 28–29.
95 Lenz, Siegfried: *Heimatmuseum*, S. 119.

Die oben zitierten Worte des Großvaters von Zygmunt Rogalla heben ähnlich wie bei Surminski die unbegreifliche Unbewusstheit der ostpreußischen Bevölkerung hervor. Viele Einwohner von Jokehnen oder Lucknow stellen sich kaum vor, was der Krieg für die Bevölkerung, für das Land oder für den Staat bedeutet, welche Konsequenzen der Konflikt nach sich ziehen kann. Niemand macht sich Sorgen um Menschen, sie könnten möglicherweise ums Leben kommen, niemand befürchtet einen eventuellen Verlust seines Zuhauses. Der Gedanke an die vom Krieg bedrohte Ernte zeigt, was für die ostpreußische Bevölkerung – wenn auch nicht die ganze – von Bedeutung war.

Trotz eindeutiger äußerer Anzeichen des ausgebrochenen Krieges erscheinen die Kriegshandlungen den Einwohnern von Lucknow zumindest anfangs irrelevant. Ungeachtet explodierender Geschosse und gegenseitiger Kämpfe zwischen der Zarenarmee und dem Deutschen Heer bagatellisieren sie die neue Situation, worauf der provinzielle Charakter von Ostpreußen, der die Denkweise der Bevölkerung weitgehend prägt, nicht ohne Einfluss bleibt. Somit konzentrieren sich die Gedanken der Ostpreußen auf alles andere als auf die einzelnen Kriegsetappen. Zur Zeit der ersten Besatzung halten die Einwohner von Lucknow den Krieg für nebensächlich, für etwas, was sich am Rande ihrer alltäglichen Tätigkeiten abspielt. Zygmunt Rogalla erfasst die Denkweise seiner Landsleute lapidar und zutreffend:

> Veränderung? Worin sollten wir sie spüren? Einst hatte ein unerreichbarer Kaiser unsere Welt begrenzt, nun begrenzte sie ein ebenso unerreichbarer Zar: beide waren für uns angsteinflößende, doch strahlende Gerüchte.[96]

Die Erinnerung an den Ersten Weltkrieg wird in den Werken von Surminski zusätzlich durch die Bilder der russischen Soldaten positiv beeinflusst. Die Zarensoldaten werden als nette, lustige, nicht selten gut ausgebildete und vor allem ehrenhafte Menschen dargestellt, durch die die einheimische Zivilbevölkerung kein Unrecht erlitten hatte. Ein markantes Beispiel ist ein russischer Offizier, von dem Felix Malotka, einer der Protagonisten des Romans *Grunowen oder Das vergangene Leben*, erzählt:

> Im August '14 kam ein russischer Offizier in Begleitung eines Adjutanten zum Schloß geritten, um der gnädigen Frau seine Aufwartung zu machen. Sie saßen auf der Terrasse, tranken italienischen Wein und sprachen französisch, wie das Stubenmädchen später zu erzählen wußte. Vergewaltigungen sind damals nicht vorgekommen, Herr, denn die Armee des Zaren war eine christliche Armee, ihre Offiziere waren gebildet und

---

96 Lenz, Siegfried: *Heimatmuseum*, S. 104.

> sprachen französisch. Jener Offizier der Narew-Armee hat sich bei der gnädigen Frau ein Buch ausgeliehen, das ihm die Zeit vertreiben sollte beim Vormarsch auf Berlin.[97]

Auffallend sind in dieser Beschreibung vor allem zwei Aspekte. Zum einen wird der Leser mit dem Bild eines russischen Soldaten konfrontiert, der mit seinen Eigenschaften einen Gegensatz zum Rotarmisten bildet. Zieht man die historischen Abhandlungen zum Thema des Zweiten Weltkrieges oder auch die in vielen literarischen Werken über die Flucht und Vertreibung enthaltenen Beschreibungen des Verhaltens der sowjetischen Soldaten in Betracht, ist die Diskrepanz zwischen den russischen Soldaten aus dem Ersten Weltkrieg und den rachsüchtigen, entmenschlichten Rotarmisten aus dem Zweiten Weltkrieg nicht zu übersehen. Zum anderen weist Surminski im obigen Abschnitt auf einen unglaublich relevanten Grund hin, der die Zarensoldaten vor moralischer Verdorbenheit bewahrte. Sie waren nämlich Menschen, die in einer durch das Christentum gestalteten Gesellschaft aufgewachsen und den Prinzipien des Dekalogs nachgegangen sind. Wie stark unterschieden sich dreißig Jahre später die sowjetischen Soldaten von jenem Offizier,

> der mit der gnädigen Frau französisch zu sprechen verstand, um sich zu entschuldigen. Für das gestohlene Schwein stellte er einen Schuldschein aus, der bei persönlicher Vorlage von der Kriegskasse des Zaren eingelöst werden sollte – zu beliebiger Zeit.[98]

Auch die einfachen Zarensoldaten werden als harmlose Kerle geschildert, deren Verhaltensweise den Grunowern oder Jokehnern komisch und unverständlich erscheint und sie zum Lachen bringt. Als Beispiel kann hier die Geschichte über den ersten Besuch der Kosaken in Grunowen dienen, bei dem sie Eier roh tranken, den Hühnern die Köpfe abschlugen, sie danach auf die Lanzen spießten und über dem Feuer brieten. Weil sie ständig nicht gesättigt waren, jagten sie ein Schwein aus dem Gutsstall, spickten es mit Lanzen, bis das Tier tot umfiel.[99]Die Kosaken sind unberechenbar, niemand weiß genau, was ihnen einfällt, ein jeder Zivilist kann jedoch zugleich sicher sein, dass diese wilden Steppensoldaten im Grunde genommen gute Menschen sind. Einmal übernachteten sie

> in einem Dorf, das im tiefsten Frieden lag. Noch in der Dunkelheit schwankten die letzten Erntewagen auf die Höfe. Aber am Morgen kamen die Russen. Obwohl es keinen einzigen deutschen Soldaten im Dorf gab, ritten sie Attacke über ein Stoppelfeld, schossen in die Luft, fuchtelten furchterregend mit ihren Säbeln herum. Martha wollte sich vor Angst in einen Brunnen stürzen.[100]

---

97 Surminski, Arno: *Grunowen…*, S. 68.
98 Surminski, Arno: *Grunowen…*, S. 72.
99 Vgl. Ebd. 72.
100 Surminski, Arno: *Jokehnen…*, S. 30.

Derartige Szenen begleiten die Jokehner und Grunower im Laufe des ganzen Kriegs. Mithilfe von zahlreichen Anekdoten wird ein Bild von unschädlichen Mongolengesichtern gemalt, die mindestens für die Zivilbevölkerung keine besondere Gefahr darstellen. Alle Ereignisse mit Teilnahme der Zarensoldaten werden humorvoll geschildert. Die von Surminski erzählten Geschichten kippen sogar dermaßen ins Absurde, dass sie in gewisser Hinsicht den masurischen Geschichten von Siegfried Lenz ähneln. So ist es auch im Falle der „These", warum die russischen Soldaten eine Niederlage in der Schlacht von Tannenberg erlitten hatten:

> Zum Verhängnis wurde den Kosaken, daß sie im Gutsgarten einen Pflaumenbaum fanden, dessen Früchte blau leuchteten, aber noch unreif waren. Sie sägten den Baum ab und fuhren ihn mit einem Leiterwagen zum Biwak, wo sie vom Ast ernteten, Schweinebraten mit Grunower Pflaumen verzehrten und nicht ahnen konnten, daß die Narew-Armee die Scheißerei bekommen und darüber die Schlacht von Tannenberg verlieren würde.[101]

Selbstverständlich gibt es auch Situationen, in denen die Ostpreußen die Folgen des russischen Feldzugs spüren, was sich in den meisten Fällen im Verlust der gehaltenen Tiere wiederspiegelt:

> Das also waren die Kosaken, kleine schnauzbärtige Kerle mit runden Mützen. Aus dem Brummen, in dem Martha sich hatte ersäufen wollen, mußte Vater einen Eimer Wasser ziehen und trinken. Nachdem er die Giftprobe bestanden hatte, tränkten die Kosaken ihre Pferde. Auf den umliegenden Höfen requirierten sie Hühner und drehten dem gackernden Federvieh vor aller Augen die Hälse um. Mutter mußte das Geflügel rupfen, während die Kosaken im Garten aus Hafengarben und Zaunlatten ein Feuer anzündeten. Sie steckten die gerupften Hühner auf ihre Lanzen und brieten sie am offenen Feuer.[102]

Die Kosaken, die in Jokehnen eingetroffen sind, unterscheiden sich also von russischen Offizieren aus Grunowen, die

> mit den Damen französisch sprachen, Schuldscheine für erstochene Schweine ausstellten und sich Bücher ausliehen zur Unterhaltung für den Feldzug nach Berlin. In Passenheim hielt die Narew-Armee im August 14 so überraschend Einzug, daß die Geschäfte am Markt zu schließen vergaßen. Die Soldaten gingen in die Bäckereien und Fleischerläden, kauften Brötchen und Ringelwurst, bezahlten mit Rubel und Kopeken.[103]

---

101 Surminski, Arno: *Grunowen…*, S. 72.
102 Surminski, Arno: *Jokehnen…*, S. 30–31.
103 Surminski, Arno: *Grunowen…*, S. 75–76.

Auf den ersten Blick kann sich also eine gewisse Inkonsequenz im Vergleich der in *Jokehnen* präsenten Darstellung der russischen Soldaten mit der aus *Grunowen* oder *Sommer vierundvierzig* feststellen. Dies ergibt sich daraus, „daß die Erinnerung an den Ersten Weltkrieg in den verschiedenen (…) Romanen unterschiedlich akzentuiert ist und in *Jokehnen*, *Grunowen* und *Sommer vierundvierzig* jeweils voneinander differierende Strategien der literarischen Erinnerung eingeschlagen werden".[104] Während die in *Jokehnen* beschriebenen Soldaten nicht selten Hühner und Schweine stehlen, sind die in *Grunowen* geschilderten Russen ehrenhafter, wobei die Verhaltensweise der Soldaten von niedrigem Rang durch ihre gut ausgebildeten Offiziere wesentlich beeinflusst wird. Trotz offensichtlicher Unterschiede ist das Bild des Krieges in *Jokehnen*, *Grunowen* und *Sommer vierundvierzig* dermaßen verharmlost, dass es sogar von der historischen Wirklichkeit abweicht und die Erinnerung an den Ersten Weltkrieg durch die Erfahrungen des Zweiten Weltkrieges immer wieder verfälscht wird. Dies belegt auch die Einstellung von Tante Rohrmoser aus *Sommer vierundvierzig*. „Nicht anders als Martha und die Markowsche in Jokehnen [gibt sie] eine naive und mit wachsender zeitlicher Distanz immer mehr zum harmlosen Abenteuer degenerierende Vorstellung der im krassen Widerspruch zur historischen Realität in ihrer Erinnerung vermeintlich gar nicht so schlimmen Invasion der Russen weiter. Die Erinnerung an die zeitweilige Besetzung Ostpreußens erhält fast schon nostalgische Züge, und die Sorge um einen erneuten Landgewinn der russischen Armee reduziert sich auf Banales".[105] Wie harmlos der Krieg in seiner ersten Phase über Jokehnen abgelaufen war, zeigt der folgende Abschnitt aus dem Roman:

> In der Schule hatten die Kosaken eine Woche lang ihre Pferde untergestellt und Stroh und Mist hinterlassen. Aber Schlimmeres war im Dorf nicht geschehen. Erst später beim Pflügen im Herbst fanden die Gutsknechte einen unbekannten Toten auf dem Feld neben der Angerburger Chaussee. Ein Flüchtling, der über die Felder laufen wollte und erschossen worden war. Er wurde auf seinem Feld, wo er so lande gelegen hatte, begraben. (…) Das Flüchtlingsgrab am Wickerauer Berg blieb die einzige Erinnerung an den großen Krieg in Jokehnen. Und natürlich der Gedenkstein, der später neben der Schule errichtet wurde. Unseren Helden.[106]

Vergleicht man die in Surminskis Werken präsente Schilderung des Ersten Weltkrieges mit dem wohl berühmtesten deutschen Roman zu diesem Thema, Erich

104 Metzger, Simone: *Verlusterfahrung und literarische Erinnerungsstrategie*, S. 252.
105 Ebd. S. 258.
106 Surminski, Arno: *Jokehnen…*, S. 32.

Maria Remarques *Im Westen nichts Neues*, entsteht sofort der Eindruck, als würden die Werke völlig andere historische Erscheinungen thematisieren. Auf den Seiten des Romans von Remarque sind die Schrecken des Krieges vorrangig, der Stellungskrieg wird durch Angst, Feuer, Blut und Tod begleitet, das einzige positive Resultat des wahnsinnigen Konflikts ist die Kameradschaft zwischen den jungen Soldaten. Bei Surminski wird der Krieg völlig anders dargestellt. „Nicht die enormen Schäden, welche die Invasion der russischen Armeen anrichteten, sondern Randereignisse sind es, welche in Surminskis Werken die Erinnerung seiner Romanfiguren an den Ersten Weltkrieg (…) bestimmen".[107] In der Tat erinnert sich niemand an Ereignisse, die aus militärischer Perspektive von Bedeutung sind. Die Erinnerung stützt sich immer auf persönliche Erfahrungen der einzelnen Romanfiguren, indem nur solche Begebenheiten beschrieben werden, die einen direkten Einfluss auf ihr Leben haben. Eben deshalb kommen die Namen der Kriegsführer oder der wichtigsten Kriegsspielplätze sehr selten vor. Stattdessen kann der Leser aber sehr genau erfahren, was mit einem Huhn, einem Pferd oder einem beliebigen Gegenstand geschah. Ostpreußen und seine Bevölkerung bilden einen Mikrokosmos am Rande der Geschichte, in dem der großen Politik und den entscheidenden historischen Ereignissen fast keine Beachtung geschenkt wird, weil diese Ereignisse einen nicht zu großen Einfluss auf die Menschen haben. „Kriegsrelevante Ereignisse geraten in der Erinnerung gelegentlich zu allerdings nur scheinbaren ‚Nebensächlichkeiten', wobei der Einsatz von Humor und Ironie sich dem Leser als eine deutlich erkennbare und vom Autor sprachlich entsprechend elaborierte literarische Darstellungsvariante offenbart".[108]

Wie es schon früher angedeutet wurde, spielen Humor, Spott und Ironie eine wesentliche Rolle in den Werken von Arno Surminski. Bei der Beschreibung der tragischen, mit dem Trauma der Flucht und Vertreibung verbundenen Erfahrungen dienen diese Stilmittel in erster Linie der Darstellung von grausamen und vom Autor selbst erlebten Zeiten. Durch Spott und Ironie wird der Erste Weltkrieg einerseits verharmlost, andererseits – und dies wieder im Vergleich mit dem Zweiten Weltkrieg und seinen Folgen – verklärt. „Der Erste Weltkrieg wird an etlichen Stellen in einer zuweilen humorvoll-ironischen Weise dargestellt, die es manchmal kaum erlaubt, daran Assoziationen an einen Krieg zu knüpfen".[109] Obwohl nur rund vier Seiten im Roman *Jokehnen* an die Ereignisse

---

107 Metzger, Simone: *Verlusterfahrung und literarische Erinnerungsstrategie*, S. 254.
108 Ebd. S. 254.
109 Ebd. S. 253.

des Großen Kriegs erinnern, ist hier eine Fülle von lustigen Anekdoten über die russischen Soldaten zu finden:

> Und da kommt ein rundes, mongolisches Gesicht, grinst, winkt Martha mitzukommen, geht zu einem Pflaumenbaum und schüttelt. Martha muß Pflaumen sammeln. Für sich. Die ganze Schürze voll. Und der Mongole hat Spaß daran, wenn ihr Pflaumen auf den Kopf fallen. Als das Schütteln nicht genug bringt, schlägt er mit seinem Säbel einen Zweig ab und reicht ihn Martha. Es lacht, das Mongolengesicht, lacht und zeigt die tabakbraunen Zähne. Auch Martha lacht.[110]

> Nur Vater schimpfte an jedem Morgen, weil die Kosaken sein bestes Pferd mitnahmen und ihm einen hinkenden Panjegaul zurückließen, auf dessen struppigen Leib sie in kyrillischen Buschstaben das Wort „Berlin" geschrieben hatten. Fünf Tage Kosaken.[111]

Ein anderes Bild des Ersten Weltkrieges, das zugleich viel mehr wahrheitsgemäß ist, lässt sich in *Sommer vierundvierzig* finden. In diesem Roman

> werden die sozialen Folgen für die Kinder und Witwen deutlich, die den Vater, Ehemann und Ernährer der Familie verloren haben. Ist in *Jokehnen* und *Grunowen* der „Heldentod" auf anonym bleibende Familien beschränkt, so hat in Sommer vierundvierzig mit Huschke eine der Hauptfiguren einen Toten zu beklagen. Dadurch wird das von anderen Figuren artikulierte verharmlosende Bild vom Ersten Weltkrieg zurechtgerückt, auf die katastrophalen Folgen der kriegerischen Handlungen aufmerksam gemacht und an die Zerstörungen erinnert.[112]

Nicht alle Romanhelden richten sich jedoch in ihrer Erinnerung an den Ersten Weltkrieg nach der Objektivität. So ist es auch im Falle der Oma, deren Vorstellung vom ersten Weltkrieg sich auf die Erinnerung an die kosakischen Soldaten, christliche und freundliche Menschen, von denen jeder eine Mutter habe, reduziert[113]:

> Nur die Oma legte ein gutes Wort für die Russen ein. Sie sind auch christliche Menschen, und jeder von ihnen hat eine Mutter. Als die Kosaken im August einrückten, hat die Oma, die damals noch eine stattliche Frau in den besten Jahren war, zwei Hühnern und einem Hahn den Kopf abgeschlagen, um dem Besuch ein kräftiges Süppchen zu kochen. Die Herrschaften saßen zu Tisch, nach der Suppe bedankten sie sich mit einer tiefen Verbeugung. Die Milch, um die sie erst freundlich baten und die sie danach kannenweise nahmen, bezahlten sie mit Rubel und Kopeken.[114]

110 Surminski, Arno: *Jokehnen…*, S. 31.
111 Ebd. S. 31.
112 Metzger, Simone: *Verlusterfahrung und literarische Erinnerungsstrategie*, S. 260.
113 Vgl. Ebd. S. 261.
114 Surminski, Arno: *Sommer vierundvierzig…*, S. 161.

Die Schattenseiten des Ersten Weltkrieges, auf die Simone Metzger aufmerksam machte, ergeben sich jedoch einzig und allein aus dem Wesen aller Kriege, die immer mit Leid, Angst, Tod und Zerstörung verbunden sind. Die Geschichte kennt sowohl solche Konflikte, die insofern als „human" betrachtet werden können, als sie zumindest keinen größeren Schaden der Zivilbevölkerung anrichteten und nur zwischen den einzelnen militärischen Subjekten geführt wurden; bekannt sind auch solche, im Falle deren keine moralischen Gesetze respektiert wurden. Sogar in den erbarmungslosesten Regimes gab es Kriegsführer, die ihre Menschlichkeit nie losgeworden sind, andererseits lassen sich auch zahlreiche Beispiele von Soldaten finden, deren schändliche Gräueltaten kaum zu erfassen sind. Solch eine Dichotomie ist am Beispiel der Werke von Surminski im Falle von zaristischen und sowjetischen Soldaten sichtbar, wo die ersten trotz unbestrittener Nachteile immer das Menschliche in sich bewahren, während die zweiten in ihrer Barbarei alle vorstellbaren Grenzen überschreiten. Die Zarensoldaten sind keine Kindermörder und keine Frauenschänder:

> Huschkes Bruder, der Bruno, war sechzehn Jahre alt. (…) Die Kosaken taten ihm nichts zuleide, nur daß die Herren Offiziere darauf bestanden, von Bruno per Kutsche über Land gefahren zu werden. Bevor sie abzogen, schickte ein Offizier den sechzehnjährigen Bruno in die Feldscheune. Wenn wir dich nicht sehen, brauchen wir dich nicht mitzunehmen, erklärte er. Ja, das waren feine Herren. Sechzehnjährige galten ihnen als Kinder, die sich in Feldscheunen verstecken durften.[115]

Die Kenntnisse über die Untaten der Roten Armee gegen Ende des Zweiten Weltkrieges, zigtausende Berichte der Augenzeugen, Millionen vergewaltigte Frauen, unzählige erschossene Kinder und nicht zuletzt die menschliche Vorstellungskraft lassen vermuten, was mit Bruno dreißig Jahre später in derselben Situation passiert wäre.

Der Roman *Vaterland ohne Väter* zielt insbesondere auf eine Auseinandersetzung mit dem Zweiten Weltkrieg ab, trotzdem werden auch hier die Kosaken an manchen Stellen erwähnt. Obwohl der Roman genau dreißig Jahre nach dem Erstlingsroman *Jokehnen* erschienen ist (2004), ähnelt die hier enthaltene Schilderung der aus *Jokehnen*:

> Die Kosaken biwakierten hinter dem See. Wenn sie Hunger hatten, kamen sie ins Dorf geritten und fingen sich Hühner, Enten und Gänse. Am Abend konnten die Podwanger die Feuer sehen, an denen ihr Geflügel gebraten wurde.[116]

---

115 Surminski, Arno: *Sommer vierundvierzig…*, S. 162.
116 Surminski, Arno: *Vaterland ohne Väter*, S. 142.

An einer anderen Stelle im Roman findet der Leser eine Beschreibung der russischen Offiziere, die sich von dem in Grunowen gezeichneten Bild eines ausgebildeten, ehrlichen und anständigen Offiziers stark unterscheiden:

> Die Kosaken haben eine Knute unten mit Bleieinlage, die ist für die Menschen bestimmt. Außerdem einen dreiteiligen Lederriemen am kurzen Stiel für die Pferde. Am Sattel hängt ein längerer Strick zum Anschnallen der Menschen, die sie mit sich fortschleppen. Ihre Offiziere tragen ständig eine Peitsche bei sich, mit der sie die eigenen Leute schlagen.[117]

Vaterland ohne Väter kann als eine Studie über das Wesen des Kriegs betrachtet werden. Im Vordergrund stehen hier die einzelnen Etappen des Unternehmens Barbarossa, wobei der 22. Juni 1941, der Winterkrieg gegen die Sowjetunion und schließlich die Niederlage von Stalingrad zentrale Begriffe sind. Surminski führt im Roman unterschiedliche Erzählperspektiven ein und stützt sich oft auf den Vergleich des Zweiten Weltkrieges mit anderen Kriegen, sei es mit dem Russlandfeldzug von Napoleon, sei es mit dem Ersten Weltkrieg oder dem Kosovo-Krieg. Der Schriftsteller entdeckt zahlreiche Zusammenhänge zwischen allen Kriegen, unabhängig davon, wann und wo sie geführt wurden oder werden. Und gerade in diesem Kontext ist auch die angedeutete Präsenz des Ersten Weltkrieges an manchen Stellen im Roman zu verstehen.

Einige wenige Schattenseiten des Ersten Weltkrieges lassen sich auch in *Heimatmuseum* von Siegfried Lenz aufdecken, wobei der Konflikt ähnlich wie in den Werken Surminskis als unvergleichbar milderes, harmloseres und ruhigeres Ereignis illustriert wird. Im Vergleich zu *Jokehnen*, *Grunowen* oder *Sommer vierundvierzig* ist hier die Darstellung des Krieges viel ausführlicher und bestimmt nicht so einseitig. Lenz unterscheidet vor allem zwischen zwei Besatzungszeiten während des Ersten Weltkrieges, die sich mit anderen Erinnerungen, Bildern und Assoziationen verbinden. Gleich nach dem Ausbruch des Krieges hatte die Stimmung der Einwohner von Lucknow mit den Reaktionen der Jokehner viel Gemeinsames. In der ersten Phase des Krieges gab es in Lucknow so gut wie keine Anzeichen des Krieges, außer vielleicht einer großen Menge von russischen Soldaten, die in die Stadt herbeiströmten, die aber sofort in westliche Richtung marschierten:

> Wie bitte? Das stimmt, mein Lieber, das muß man heute wohl annehmen, aber ich kann Ihnen versichern, daß Lucknow das erste Mal ohne Zerstörung besetzt wurde, es gab auch in den ersten Tagen keine Verhaftungen und Requirierungen. Sie überschwemmten uns lediglich mit ihrer Zahl, und wie der Strom im Vorbeigehen sein Wasser an tote

117 Ebd. S. 411.

> Seitenarme abgibt, so teilten sie einige Einheiten von Pleskauer Landwehr und Donkosaken zu unserer Besetzung ab, und um der Form zu genügen, wurde auf unserem schattenlosen Marktplatz bekanntgegeben, daß Lucknow nunmehr unter russischer Verwaltung stand.[118]

Über eine lange Zeit bleiben alle für einen jeden Krieg typischen Folgen der Zivilbevölkerung erspart. Nichts wird zerstört, niemand wird gefangen genommen, die voranmarschierenden Soldaten benehmen sich anständig, die Requirierungen kommen nicht vor, an Plünderungen, Erschießungen, geschweige denn Vergewaltigungen, wird gar nicht gedacht. Die Menschen sind sich natürlich der neu eingetretenen Umstände bewusst, die Kriegshandlungen spielen jedoch außerhalb ihrer Stadt, sodass sie beinahe unbemerkbar sind. Die Menschen sind gut gelaunt, im gewissen Sinne bekommen sie sogar eine merkwürdige und unverständliche Angst, sie könnten gar nichts vom Krieg erleben:

> (…) und auch unsere Kavallerie zog durch die Lücke und eine Pionierabteilung mit Troß und Gerätschaft, alle gut gelaunt, zu aufmunternden Worten bereit, und wir mußten befürchten, daß Lucknow der Krieg vorenthalten wurde.[119]

Die ursprüngliche Dynamik des Krieges und der Vormarsch der russischen Soldaten sind dermaßen unvorhersehbar, dass der Krieg allen Erwartungen zum Trotz die Stadt nicht erreicht:

> Aber was wollte ich Ihnen erzählen? Der Krieg, richtig, der Krieg wurde auf einmal beweglich, er wälzte sich auf Lucknow zu; doch kaum hatten wir ausgerechnet, wann sie uns erreichen würden, da sprang er wendisch nach Süden und Osten um, was nicht nur uns, sondern auch die Besatzung ratlos machte.[120]

Erst während der zweiten Besatzung lässt sich der Krieg spüren. Diesmal werden die Einheimischen mit allen Kriegsfolgen konfrontiert, unter denen der omnipräsente durch Artilleriegeschosse verursachte Lärm der beste Beweis dafür ist, dass der Krieg schließlich auch in Lucknow Einzug hielt:

> Dort standen ihre Mörser, die auf Glück nach Lucknow hineinschossen. Ich meldete meine Entdeckungen den Soldaten, die nickten beiläufig, sie wußten es längst. Ganz recht, so begann unsere zweite Besetzung, das erwähnte ich doch, und Sie müssen wissen, eine zweite Besetzung ist grundsätzlich unangenehmer als die erste, in jedem Fall denkt man hinterher so, wenn man seine Erfahrungen besichtigt….[121]

---

118 Lenz, Siegfried: *Heimatmuseum*, S. 104.
119 Ebd. S. 99.
120 Ebd. S. 121.
121 Ebd. S. 149.

Im Unterschied zu Jokehnen hat der Krieg in Lucknow zumindest während der zweiten Besatzung konkrete Konsequenzen für die Einwohner. Sie müssen unter anderem den Besatzern 30.000 Rubel für die Freilassung der gefangen genommenen Geiseln bezahlen.[122] Kurz danach haben die Lucknower die Gelegenheit, die diebische Vorliebe der Kosaken für alle Gegenstände, die ihnen wertvoll erscheinen, kennen zu lernen:

> Wir zogen zur Domäne, wo die Besatzung gerade mal wieder requirierte, was noch nicht requiriert worden war, Häcksel und Runkeln und Kartoffeln aber auch wagenrandgroße Käselaibe, angeräuchertes Fleisch und Kühe, die sie einfach an ihre Kastenwagen banden.[123]

Auf dem Rückzug zieht die Armee Samsonows über Lucknow, die Soldaten geben sich in voller Eile ihrer Neigung hin, alles Mögliche zu stehlen:

> Ohne zu halten, schnappten sie sich ein Bild, ein Sofakissen; während einer mich ablenkte, grapschten andere nach den Gläsern mit Eingemachtem; elegant angelten sich Dragoner Handtücher, Ohrenschützer und Stiefel mit der Lanzenspitze; ihre Interessen waren, wie soll ich sagen, weit gespannt, sie endeten keineswegs vor den Kisten, in denen das Inventar des Laboratoriums zuhauf lag, Pfannen, Folianten, Mörser und Tiegel, als Souvenir allemal geeignet.[124]

Dabei zeigten sich die Zarensoldaten als Liebhaber von allem, was für sie einen Wert hatte, ohne eine besondere Rücksicht auf Qualität oder echten Wert der gestohlenen Gegenstände zu nehmen. Die beiden kurzen Szenen sind auch symbolisch zu betrachten, und zwar als Prophezeiung der Geschehnisse, die sich rund dreißig Jahre später abspielen werden. Nach dem Zweiten Weltkrieg hatte sich in dieser Hinsicht wenig verändert – auch dann waren die Rotarmisten für Plünderungen und Diebstähle berüchtigt, wobei ihre Vorliebe für Armbanduhren zum bitteren Symbol geworden war.

Die für Zygmunt Rogalla wichtigste Folge des Ersten Weltkrieges ist der Tod seines Vaters, der eines Tages in „seinem eleganten Zweispänner über das umkämpfte Land jagte auf der Suche nach einem Durchschlupf".[125] Die persönliche Tragödie von Zygmunt hat jedoch einen individuellen Charakter, der Tod des Vaters ist dabei als Resultat einer unglücklichen Fügung des Schicksals zu sehen, was auch der Fakt bestätigt, dass es unklar bleibt, ob der Vater mit einer deutschen oder mit einer russischen Granate getroffen wurde. Im Gedächtnis

122 Ebd. S. 139.
123 Ebd. S. 154–155.
124 Ebd. S. 158.
125 Ebd. S. 151.

von Zygmunt ist ein seltsam humoristisches Bild des Todes seines leiblichen Vaters erhalten geblieben:

> Von einer Granate getroffen, explodierte es auf dem Notbrückchen. Zuerst war da nur ein mehrfarbiger Flammenblitz, wie ich ihn oft im Laboratorium meines Vaters beobachtet hatte; dann stieg eine Rauchsäule auf, ebenfalls mehrfarbig und wie ein Korkenzieher, eine Säule, die (...) trotz spürbarem Wind über der Maraune stehenblieb, wie verankert, ja: dann formte sich, was Conny mir später oft bestätigte, eine siebenfarbige Wolke, die so zügig aufschwebte wie ein von seinen Halteseilen befreiter Ballon, ein Wolkensofa, möchte ich sagen, das der Meister der Substanzen und Tinkturen, der Herr über Säuren und Gase für sich selbst entworfen hatte. Wenn ich daran zurückdenke, heute, in meiner Lage: dies Ende entsprach ihm, mein Vater fand seinen eigentümlichen Tod.[126]

Während die Folgen von Geschossen, Plünderungen, Diebstählen oder zu zahlender Kontribution von der ganzen Stadtbevölkerung zu tragen sind und zu einer kollektiven Erfahrung werden, ist der Verlust von Zygmunt Rogalla reiner Zufall, eine Einzeltragödie, die nicht die ganze Bevölkerung getroffen hat, sondern die nur wenigen Personen direkt zuteil geworden ist.

Die in *Heimatmuseum* enthaltene Erinnerung an den Ersten Weltkrieg ist sicherlich ausführlicher und in größerem Ausmaß wahrheitsgemäß als die Beschreibung der Kriegsgeschehen in den Werken Surminskis. Die Schilderung des Krieges beinhaltet nämlich zwei grundsätzliche Etappen – Besatzung und Vormarsch der Zarenarmee in Richtung Westen, dann aber – den Rückzug und die damit verbundenen Vorkommnisse. Eine im Vergleich mit allen Werken Surminskis detailliertere Beschreibung des Ersten Weltkrieges bei Lenz ist jedoch ein winziger Unterschied, der gar nichts an der Tatsache ändert, dass die Zarenarmee im Nachhinein eher positive Assoziationen erweckt, was wiederum einen enormen Einfluss auf das Bild des Kriegs in sich ausübt. Zwar passiert es ab und zu, dass jemand erschossen wird oder dass die Kosaken eine Mühle in Brand setzen[127], der Erste Weltkrieg wird jedoch sowohl in *Jokehnen* und *Grunowen* als auch in *Heimatmuseum* als ein harmloser Konflikt dargestellt, mit dem sich keine traumatischen Erinnerungen verbinden und dessen Milde sehr oft durch lustige Anekdoten hervorgehoben wird. Die bei Lenz und Surminski vorhandenen Bilder des Ersten Weltkrieges weisen auch manche Ähnlichkeiten auf, insbesondere wenn man die Rolle, die sie in den beiden Werken spielen, analysiert. Eine derartige Darstellung des Ersten Weltkrieges hat nämlich eine

---

126 Ebd. S. 151.

127 Vgl. Surminski, Arno: *Grunowen...*, S. 73.

bestimmte Funktion. Durch die Verharmlosung der Begebenheiten, die sich im Ersten Weltkrieg ereigneten, werden die Grausamkeiten des Zweiten Weltkrieges hervorgehoben. Die Erinnerung an die gut ausgebildeten, ehrenhaften, lustigen, manchmal unberechenbaren, christlichen Kosaken bewirkte, dass sich die Bevölkerung dieses Landes kurz vor dem Ende des Zweiten Weltkrieges ein falsches Bild der Rotarmisten gemacht hat – basierend auf einem Vergleich, dem keine anderen Voraussetzungen zugrunde lagen als eben die oben erwähnten positiven Erfahrungen mit Kosaken. Der Erste Weltkrieg steht mit allen seinen Aspekten im Kontrast zur letzten Phase des totalen Kriegs der Jahre 1939–1945. „Ja, der erste Krieg war noch ein richtiger Krieg, in dem sogar etwas zu lachen gab“[128] – behauptet einer der Helden des Romans *Grunowen*. Bei der Lektüre von *Heimatmuseum*, *Grunowen*, *Sommer vierundvierzig* und insbesondere von *Jokehnen* gewinnt der Leser den Eindruck, als ob sich der Erste Weltkrieg auf Ostpreußen kaum ausgewirkt hätte, was der historischen Wirklichkeit keineswegs entspricht. Andreas Kossert erinnert an die tragischen Folgen des Ersten Weltkrieges in der ostpreußischen Provinz:

> Die Kampfhandlungen hatten eine Landschaft in Trümmern hinterlassen. In Teilen Masurens überstieg die materielle Zerstörung diejenige von 1945. Ganze Städte und Dörfer wurden dem Erdboden gleichgemacht.[129]

Von der genannten materiellen Zerstörung ist in den Werken Surminskis nichts zu spüren. Der Verzicht des Autors auf eine wahrheitsgemäße, mit den historischen Abhandlungen und Erlebnisberichten der Zeitzeugen übereinstimmende Darstellung der Ereignisse der Jahre 1914–1918 ist demnach als eine stilistische Figur zu verstehen, mit deren Hilfe der Schriftsteller die Schrecken des nächsten Krieges betont. Vor dem Hintergrund der heranrückenden Roten Armee lassen die positiven Erinnerungen an die kosakischen Soldaten bei der Bevölkerung einen Hoffnungsschimmer aufkommen:

> Es würde schon alles gutgehen. Irgendwie gutgehen. Der rote Schein drang nicht in die Schlafstube zu dem pausbäckigen Posaunenengel. Warum sollte es nicht gutgehen? Damals war es auch gutgegangen. Martha dachte an die lachenden Kosaken, die den Kindern im August 1914 Pflaumen von den Bäumen geschüttelt hatten. In Jokehnen hatte doch niemand etwas Böses getan, jeder nur seine Pflicht erfüllt. Deshalb mußte es gutgehen.[130]

---

128 Ebd. S. 73.

129 Kossert, Andreas: *Masuren. Ostpreußens vergessener Süden*. Verlagsgruppe Random House. München 2008, S. 236.

130 Surminski, Arno: *Jokehnen…*, S. 271.

> Im Ersten Weltkrieg waren die Kosaken doch viel netter sagte Hermann.
> (...)
> Damals fing der Krieg erst an erklärte Martha. Am Anfang ist alles menschlicher, aber je länger der Krieg dauert, desto schlimmer wird es.[131]

In welch großem Unrecht die Jokehner gewesen waren und wie naiv sich diese Hoffnung erwiesen hatte, zeigte die Geschichte.

Die Zusammenstellung von zwei Kriegen hat auch eine andere Dimension. Durch die Erinnerung an die Erfahrungen aus den jeweiligen Kriegen wird auch die Zugehörigkeit der Romanfiguren zur konkreten Generation unterstrichen. Das beste Beispiel sind hier die Protagonisten des Romans *Grunowen*, die in verschiedenen Zeiten auf die Welt kamen und – was daraus resultiert – unterschiedliche Wertesysteme vertreten:

> Während Felix Malotka, dem im Gegensatz zu anderen Figuren auch die Schrecken des Ersten Weltkrieges unvergessen geblieben sind, in *Grunowen* die Erinnerung an die Periode zwischen 1914 und 1918 vorbehalten ist, erscheint der erst fünf Jahre nach Kriegsende geborene und in der Hitlerjugend sozialisierte Werner Tolksdorf als jene Figur, welche auf den Zweiten Weltkrieg fixiert ist. Dabei wird deutlich der völlig unterschiedliche Charakter der beiden Kriege hervorgehoben.[132]

Simone Metzger bemerkt, dass Felix Malotka die einzige Figur in Grunowen ist, welche die Schrecken des Ersten Weltkrieges nicht vergessen hat und „welcher der Verlauf und besonders die fatalen politisch-psychologischen Folgen des Ersten Weltkrieges im Gedächtnis geblieben sind. Doch bleibt er in der ‚Aufarbeitung' ambivalent und schwankt zwischen kritischer Rückschau und beinahe irrational-überhöhender Hindenburgverehrung".[133] Diese „beinahe irrational-überhöhende Hindenburgverehrung" stimmt mit dem Zeitgeist überein, der zu einer Mythologisierung des Generalfeldmarschalls Paul von Hindenburg beigetragen hatte und von den Repräsentanten der nächsten Generation nicht geteilt wurde.

3.3 Reichspräsident Paul von Hindenburg

Der Mythos um Paul von Hindenburg hat seine Wurzeln im Sieg der deutschen Truppen gegen die russische Armee bei Tannenberg in der Nähe von Allenstein. Die Schlacht fand vom 26. bis 30. August 1914 statt. Der Sieg über die Russen

131 Ebd. S. 357.
132 Metzger, Simone: *Verlusterfahrung und literarische Erinnerungsstrategie*, S. 252–253.
133 Ebd. S. 255.

hatte eigentlich zwei Väter – den genannten General von Hindenburg und den Generalmajor Erich Ludendorff. Auch wenn sich die Rolle von Ludendorff in dieser Schlacht nicht leugnen lässt, hatte die ostpreußische Bevölkerung nur Hindenburg für den wichtigsten Autor des Sieges bei Tannenberg erklärt und ihm den Titel „Retter Ostpreußens" verliehen:

> Neben dem Tannenberg-Mythos entstand ein Mythos um Hindenburg, der in keiner anderen Provinz des Reiches so viele Anhänger fand wie in Ostpreußen. Nach der Abdankung des Kaisers übernahm Hindenburg die Funktion eines Ersatzmonarchen und Landesfürsten, die auf seiner militärischen Leistung als „Retter Ostpreußens" gründete". (…) Hindenburg war als Sieger von Tannenberg omnipräsent. Die ostpreußische Bevölkerung, vor allem die in den 1914 besetzten Landesteilen, brachte ihm Anerkennung und Respekt, vielfach sogar tiefe patriarchalische Verehrung entgegen. Sein Porträt schmückte so manches ostpreußische Wohnzimmer.[134]

Meisterhafte Entscheidungen, die Hindenburg auf dem Schlachtfeld bei Tannenberg getroffen hatte, hatten zur Folge, dass er als einer der besten militärischen Führer in die Geschichte einging. Seine Person wurde infolgedessen zum Gegenstand zahlreicher historischer Studien, publizistischer Schriften und Biografien gemacht.[135] Der Ruhm, dessen sich Hindenburg erfreute, fand aber auch

134 Kossert, Andreas: *Ostpreußen. Geschichte und Mythos*. S. 209–210. Auch in einem Zimmer im Hause Steputats hing an der Wand neben dem Telefon „ein Bild des alten Hindenburg, während ihn von der rechten Seite jeder Mann anblickte, den der Hindenburg vor anderthalb Jahren zum Reichskanzler gemacht hatte": Surminski, Arno: *Jokehnen*…, S. 13.

135 Im Essay *Paul von Hindenburg als charismatischer Führer der deutschen Nation* analysiert Wolfram Pyta die Gründe dafür, dass Hindenburg zum Volkshelden wurde: „Denn die militärische Leistung Hindenburgs allein, das heißt sein unter seinem Oberbefehl errungener Sieg in der Abwehrschlacht im ostpreußischen Tannenberg über die russische Narew-Armee, vermag zwar zu erklären, warum Hindenburg als Kriegsheld gefeiert wurde. Aber es vermag nicht zu erklären, warum Hindenburg aus dem Nichts über Nacht zu einem Volkshelden avancierte, der in der Öffentlichkeit in überschwänglicher Weise verehrt wurde. (…) Der zum Teil bis heute andauernde Hindenburg-Mythos hat den Umstand überlagert, daß der Sieg von Tannenberg im Grunde der einzige wirklich herausragende militärische Erfolg blieb, den Hindenburg sich legitimerweise zurechnen konnte". In: Möller, Frank: *Charismatische Führer der deutschen Nation*. Oldenbourg Wissenschaftsverlag. München 2004, S. 112. Jesko von Hoegen bestätigt die Annahme von Wolfram Pyta: „Seine militärische Laufbahn war zwar erfolgreich, aber unspektakulär verlaufen. Mit seiner Reaktivierung am 22. August 1914 begann die zweite Karriere Paul von Hindenburgs. Um den in der Öffentlichkeit bis dahin unbekannten preußischen General bildete sich innerhalb weniger Wochen ein Mythos, dessen Wirkung über den Ersten Weltkrieg

in der Literatur starken Widerhall. Wie Mirosław Ossowski bemerkt, wäre es sehr schwierig, alle Publikationen über Hindenburg an einer Stelle aufzuzählen.[136] Der Literaturforscher nennt ausgewählte Werke der deutschen Literatur, wo man unterschiedliche Beispiele der Mythologisierung des Generals finden kann.[137]

Hindenburg spielt eine äußerst wichtige Rolle im literarischen Debüt von Arno Surminski. Hermann Steputat, einer der Protagonisten des Romans *Jokehnen*, kommt am 2. August 1934, genau am Todestag Hindenburgs, zur Welt. Die Geburt Hermanns eröffnet die Handlung des Romans, der Tod des Feldmarschalls beendet zugleich eine Epoche[138] und bildet in den Augen mancher Dorfbewohner eine Voraussage der künftigen Gefahr:

> Haben Sie gehört, in Petersburg tanzen die Russen auf der Straße, sagte die Markowsche. (…) Weil der Hindenburg tot ist. Vor dem hatten sie Angst… Und auf Gut Neudeck sollen sie einen russischen Spion gegriffen haben. Der hat den Gutsbrunnen vergiftet, und daran ist der Hindenburg gestorben. (…) Wir werden das alles noch einmal erleben, die Kosaken und die brennenden Dörfer, jammerte die Markowsche.[139]

Der „Retter Ostpreußens" wird für die einzige Bastion gehalten, die das Land vor den Russen verteidigen kann. Die Verschwörungstheorie über den russischen Spion, der den Brunnen vergiftet haben soll, zeigt auch, in welchem Kontext der General von den einfachen Leuten in Jokehnen angesehen wurde – als Schrecken der Russen, als Mensch, den die alten Feinde nur dank einer List getötet haben. Noch zu seinen Lebzeiten waren seine Besuche in der ostpreußischen Provinz ein besonderes Ereignis für die Einwohner von Jokehnen:

> Im Winter 14/15 ging das Gerücht um, Hindenburg käme durchs Dorf. Einen Vormittag lang standen die Schulkinder frierend an der Angerburger Chaussee, bauten

---

hinaus bis in das Dritte Reich die deutsche Geschichte maßgeblich beeinflussen sollte". In: Hoegen von, Jesko: *Der Held von Tannenberg: Genese und Funktion des Hindenburg-Mythos*. Böhlau Verlag. Köln 2008, S. 1. Dass sich Hindenburg nach wie vor eines großen wissenschaftlichen Interesses freut, zeugt die im Jahre 2007 im Siedler Verlag erschienene monumentale Arbeit von Wolfram Pyta *Hindenburg. Herrschaft zwischen Hohenzollern und Hitler.*

136 Vgl. Ossowski, Mirosław: *Literatura powrotów – powrót literatury*, S. 32.

137 Außer Surminskis *Jokehnen*, *Grunowen* und *Sommer vierundvierzig* verweist Ossowski u.a. auf Marion Gräfin Dönhoffs *Kindheit in Ostpreußen*, Hans Hellmut Kirsts *Deutschland deine Ostpreußen* oder Wolfgang Koeppens *Es war einmal in Masuren*: Vgl. Ossowski, Mirosław: *Literatura powrotów – powrót literatury*, S. 31–39.

138 Vgl. Ossowski, Mirosław: *Literatura powrotów – powrót literatury*, S. 37.

139 Surminski, Arno: *Jokehnen…*, S. 28.

> Schneemänner und steckten ihnen Fähnchen in die Hand. Aber der Sieger von Tannenberg zog es vor, auf anderen Wegen nach Osten zu ziehen.[140]

Nicht anders ist es auch im Falle von Grunowen:

> Beinahe hätten die Grunower Kinder den Hindenburg gesehen, der sein Quartier nahe Wartenburg aufgeschlagen hatte, dreißig Kilometer Luftlinie entfernt. In einem Krug saß er und lenkte die Schlacht von Tannenberg. Im Winter '15 eilten die Schulkinder nach Bischofsburg, weil es hieß, der Retter Ostpreußens werde in einer Schule erscheinen und einige Worte an die Schüler richten. Doch verspätete er sich, kam erst nachmittags, als die Grunower schon auf dem Heimweg waren.[141]

Vom Mythos um Hindenburg werden also auch die Kinder – wenn auch nicht völlig bewusst hingerissen. Surminski erinnert in *Grunowen* an die äußeren Anzeichen dieses Mythos:

> Die Schulen erhielten neue Namen, jedes Städtchen wollte eine Hindenburgschule haben. Noch zu Adolfs Zeiten gab es in Ostpreußen mehr Hindenburgschulen als Hitlerschulen.[142]

Die Schüler lernen beim Lehrer Pachnio patriotische Lieder und Gedichte, in denen der ihnen so gut bekannte Name auftaucht:

> Das war der General Hindenburg,
> Der hat es längst gesehen,
> Daß man an den Masurenseen
> Nicht überall kann gehen[143]

Ein Ereignis von nicht zu überschätzender Bedeutung bilden die Beisetzungsfeierlichkeiten des verstorbenen Generalfeldmarschalls. In Jokehnen lässt sich die Stimmung der kommenden Beerdigung deutlich spüren. Die Einheimischen fühlen sich verpflichtet, durch die Teilnahme an der Feier ihrem Helden, dem sie doch so viel zu verdanken haben, die letzte Ehre zu geben. Sattler Rogall, einer der deutsch-national gesinnten Dorfbewohner sagt zu Steputat, als Bürgermeister von Jokehnen sei es seine Pflicht, an der Bestattung beteiligt zu sein.[144] Der Rang des Ereignisses wird durch die angekündigte Teilnahme des Führers zusätzlich unterstrichen:

---

140 Ebd. S. 32.

141 Ebd. S. 74.

142 Ebd. S. 74.

143 Ebd. S. 74.

144 Surminski, Arno: *Jokehnen…*, S. 24.

> Übermorgen bringen sie den Hindenburg von Neudeck nach Tannenberg. Und ganz Ostpreußen gibt ihm die letzte Ehre. Der Führer kommt auch. Da müssen ein paar aus Jokehnen dabeisein, das sind wir dem Hindenburg schuldig.[145]

Für vierzehn Tage wird die Staatstrauer angeordnet, die Reichsregierung verkündet auch, dass am Tage der Beisetzung „zu flaggen sei… halbmast. Die Hakenkreuzfahne".[146] Hindenburgs Beisetzung wird für die Nazis der beste Anlass, ein propagandistisches Spektakel zu veranstalten. Außer den zu hissenden Fahnen werden Entscheidungen bezüglich anderer Aspekte getroffen. Der tote Hindenburg soll in der Nacht von Gut Neudeck nach Tannenberg gefahren werden. „Es mußte nachts geschehen wegen der Fackeln der Soldaten, SA-Männer und Hitlerjungen, die im Dunkeln so schön leuchteten".[147] Die Beisetzung verwandelt sich in einen typischen Parteitag der NSDAP mit allen für die Nazis charakteristischen Merkmalen. Es wird „Deutschland, Deutschland über alles" gesungen, „alles reckt die Hand zum deutschen Gruß. (…) und das Horst-Wessel-Lied gleich hinterher. (…) Als sie alle Heil schreien, reißt er [Sattler Rogall] die Augen auf. Der Führer mit seinen Paladinen geht gerade vorüber. Wittkuhn behauptete noch Jahre später, er habe dem Führer direkt ins Gesicht gesehen. Und der Führer habe die Jokehner fest angeblickt und die Fahne des Kriegsvereins gegrüßt".[148] Die Geschichte wiederholt sich, indem die Autorität Hindenburgs von Adolf Hitler wieder für persönliche Zwecke ausgenutzt wird, ähnlich wie anderthalb Jahre zuvor, als der gescheiterte Maler aus Braunau von Hindenburg selbst zum Reichskanzler ernannt wurde.[149] Die Beisetzung des toten Generals bildet die Zäsur einer neuen Ära, die in politischer Hinsicht die Denkweise der meisten Jokehner wenig – wenn überhaupt – ändert. So wie die Verehrung für Hindenburg, die im Falle vieler Menschen „sogar weit über den Zweiten

---

145 Ebd. S. 24.

146 Ebd. S. 24.

147 Ebd. S. 25.

148 Ebd. S. 27.

149 Die Ernennung Hitlers zum Reichskanzler wird von Surminski auch im Roman *Sommer vierundvierzig* thematisiert, wo die Worte Ludendorffs an Hindenburg zitiert werden: „Sie haben durch die Ernennung Hitlers zum Reichskanzler einem der größten Demagogen aller Zeiten unser heiliges deutsches Vaterland ausgeliefert. Ich prophezeie Ihnen feierlich, daß dieser unselige Mann unser Reich in den Abgrund stoßen und unsere Nation in unfaßliches Elend bringen wird, und kommende Geschlechter werden sie verfluchen in Ihrem Grabe, daß Sie das getan haben": Surminski, Arno: *Sommer vierundvierzig*, S. 259.

Weltkrieg hinauswirkt"[150], keinen politischen Hintergrund hatte, sondern nur auf der positiven Erinnerung an den Helden beruhte, der Ostpreußen vor dem Aggressor aus dem Osten rettete, wird auch die Nazi-Zeit keinen wesentlichen Einfluss auf die Betrachtungsweise der Wirklichkeit vonseiten wenn auch nicht aller, dann bestimmt doch der meisten Jokehner ausüben. Diese kleine Gemeinschaft hat nämlich eigene Prioritäten, sie richtet sich nach völlig anderen Werten, zu denen große Politik bestimmt nicht gehört. Der Stellenwert, der Paul von Hindenburg durch die Dorfbewohner beigemessen wird, ist der beste Beweis, der dies bestätigt. Die Jokehner betrachten ihn nicht als einen Politiker, sondern sehen in ihm vor allem den Retter ihres Landes.

3.4 Die Volksabstimmung

In seiner Monographie über Ostpreußen weist Andreas Kossert auf eine Eigenschaft hin, die eigentlich allen Grenzgebieten gemeinsam ist, und zwar auf dessen Multiethnizität, die in erster Linie in der Sprache bemerkbar war.

> Auf fremde, aber dennoch vertraute Klänge traf man in Ostpreußen überall. In Preußisch Litauen wurde noch bis zum Ende der deutschen Herrschaft litauisches buriškai als eigener Dialekt gesprochen, der ein derbes bäuerliches Litauisch mit deutschen Einflüssen des deutschsprachigen Umfelds war. In der Schriftsprache griff man wie im masurischen Polnisch auf die in Deutschland übliche gotische Schrift oder die Fraktur zurück.[151]

Auch wenn Kosserts Beschreibung auf die Wende vom 18. zum 19. Jahrhundert zurückgeht, lassen sich die gegenseitigen Einflüsse der deutschen, litauischen und polnischen Bevölkerung auch im weiteren Verlauf der Geschichte verfolgen. Das durch Lehnwörter, Akzentänderungen und Redefloskeln gekennzeichnete Sprachgemisch wurde zum Erkennungszeichen des ehemaligen Ostpreußens. Die sprachlich-ethnische und religiös-kulturelle Vielfalt hatte im Wesentlichen zur Eigenartigkeit der Region beigetragen, was nicht zuletzt auch in der Literatur starken Widerhall fand. Wissenschaftler, die sich mit dem Gebiet Ostpreußen befassen – und dazu gehören Literaturwissenschaftler und Historiker gleichermaßen – heben den multikulturellen und multikonfessionellen Charakter dieser Gebiete hervor.[152] An dieser Stelle kann wieder an *Heimatmuseum* erinnert

---

150 Metzger, Simone: *Verlusterfahrung und literarische Erinnerungsstrategie*, S. 256. Die Worte beziehen sich auf Felix Malotka aus dem Roman *Grunowen*.

151 Kossert, A.: *Ostpreußen. Geschichte und Mythos*. Siedler Verlag. München 2005, S. 165.

152 Vgl. Magdalena Sacha: *Topos Mazur jako raju utraconego w literaturze niemieckiej Prus Wschodnich (Ernst Wiechert – Hans Hellmut Kirst – Siegfried Lenz)*. Ośrodek Badań Naukowych. Olsztyn 2001, S. 19.

werden, wo „die Polen aus Klein-Grajewo deutsch klingende Namen tragen wie Gutkelch oder Niedermüller, Hauser, während die Deutschen aus Lucknow Konopatzki, Piassek, Sobottka heißen".[153]

In diesem Kessel von Nationen, ethnischen und religiösen Minderheiten kam es in der Geschichte zu zahlreichen Konflikten, infolge deren die einen Staaten die Gebiete zugunsten der anderen verloren, um sie nach kürzerer oder längerer Zeit wiederzugewinnen. Unabhängig von den durch historische Ereignisse verursachten Grenzverschiebungen lebten die Vertreter der einzelnen Ethnien relativ friedlich nebeneinander, indem sie ihre Bräuche pflegen und ihre eigene Sprache bewahren durften. Die ostpreußische Bevölkerung interessierte sich kaum für große Politik, weil sie einfach andere Prioritäten hatte. Über die Eigenart des masurischen Gebiets äußerte sich Siegfried Lenz im Nachwort zur Erzählsammlung *So zärtlich war Suleyken*, die unten zitierten Worte charakterisieren weitgehend auch die Eigentümlichkeit von Ostpreußen:

> Meine Heimat lag sozusagen im Rücken der Geschichte; sie hat keine berühmten Physiker hervorgebracht, keine Rollschuhmeister oder Präsidenten; was hier vielmehr gefunden wurde, war das unscheinbare Gold der menschlichen Gesellschaft: Holzarbeiter und Bauern, Fischer, Deputatarbeiter, kleine Handwerker und Besenbinder. Gleichgültig und geduldig lebten sie ihre Tage, und wenn sie bei uns miteinander sprachen, so erzählten sie von uralten Neuigkeiten, von der Schafschur und vom Torfstechen, vom Vollmond und seinem Einfluß auf neue Kartoffeln, vom Borkenkäfer oder von der Liebe.[154]

Für die Einwohner von Masuren/Ostpreußen waren demnach die Alltagstätigkeiten von größter Bedeutung. Ernte, Haushalt, Erziehung der Kinder – diese Aktivitäten prägten das Leben der Ostpreußen und bestimmten ihren Alltag. Der Erste Weltkrieg hatte jedoch zur Folge, dass auch diese einfachen Menschen mit der großen Politik konfrontiert wurden. Nach dem Ende des Ersten Weltkrieges und infolge der Beschlüsse des Versailler Vertrags nahmen nationalistische Haltungen zu, sowohl auf der deutschen, als auch auf der polnischen Seite. Der Vertrag bekräftigte die Trennung des Memelgebiets und des Soldauer Landes von Ostpreußen, außerdem wurde beschlossen, dass über die künftige Zugehörigkeit der umstrittenen Grenzgebiete in Ostpreußen die für den 11. Juli 1920 vorgesehenen Volksabstimmungen entscheiden sollten. Auf dem Wahlzettel

---

153 Merchiers, Dorle: *Am Kreuzweg der Kulturen – am Scheideweg der Politik: Masuren im Roman Heimatmuseum (1978) von Siegfried Lenz*. In: Kątny, Andrzej (Hrsg.), *Studia Germanica Gedanensia* 13/2005. Uniwersytet Gdański. Gdansk 2005, S. 62.

154 Lenz, Siegfried: *Diskrete Auskunft über Masuren*, S. 117.

standen zwei Möglichkeiten – Ostpreußen und Polen. Das Ergebnis der Abstimmung war eine Niederlage für Polen. Das beste Ergebnis erreichte die polnische Bevölkerung in einigen Gemeinden des südlichen Ermlands. Für Polen stimmten hier ca. 13,5% aller Wahlberechtigten, was darauf zurückzuführen war, dass das südliche Ermland überwiegend katholisch war.[155] Nichtsdestotrotz stellte sich die Volksabstimmung als ein enormes Debakel für die polnische Seite heraus. Da die Volksabstimmung des Jahres 1920 eine enorme Bedeutung für Ostpreußen hatte, wird sie auch von Surminski zur Darstellung gebracht. Im Roman *Grunowen* erinnert der Autor an die Begebenheiten vor, während und nach der Volksabstimmung:

> Schon vor dem ersten Krieg gründeten sie im Masurischen einen ‚Ausschuss gegen die Polengefahr' und eine Heimatzeitschrift nahm sich dieser Gefahr an. Zwei Jahre nach dem Krieg kam es zum Schwur. Bis unter die westfälische Erde drang die Kunde, daß die Heimat in Not sei. Also bestieg der Eduard einen der vielen Sonderzüge, um seine Stimme nach Masuren zu tragen. Obwohl er Masure war und die masurische Sprache verstand, die dem Polnischen ähnelt, stimmte er für Deutschland, wie alle masurischen Bauern in Grunowen, was leicht zu beweisen war, denn es gab in Grunowen überhaupt keine Stimme für Polen. Im masurischen Kreis Sensburg stimmten 34 000 für Deutschland und 25 für Polen.[156]

Aus der Erzählung von Felix Malotka, einem alten Mann, bei dem die revanchistischen Gedanken nach wie vor lebendig sind, erfährt der Leser die ganze Wahrheit über die durchgeführte Volksabstimmung und die Stimmung, die dieses für das weitere Schicksal der ostpreußischen Provinz außergewöhnlich bedeutungsvolle Ereignis begleitete. Auch wenn der oben zitierte Bericht Malotkas übertrieben und ausgeschmückt zu sein scheint, stimmt er im Wesentlichen mit der historischen Wirklichkeit überein. Diese durchaus humorvolle Erzählweise ist für den Schriftsteller Surminski charakteristisch. In seinen Werken findet man hunderte Beispiele für eine ironische, verzerrte oder absichtlich übertriebene Darstellung des erzählten Stoffs. Auf der nächsten Seite des Romans erfährt man über die Feier nach der Abstimmung:

---

155 Vgl. Kossert, Andreas: *Ostpreußen. Geschichte und Mythos*, S. 222. Vgl.: Wrzesiński, Wojciech: *Plebiscyty na Warmii i Mazurach oraz na Powiślu w roku 1920*. Ośrodek Badań Naukowych im. W. Kętrzyńskiego. Olsztyn 1974; Minakowski, Jerzy: *Baza artykułów dotyczących plebiscytu na Warmii, Mazurach i Powiślu w 1920 roku*. Olsztyn 2010; Kotowski, Albert: Polens Politik gegenüber seiner deutschen Minderheit 1919–1939. Harrassowitz Verlag. Wiesbaden 1998.

156 Surminski, Arno: *Grunowen…*, S. 117.

> Bis Mitternacht feierten sie. Die Ergebnisse wurden von Lichtapparaten auf die Leinwand geworfen, die Zeitungen verteilten in den Abendstunden Extrablätter. Als das Deutschtum Masurens feststand, sang die Menge ‚Ich bin ein Preuße' und ‚Nun danket alle Gott'. Auf dem Heimweg, davon hat der Herr gern erzählt, brannten überall im Land die Abstimmungsfeuer. In ganz Masuren wurden Abstimmungssteine errichtet, die an den großen Tag im Sommer 1920 erinnerten.[157]

Die um die Volksabstimmung organisierte Propaganda, die sich in ihren Sprüchen auf solche „Werte wie Treue, Erdverbundenheit, Vaterland und Heimat"[158] berief, sowie der verheerende Sieg über Polen verstärkten zusätzlich das Nationalgefühl bei der ostpreußischen Bevölkerung, das im Jahre 1933 zum zweiten Mal eine Bestätigung fand, diesmal anlässlich der anderen Wahlen, die im großen Ausmaß die Rotarmisten gegen Ende des Zweiten Weltkrieges in der Überzeugung von Richtigkeit der ungestümen Rache festigte. Die Zeit des Nationalsozialismus und dessen Konsequenzen für die Bevölkerung Ostpreußens werden aber im weiteren Teil der vorliegenden Abhandlung thematisiert.

In der Tat war die Zwischenkriegszeit in Ostpreußen eine Epoche der Polenfeindlichkeit, die durch Germanisierungspolitik, die mit der Volksabstimmung verbundene Propaganda und letztendlich durch die verdorbene Fremdenhass-Propaganda der Nazis geschürt wurde. Selbst wenn die Deutschen keine bösen Menschen gewesen waren, sorgten die historischen Ereignisse und die Politiker, unabhängig von der Partei-Zugehörigkeit für die Zunahme dieses Überlegenheitsgefühls gegenüber Polen. Vor der Volksabstimmung wurden dem Land alle Eigenschaften eines rückständigen Staates zugeschrieben:

> Ist es wahr, daß Polen in der Kultur hinter uns zurücksteht? Das ist wahr. Polen steht hinter allen Ländern Europas in der Kultur weit zurück… Fast zwei Drittel des Volkes können weder lesen noch schreiben. Die große Masse des Volkes lebt in Elend und Schmutz. Man sehe sich nur die polnischen Dörfer und Städte an. Wasserleitung, Kanalisation, die bei uns auch kleine Städte haben, sind in Polen unbekannte Dinge. Deshalb ist natürlich auch die Gesundheitspflege unmöglich. Tritt eine Seuche auf, so sterben die Menschen zu Tausenden.[159]

Der beispiellose Sieg in der Volksabstimmung hatte für Polen verhängnisvolle Konsequenzen, denn mit der verlorenen Abstimmung begann eine Zeit des Fremdenhasses gegenüber diesem Land:

---

157 Ebd. S. 118.

158 Masuren und Ermländerbund (Hg.): Masurischer Heimatkalender für das Jahr der Abstimmung 1920, Berlin 1919, S. VI. Zitiert nach: Kossert, Andreas: *Ostpreußen. Geschichte und Mythos*, S. 219.

159 Kossert, Andreas: *Masuren. Ostpreußens vergessener Süden*, S. 247.

> Nichts blieb, wie es war. Polen, der ungeliebte östliche Nachbar des Reiches, wurde zum Objekt des Hasses. Wer sich als Pole zu erkennen gab, wurde angefeindet. Bald hörte man die polnische Sprache nur noch ungern, was dem Deutschen endgültig zum Durchbruch verhalf.[160]

Felix Malotka symbolisiert, wie erfolgreich die vor der Volksabstimmung begonnene und im Nachhinein fortgesetzte Propaganda war. Natürlich gibt es nichts Merkwürdiges in der Tatsache, dass er ständig die nicht mehr gültigen ehemaligen deutschen den seit über vierzig Jahren im Gebrauch befindlichen polnischen Ortsnamen vorzieht, zumal er schon achtzig Jahre alt ist. Zumindest komisch ist aber seine Empörung, als er erfährt, dass in den Visumantrag die polnischen Ortsnamen einzutragen sind:

> Wir müssen die polnischen Namen eintragen, sonst gibt es kein Visum.
> Er [Malotka] schnaubte geräuschvoll die Nase. Nach Gruniewo oder wie das heißt möchte ich gar nicht fahren! Rief er.
> Das ist doch nur Formsache, erwiderte ich. Wir vergeben uns nichts, wenn wir die polnischen Namen ins Formular schreiben. Es kostet nichts, es tut nichts weh (…). Na gut, sagte er, wenn Sie das so meinen, junger Herr, dann werde ich unterschreiben.[161]

Malotkas Kenntnisse über Polen und Erinnerungen an Polen sind voller Vorurteile, die mit Sicherheit in seiner Jugend ihren Ursprung haben und durch die antipolnischen Stimmungen der Zwischenkriegszeit untermauert wurden. Im Grunde genommen könnte man ihn als einen Menschen bezeichnen, der sich ein von Anfang an klares und unwiderlegbares Bild von Polen machte, das noch im fortgeschrittenen Alter kaum an Stärke verloren hat.

3.5 Der Nationalsozialismus

Die Machergreifung Hitlers im Jahre 1933 hatte insofern enorme und verheerende Bedeutung für die Einwohner von Ostpreußen, als der von den Nazis entfesselte Krieg zum Untergang dieser Provinz führte. Statt den Lebensraum für das deutsche Volk um weitere Gebiete zu erweitern und das Tausendjährige Reich zu errichten, verlor Adolf Hitler letzten Endes den seit dem 22. Juni 1941 zum Scheitern verurteilten Krieg. Für die ostpreußische Bevölkerung bedeutete die Niederlage nichts als Verlust von Hab und Gut. Nach dem Ende des Zweiten Weltkrieges waren die Vertreibungen ein Tabuthema, allerlei Hinweise auf die Leiden der Deutschen wurden als Versuche gebrandmarkt, die Geschichte zu

---

160 Kossert, Andreas: *Ostpreußen. Geschichte und Mythos*, S. 223.
161 Surminski, Arno: *Grunowen…*, S. 50.

relativieren und das Täter-Opfer-Verhältnis zu verfälschen. Als das Thema Flucht und Vertreibung zum Gegenstand der öffentlichen Debatte wurde, nicht nur in Deutschland, sondern auch in Polen oder Tschechien, begannen die Menschen aus den „verlorenen Gebieten" zu fragen, worin ihre Schuld gelegen hatte. Für die Grenzverschiebungen in Europa, die ab 1945 vonstattengingen, waren die alliierten Mächte hauptverantwortlich, den größten Einfluss auf die Gestaltung der Landkarte Osteuropas hatte dabei Joseph Stalin. Infolge seiner Entscheidungen, die von England und den USA akzeptiert worden waren, verloren Millionen Deutsche ihr Zuhause und wurden gezwungen, in den Westen zu gehen. Ähnliches Schicksal wurde auch Polen zuteil, das mit Wilna und Lemberg seine Ostgebiete verlor. Die Tragödie der im Osten lebenden Deutschen lässt sich vor dem Hintergrund der heutzutage bekannten Berichte der Augenzeugen und der historischen Studien zu diesem Thema auf keinen Fall leugnen. Man darf jedoch nicht vergessen, dass die Ereignisse des Jahres 1945 im engen Zusammenhang mit dem 30. Januar 1933 stehen. Die dem Führer durch den immer größeren Wähleranteil erteilte Zustimmung vonseiten der deutschen Bevölkerung war im gewissen Sinne die Legitimierung seiner Pläne und beeinflusste wesentlich die Folgen der wahnsinnigen, zerstörerischen und unmenschlichen Politik. Auf diesen äußerst wichtigen Aspekt weist auch Arno Surminski in *Grunowen*. Welcher Unterstützung sich die NSDAP auf dem Gebiet Ostpreußens erfreute, zeigt das Zitat aus dem Roman:

> Das war die Reichstagswahl 1938 nach der Heimkehr Österreichs. Das stimmten 99,6 Prozent der Ostpreußen für Hitler. (…) Nur wenige Provinzen Deutschlands gaben Adolf Hitler so bereitwillig ihre Stimme wie Ostpreußen. 1933: 97,1 Prozent, 1934: 95,2 Prozent, 1936: 99,7 Prozent. Bloß im Wahlkreis Rheinpfalz-Saar kamen gelegentlich höhere Prozentzahlen vor, aber meistens stand Ostpreußen an der Spitze. Weil wir Grenzland waren wie das Saarland, sagte ich. Weil Ostpreußen eine Insel war. Für diese Prozente haben die Ostpreußen teuer bezahlen müssen.[162]

Die beispiellose Unterstützung für die Nazis hatte soziale und wirtschaftliche Gründe. Andreas Kossert behauptet, dass die Jahre bis 1939 die glücklichste Zeit für die ostpreußische Bevölkerung gewesen war, was sich aus der stattgefundenen sozialen Revolution ergab. Das markanteste Anzeichen dieser Revolution war ein Elitenaustausch, der auch den Ostpreußen aus unteren gesellschaftlichen Schichten den Aufstieg ermöglichte. „Das Monopol der konservativen Beamtenelite war gebrochen".[163] Es kam also eine Zeit des Wandels, der auch in der

---

162 Surminski, Arno: *Grunowen…*, S. 225–226.

163 Kossert, Andreas: *Ostpreußen. Geschichte und Mythos*, S. 274.

Literatur einen starken Widerhall fand. Die deutschen Schriftsteller schilderten das Alltagsleben in der neuen Wirklichkeit und unter neuer Herrschaft, weit entfernt von großen politischen Zentren. „Der Regierungswechsel schien sich dort harmlos zu vollziehen, die lokalen Beamten ordneten sich den neuen Behörden unter und realisierten ihre Gesetzgebung".[164] Im Roman *Jokehnen* erfährt man von den einzelnen Etappen dieses Wandels. Es fällt sofort auf, dass die neue Ära von den Dorfbewohnern als Randereignis betrachtet wird, das ihr Leben zumindest anfangs gar nicht bestimmt. Trotz einiger weniger äußerer Symptome der neuen Zeit ist im Grunde genommen viel beim Alten geblieben:

> So vollzog sich langsam die Verfärbung Jokehnens von schwarz-weiß-rot in braun. Aber die Roggenfelder blieben gelb wie Jahrhunderte vorher und die Störche schwarz-weiß-rot. Die Sonne ging über den Masurischen Seen auf wie immer und tauchte ins Frische Haff. Die Sommer blieben heiß und die Winter kalt. Die Störche kehrten wieder und nach ihnen die Schwalben. Da sollte die Welt verändert werden, und in Wahrheit kleckste man nur ein paar braune Farbtupfer in das ewige Bild.[165]

In diesem kurzen Abschnitt sieht der Leser, welch kleine Rolle dem politischen Wandel beigemessen wird. Die NS-Zeit wird einzig und allein als eine Etappe in der langen Geschichte Masurens angesehen. Für die Bewohner dieses Landes ist der Rhythmus der Natur von viel größerer Bedeutung als die historisch bedingten Ereignisse. Dem Erzähler scheint das Ganze „so oberflächlich, so vergänglich [zu sein], verglichen mit dem, was schon immer gewesen war zwischen Weichsel und Memel".[166] Es sind die alltäglichen Tätigkeiten, die die Dorfbewohner größtenteils beschäftigen und nicht die große Politik. Selbstverständlich lässt sich auch in Jokehnen der Einfluss der neuen Ideologie spüren, im Laufe der Zeit werden die Dorfbewohner von deren Konsequenzen, die im Zweiten Weltkrieg gipfeln, immer mehr betroffen, über eine lange Zeit wird sich jedoch das neue durch die nationalsozialistische Weltanschauung geprägte Weltbild im gewissen Sinne nebenbei verändern, die Jokehner bleiben jedoch bis zum bitteren Ende des Zweiten Weltkrieges ahnungslos, wie stark die Nazi-Politik ihr Leben beeinflussen kann:

> Tatsächlich änderte sich kaum etwas in Jokehnen. Versammlungen und SA-Umzüge blieben dem viel zu kleinen Jokehnen erspart. Ortsgruppenleiter Krause aus Drengfurt war seitdem nur einmal erschienen, aber in Zivil, weil er darauf hielt, sich in Uniform nie zu besaufen. Die Verfärbung Jokehnens von schwarz-weiß-rot in braun war ohne

164 Ossowski, Mirosław: *Literatura powrotów – powrót literatury*, S. 73.
165 Surminski, Arno: *Jokehnen…*, S. 53.
166 Ebd. S. 53.

Aufsehen vor sich gegangen. Die Jokehner erhielten ein Parteibuch und das Parteiabzeichen mit dem Hakenkreuz für den guten Anzug, sie zahlten Beiträge und hängten neben den alten Hindenburg jene schlichte Fotografie aus Braunau. Den einzigen Schmutzfleck bei dieser Verfärbung verursachte der Major, der den schwarz-weiß-roten Farben die Treue hielt, obwohl Hindenburg auch den Braunen seinen Segen gegeben hatte. Am 20. April 1934, als Steputat zum erstenmal seine Hakenkreuzfahne über den Lilienbeeten im Garten hatte flattern lassen, war der Major mit einer Fuhre Mist aufs Feld gefahren und hatte sie eigenhändig mit seinem Kutscher Borowski abgeladen.[167]

Von der Veränderung zeugen also nur zweitrangige Dinge, die ausschließlich einen symbolischen Wert haben, jedoch keinen größeren Einfluss auf das Leben der einzelnen Personen ausüben. Die Jokehner Welt ist einfach zu klein, als dass das Dorf zu einem bedeutsamen Gegenstand des Nazi-Interesses werden könnte:

Der Nationalsozialismus wurde in Jokehnen nie zu einem Kristallisationspunkt neuerlicher gesellschaftlicher Strukturbildung, da Alltagsroutinen sowie Traditionen das Denken und Handeln der meisten geistig noch stark im Kaiserreich verharrenden Bewohner weit stärker bestimmten als nationalsozialistische Ideologeme, die angesichts der massiven Propaganda aber durchaus in gewissem Umfang Eingang in die Lebenswelt und in das sich darin vollziehende Denken und Handeln der Figuren in Jokehnen, Grunowen, Rositten und Königsberg fanden.[168]

Zu den wichtigsten Anzeichen der neuen Staatsordnung gehören sichtbare, hörbare und tastbare Propagandamittel. Eines der Symptome der neuen Zeit ist der deutsche Gruß, der mit großem Eifer den Schulkindern vom Lehrer Klose beigebracht wird:

In der Schule übte Klose den deutschen Gruß.
Heil Hitler, Herr Lehrer! brüllten sie jeden Morgen.
Das setzte sich mühelos durch. Die Kinder brachten es den Eltern bei, nur die Greise konnten sich an das Heil nicht mehr gewöhnen. Niemand nahm es ihnen übel. Karl Steputat führte keine Liste über die Personen, die den deutschen Gruß verweigerten.[169]

Ein anderes Indiz dafür, dass eine neue Ära im Dorf angebrochen ist, waren die Zeitschriften, die Steputat neben dem amtlichen Kreisblatt ins Haus geschickt bekam. Es waren der *Völkische Beobachter* und der *Stürmer*:

Danach wurde es nationale Pflicht, die Zeitung zu abonnieren. (...) Während das Kreisblatt gesammelt und gebunden werden mußte, begrüßte Martha den übrigen

---

167 Surminski, Arno: *Jokehnen...*, S. 23.
168 Metzger, Simone: *Verlusterfahrung und literarische Erinnerungsstrategie*, S. 271.
169 Surminski, Arno: *Jokehnen...* S. 52.

> Zeitungsanfall als nützliches Papier für den Herd, als Auslage für den Küchenschrank und stille Reserve für den Lokus.[170]

Über die Propagandamittel und ihre Rolle für die Indoktrination im Dritten Reich wurden schon Bände geschrieben[171]. Neben dem gedruckten Wort gehörten auch der Film und der Rundfunk zu den wichtigsten Werkzeugen, mit deren Hilfe das Gedankengut der NSDAP vermittelt wurde. Weil in den 30er und 40er Jahren der Zugang zur Zehnten Muse noch stark eingeschränkt war und dadurch von den Nazis nicht im vollen Umfang ausgenutzt werden konnte, blieb der Rundfunk das wichtigste Propagandamittel. Seine Überlegenheit gegenüber der Presse ergab sich selbstverständlich daraus, dass die sehr häufigen emotional geladenen Anreden des Führers und der anderen prominenten Parteimitglieder einen völlig anderen, natürlicherweise erfolgreicheren Effekt erzielten als es im Falle des geschriebenen Wortes gewesen war. Hitler und seine Helfershelfer erkannten sehr schnell das im Rundfunk verborgene propagandistische Potential. Am 1. September 1939 erließen die Nazis die „Verordnung über außerordentliche Rundfunkmaßnahmen", die auch im Roman *Jokehnen* zitiert wird:

> Im modernen Krieg kämpft der Gegner nicht nur mit militärischen Waffen, sondern auch mit den Mitteln, die das Volk seelisch beeinflussen und zermürben sollen. Eines dieser Mittel ist der Rundfunk. Jedes Wort, das der Gegner herübersendet, ist selbstverständlich verlogen und dazu bestimmt, dem deutschen Volke Schaden zuzufügen.

---

170 Ebd. S. 53.

171 Vgl.: Benz, Wolfgang: *Die 101 wichtigsten Fragen – das Dritte Reich.* 2. Auflage. C. H. Beck. München 2008, S. 47: „Propaganda war einer der wichtigsten Pfeiler nationalsozialistischer Macht. (…) Rundfunk war, nach den Worten des Leiters der Rundfunkabteilung im Propagandaministerium, „das Verkündigungsmittel der nationalsozialistischen Weltanschauungseinheit". Er diente durch die Übertragung der Kult- und Weihehandlungen des Regimes der Massensuggestion und durch unpolitische Unterhaltung der Entspannung und inneren Befriedigung. Daneben spielten Zeitungen eine wichtige Rolle. Das Kampfblatt der NS-Bewegung, der „Völkische Beobachter", war seit 1933 quasi Regierungsorgan geworden"; Longerich, Peter: *Propagandisten im Krieg. Die Presseabteilung des Auswärtigen Amtes unter Ribbentrop.* Oldenbourg Verlag. München 1987; Frei, Norbert; Schmitz, Johannes: *Journalismus im Dritten Reich.* C. H. Beck. München 1999. Die genannten Beispiele beziehen sich zwar nur auf die Medien Presse und Rundfunk, es gibt aber auch viele Abhandlungen, die sich mit der Propaganda im Spiegel der Kunst auseinandersetze, wobei der Film und die Literatur zu den wichtigsten Künsten im Dienst der Nazi-Propaganda gehören: Vgl. Kleinhans, Bernd: *Ein Volk, ein Reich, ein Kino: Lichtspiel in der braunen Provinz.* Papyrossa. Köln 2003; Longerich, Peter: *Goebbels. Biographie.* Siedler Verlag. München 2010.

> Die Reichsregierung weiß, daß das deutsche Volk diese Gefahren kennt, und erwartet daher daß jeder Deutsche aus Verantwortungsbewusstsein es zur Anstandspflicht erhebt, grundsätzlich das Abhören ausländischer Sender zu unterlassen. Für diejenigen Volksgenossen, denen dieses Verantwortungsbewusstsein fehlt, hat der Ministerrat für die Reichsverteidigung die nachfolgende Verordnung erlassen…[172]

Gleich nach der zitierten Verordnung stößt der Leser auf die Information darüber, welche Strafen für einen Verstoß gegen die Verordnung vorgesehen wurden:

> Es folgten Zuchthaus, in leichten Fällen Gefängnis, Einzug des Geräts. Wer ausländische Nachrichten weiterverbreitet, Zuchthaus, in schweren Fällen Tod.[173]

Surminski zeigt, dass das Leben in der ostpreußischen Provinz nicht nur mit schönen Landschaften, rauschenden Wäldern und goldenen Roggenfeldern verbunden war. Der obige Abschnitt weist nach, dass die scheinbare Abgeschiedenheit der ostpreußischen Provinz keine Garantie für ein friedliches Lebens war. Auch hier war die Bevölkerung gleichen Gefahren vonseiten des Regimes ausgesetzt wie in anderen Teilen des Reiches. Die Verordnung bewirkt, dass auch der Bürgermeister Steputat von der Angst heimgesucht wird:

> Steputat erschrak, als er sich über die Gefährlichkeit des für viel Geld gekauften Geräts klar wurde. Tod und Zuchthaus dafür, daß man an einem falschen Knopf drehte. War das nicht etwas viel? Aber Kriege sind Ausnahmesituationen, die besondere Maßnahmen rechtfertigen. Deutschland kämpft um sein Leben.
> Zum ersten Mal ertappte Steputat sich dabei, daß er für die da oben Entschuldigungen suchte.[174]

Für die Figuren in Surminskis Werken ist die opportunistische Haltung eines Mitläufers kennzeichnend, nach der das Pflichtgefühl einen wichtigen Antrieb für die getroffenen Entscheidungen darstellt und alle Verantwortung für eigene Taten auf die Oberbefehlshaber abgetreten wird. Bei Simone Metzger findet sich eine vorzügliche Bewertung der durch die einzelnen Romanhelden vertretenen Weltanschauung:

> Die Figuren in *Jokehnen, Grunowen* und *Sommer vierundvierzig* weisen zwar in ihrer Autoritätsgläubigkeit und der Akzeptanz der Klassenordnung mehrheitlich jene oben genannten Züge des wilhelminischen Untertanen auf, der dazu neigte, seine Persönlichkeit an eine höhere Instanz – in Surminskis Werken verkörpert durch Hindenburg, dem Prototypen einer ungebrochenen obrigkeitsstaatlichen Tradition im politischen Raum Deutschlands, dem eine Klammerfunktion zwischen Kaiserreich und Republik

---

172 Zitiert nach: Surminski, Arno: *Jokehnen…*, S. 68.
173 Surminski, Arno: *Jokehnen…*, S. 68.
174 Ebd. S. 68–69.

> zukam – zu überantworten; doch offenbarten sie sich, von wenigen Ausnahmen abgesehen, niemals als bekennende oder glühende Nationalsozialisten, die jede Eigenverantwortung und Eigenmoral an Führer und Bewegung entäußerten. Sie schienen einfach nur völlig unpolitisch zu sein und akzeptierten klaglos die sozialen Voraussetzungen, unter denen sie lebten.[175]

In der Tat sind die Jokehner keine Bestien, keine mit dem nationalsozialistischen Gedankengut hingerissenen fanatischen Nazis. Vielmehr bilden sie eine Gesellschaft, die sich einfach an die neue Situation angepasst hat. Ihre Betrachtungsweise der zeitgeschichtlichen Veränderungen, die sich um sie herum vollziehen, ist bisweilen dermaßen naiv, dass sie gegen den gesunden Menschenverstand spricht. Ein Paradebeispiel hierfür ist Karl Steputat, einer der Hauptthelden und Bürgermeister von Jokehnen. Aus dem Roman erfährt der Leser über ihn:

> Er verspürte keine Skrupel, neben die „Geschichte vom deutsch-französischen Krieg" und das „Amtliche Kreisblatt" ein Buch der Rosa Luxemburg, das er aus Königsberg mitgebracht hatte, in die gute Stube zu stellen. Abgesehen vom Major wußte niemand etwas über die Luxemburg, und der Major pflegte sein Haus nicht zu betreten, sondern vom Pferd herab mit ihm zu verhandeln.[176]

Der zitierte Abschnitt bringt viele Informationen über die Eigenart von Jokehnen. Es stellt sich heraus, dass sich im Dorf fast niemand für die Politik interessiert, die Einheimischen haben einfach andere Probleme, Prioritäten und Ziele, mit denen sie sich beschäftigen und denen sie nachgehen. Der Bürgermeister weiß dies sehr genau und eben deshalb verspürt er keine Angst davor, die feindliche kommunistische Literatur zu behalten. Nur der Major wird hier als mögliche Gefahr dargestellt. „Karl Steputat repräsentiert im Roman wohl am deutlichsten die Figur des sogenannten „anständigen" Deutschen, der aber durch blindes Vertrauen und ungebrochenen Glauben an Pflicht und Gehorsam schwer – und letztlich fatal – beschränkt wirkt".[177]

3.6 Das Schicksal der Juden

Der Holocaust und die tragischen Schicksale der jüdischen Nation werden im Werk von Arno Surminski nur angedeutet. Der Schriftsteller beschreibt die Geschichte einer einzigartigen Region, thematisiert die historischen Prozesse, die den entscheidenden Einfluss auf ihren Untergang ausgeübt hatten. Der Erste

---

175 Metzger, Simone: *Verlusterfahrung und literarische Erinnerungsstrategie*, S. 270.
176 Surminski, Arno: *Jokehnen…*, S. 21.
177 Beyersdorf, Herman Ernst: *Erinnerte Heimat*, S. 30.

Weltkrieg, der Alltag in Ostpreußen, die Auseinandersetzung mit dem Nationalsozialismus, der Zweite Weltkrieg und das Schicksal der Vertriebenen bilden primäre Themen der Romane des Schriftstellers, wobei den Ursachen, dem Verlauf und den Konsequenzen der Flucht und Vertreibung des Jahres 1945 zentrale Bedeutung zukommt. Der Begriff Vertreibung bezieht sich in der heutigen Auffassung auf die im Rahmen des Potsdamer Abkommens getroffenen und gegen das deutsche Volk gerichteten Maßnahmen der Zwangsaussiedlung. Unabhängig vom Ausmaß der unbestrittenen Leiden, die der deutschen Zivilbevölkerung zu dieser Zeit zugefügt worden sind, darf nicht vergessen werden, dass die Vertreibungen viel früher zu datieren sind. Andreas Kossert behauptet nämlich zu Recht, dass Flucht, Tod und Vertreibung 1933 und nicht erst 1945 begonnen haben:

> Ostpreußens Juden waren die ersten Vertriebenen. Ihnen wurde von Nachbarn, von ihren eigenen Landsleuten, die Heimat zur Hölle gemacht. Deutsche töteten Deutsche, weil eine Minderheit der „arischen" Deutschen das Leben ihrer „nichtarischen" Landsleute als „lebensunwert" einstufte.[178]

Obwohl die jüdische Gemeinschaft einen wichtigen Anteil der Gesamtbevölkerung Ostpreußens darstellte, erinnert heute „fast nichts mehr an das reiche jüdische Leben Ostpreußens".[179] Der in Vergessenheit geratene Beitrag der Juden zur kulturellen, gesellschaftlichen und wirtschaftlichen Entwicklung der ostpreußischen Provinz findet auf den ersten Blick auch in den Werken Surminskis seine Wiederspiegelung. Bei der Analyse seines ganzen Schaffens fällt sofort auf, wie wenig Platz der Autor dem bis dahin so breit diskutierten und wissenschaftlich bearbeiteten Thema der Schoa widmet. Abgesehen von der Novelle *Die Vogelwelt von Auschwitz* gibt es nur wenige Anknüpfungen an die Holocaustfrage, wobei das im Roman *Jokehnen* thematisierte Schicksal von Samuel Mathern, dem einzigen, den Dorfbewohnern bekannten Juden, ihre ausführlichste Darstellung ist. Surminski zeichnet das Bild eines Menschen, der mit allen Eigenschaften ausgestattet ist, die die sofortige Assoziation mit einem Juden aufkommen lassen. Somit erfährt der Leser über das Schicksal eines aus Litauen stammenden Juden, der einmal pro Woche mit seinem Wagen durch das ganze Land fährt, was er übrigens eigentlich gar nicht tun muss, da er in Drengfurt ein gleich am Markt gelegenes Textilgeschäft besitzt. Er ist für seine Vorliebe für das Feilschen bekannt, seiner Haushälterin Marie in Drengfurt verbietet er sogar, die Waren zu den festgelegten Preisen zu verkaufen. Wer bei ihm kaufte, „wollte

178 Kossert, Andreas: *Ostpreußen. Geschichte und Mythos*, S. 293.
179 Ebd. S. 293.

ein Geschäftchen machen, ein bißchen handeln und schachern, so gehörte sich das".[180] Als ihn Karl Steputat fragte, ob er nicht zurück nach Litauen will, antwortete er: „Soll ich mein Geschäft aufgeben? Zwanzig Jahre Arbeit. Und meine Kunden? Wer soll ihnen die besten Stoffe aus England verkaufen?".[181] Der litauische Jude ist für die kleine Gemeinschaft Jokehnens eine quasi-exotische Gestalt, die vor allem bei Kindern besonders große Neugierde weckt:

> Samuel Mathern klapperte wieder einmal über die Jokehner Dorfstraße. Die Kinder liefen ihm nach und schrien: Der Jud kommt! Der Jud kommt!
> Das war nicht böse gemeint, und Samuel ärgerte sich auch nicht.[182]

Ähnlich wie andere Juden im ganzen Reich ist Samuel nicht bewusst, welche Gefahr auf ihn lauert. Die politischen Veränderungen, die 1933 begannen, machen auf ihn keinen Eindruck, er hat ausschließlich sein Geschäft im Fokus, alles andere spielt für ihn keine Rolle. Samuel Mathern ist außerdem ein immer gut gelaunter und vor allem anständiger und ehrlicher Mensch. Diese Charaktereigenschaften lassen ihn vermuten, dass ihm kein Unrecht angetan wird:

> Was soll mir passieren? Meinte Samuel. Ich habe keinem Menschen nuscht getan, nicht mal Tier bekommt Prügel. Ich zahle Steuern und mach ein bißchen Geschäfte, nur kleine Geschäfte.[183]

Als ihn Karl Steputat darauf hinweist, dass das Problem nicht bei ihm selbst, sondern im Gedankengut der Partei steckt, hat Samuel auch eine Antwort parat:

> Schon viele neue Herren haben die Juden nicht leiden können. Sie haben sie hier ein bißchen gekitzelt und ihnen da ein bißchen weggenommen. Und dann sind sie verschwunden, die neuen Herren. Aber ein paar Juden blieben übrig. Die bleiben immer übrig. Sie werden den dreckigen Zigeuner von der Straße jagen und ein paar Taugenichtse in die Kaschubei schicken, aber die anständigen Juden werden sie behalten.[184]

Vier Wochen nach dem Gespräch Karl Steputats mit Samuel Mathern gab es die Kristallnacht, deren Konsequenzen auch Samuel nicht erspart geblieben waren. Die Reichskristallnacht wurde in Drengfurt von der SA-Leitung verschlafen. Erst am nächsten Tage erfuhr der SA-Führer Neumann über demolierte Judengeschäfte und Synagogenbrände, was ihm große Angst einjagte, „weil er gar nichts vorzuweisen hatte".[185] Nach einer langen Beratung der SA in einem

---

180 Surminski, Arno: *Jokehnen...*, S. 54.
181 Ebd. S. 57.
182 Ebd. S. 54.
183 Ebd. S. 57.
184 Ebd. S. 57.
185 Ebd. S. 57.

Hotel fiel die Entscheidung, das Versäumte nachzuholen. Da es nur drei Juden in Drengfurt gab, von denen der eine kriegsbeschädigt war und der andere so alt, „daß man an ihm keine Heldentat vollbringen konnte“[186], mussten die Maßnahmen gegen Samuel Mathern getroffen werden. Er wurde von „drei maskierten Gestalten“ überfallen, die seine Hände fesselten und Hakenkreuze mit schwarzer Farbe auf die Tuche schmierten. In der Nacht schmierten sie auch einen Spruch an das Schaufenster seines Ladens, mit dem sie ihre viel zu wünschen übrig lassende Ausbildung nachwiesen, da sie im spöttischen Gedicht das Wort Herink geschrieben hatten.[187] Nach der ganzen Aktion gab der SA-Führer Neumann

> einen langen, umständlichen Bericht über die Aktion an die Kreisleitung. Dort hielt man den Vorfall zwar für belustigend, aber nicht heldenhaft genug, um im Parteiblatt erwähnt zu werden. Lediglich der Schaufensterspruch wurde anerkennend wiedergegeben. Hering allerdings nicht mit k.[188]

Die weitere Geschichte von Samuel Mathern entspricht genau den Schicksalen von Millionen Juden, die in der Nazi-Zeit lebten. Der Leser erfährt von der Verordnung über die Notwendigkeit, den Judenstern aufgenäht zu tragen (S. 118–119), dann wird der Textilladen von Samuel geschlossen (S. 122), schließlich wird er von drei Männern in Zivil besucht, die ihm sagten, sie hätten von seinem Fall gehört und wollten sehen, ob sich etwas in seiner Sache machen lasse. Zu diesem Zweck müsse er nach Rastenburg mitkommen und alles zu Protokoll geben.[189] Samuel fährt zusammen mit seiner Haushälterin Marie nach Rastenburg, voller Hoffnung, alles wird sich dort klären. Drei Tage später bekommt der SA-Führer Neumann ein Schreiben aus Rastenburg, dem zu entnehmen ist, dass Samuel „vorerst nicht zurückkehren würde und aus dem Einwohnerregister zu streichen sei“.[190] Letzten Endes wird er in ein Konzentrationslager gebracht.

Die Geschichte von Samuel Mathern und sein Tod im Lager bilden im gewissen Sinne Surminskis Kommentar zum verschwiegenen Thema der Konzentrationslager auf dem Gebiet Ostpreußens. Schon zu Beginn des Jahres 1940 wurde in Soldau „ein Durchgangs-, Haft- und Vernichtungslager eigens für in Schutzhaft genommene Polen errichtet, um deren geplante Ermordung besser vor der Öffentlichkeit verbergen zu können“.[191] In diesem Lager wurden „propolnische

186 Ebd. S. 57.
187 Vgl. Surminski, Arno: *Jokehnen…*, S. 58–59.
188 Ebd. S. 59.
189 Ebd. S. 122.
190 Ebd. S. 123.
191 Kossert, Andreas: *Ostpreußen. Geschichte und Mythos*, S. 306.

Masuren, Angehörige der polnischen Intelligenz, Juden sowie geistig Behinderte aus ostpreußischen Behinderteneinrichtungen interniert und größtenteils ermordet".[192] Genau dieses Schicksal ist auch dem Juden in Jokehnen zuteil geworden. Die Äußerungen von Karl Steputat weisen eindeutig auf seine diesbezügliche Ahnungslosigkeit hin. Er sucht immer nach Rechtfertigung und alternativer Erklärung für die Gerüchte über vermeintliche Morde an Juden. Einerseits glaubt er an Geschichten über das unmenschliche Verhalten der Sowjets, andererseits verdrängt er aus seinem Bewusstsein die Möglichkeit, dass sich die Deutschen so grausame Untaten könnten zuschulden kommen lassen. Auch im Roman *Grunowen* wird das Thema Holocaust erwähnt. Eines Nachts hatte sich der Vater von Werner Tolksdorf betrunken, infolgedessen er sich über das Schicksal der deutschen Juden äußert:

> Sie bauen Gasautos (…) Damit fahren sie die Juden ins Schwimmbad, in Wahrheit aber ins Massengram, denn unterwegs strömt Zyklon B in die Wagen.[193]

Auf diese Worte reagiert Felix Malotka mit Ablehnung, er behauptet, das Ganze sei doch Gräuelpropaganda von Radio London. Er sei kreuz und quer durch Deutschland gereist, aber nirgends habe es nach Gas gerochen.[194] Malotka verdrängt das Thema der Konzentrationslager in Ostpreußen aus dem Bewusstsein und hält derartige Vorwürfe für eine Lüge:

> Wo gab es denn in Ostpreußen Konzentrationslager? wunderte er sich. Solche Schweinereien kamen bei uns nicht vor. Stimmt, Stutthof lag in Westpreußen, die ostpreußische Erde wurde freigehalten von dieser schauerlichen Attraktion, dafür hatten wir die polnischen Konzentrationslager ganz in unserer Nähe.[195]

Die Ähnlichkeit mit der Haltung von Steputat ist dabei unübersehbar. Wie Bürgermeister von Jokehnen lässt auch der alte Kutscher solche Sensationen an sein Bewusstsein nicht zu und sucht immer nach Erklärungen, auch wenn diese absurd und falsch sind. Der Sohn von Karl Tolksdorf, Werner, fragt seinen Vater, ob es überhaupt einen Unterschied zwischen Ermordung der jüdischen Frauen und Kinder in Gasautos und der Ermordung der deutschen Frauen und Kinder infolge der Bombardierungen gibt, worauf Karl folgendermaßen antwortet:

---

192 Ebd. S. 306–307.

193 Surminski, Arno: *Grunowen…*, S. 248.

194 Ebd. S. 248.

195 Ebd. S. 65.

> Na, einen Unterschied sehe ich wohl (...) Für die Engländer und Amerikaner, die Bomben auf deutsche Städte werfen, sind wir Feinde, aber die Juden gehören zu uns, sind unsere Nachbarn, die uns nichts getan haben.[196]

Somit ist Karl Tolksdorf eine der wenigen Figuren, die sich der Untaten der Nazis gegenüber den Juden völlig bewusst ist. Er ist nicht blind auf die Leiden der jüdischen Nation und scheint gegen die lügnerische NS-Propaganda resistent zu sein. Dasselbe lässt sich in keiner Weise von Karl Steputat sagen, dessen Naivität einfach beispiellos ist. Freilich ist er ein guter, anständiger und gerechter Mensch. Steputat wurde im Roman „als zuverlässiger Vertreter der Verwaltung und zugleich als Vater der Familie [dargestellt], der sich in entscheidenden Momenten nach inneren Moralgesetzen richtet. Er will auch ein Vorbild für seinen Sohn sein. (...) Im Alltag ist er ein Opportunist, tritt der NSDAP bei und hängt die nationalsozialistische Fahne auf. Er teilt jedoch nicht den Antisemitismus der Nazis und schreibt eine Bescheinigung für den Juden Mathern“[197], nach der dieser „sich immer redlich betragen, keine deutsche Seele betrogen oder geschädigt und nichts Böses über den Führer oder Ortsgruppenleiter Krause gesprochen habe“.[198] Mirosław Ossowski betont, dass eine solche Bescheinigung in der damaligen Zeit ein Zeichen der Zivilcourage gewesen war.[199] Eine ähnliche Courage weist auch der erwähnte Karl Tolksdorf, der ehemalige Gutsbesitzer und Vertreter des preußischen Adels aus dem Roman *Grunowen*. Felix Malotka erinnert sich an eine Szene aus Bischofsburg:

> In Bischofsburg gab es einen Textilhändler, der den guten deutschen Namen Freimann trug, aber Jude war. (...) Vor dem Laden des Freimann kamen wir in einen Menschenauflauf. Zwei Dutzend SA-Männer führten den Juden, bekleidet mit Gehrock und Zylinder, durch die Stadt. Sie ließen ihn ein Schild tragen, auf dem stand: Dieser Judenlümmel verlangt, daß ein SA-Mann ihn grüßt!
> Der alte Herr ließ halten, stieg aus und begrüßte den Freimann mit Handschlag, als habe er einen alten Freund getroffen. Er sei den weiten Weg von Grunowen gekommen, um im Textilgeschäft Freimann Stoffe zu kaufen, sagte er laut.[200]

Derartige Beispiele des mutigen Verhaltens waren jedoch selten, die meisten distanzierten sich von der neuen Wirklichkeit, froh darüber, dass nicht sie, sondern jemand anderer zum Objekt des allgemeinen Hasses geworden ist:

196 Ebd. S. 248.
197 Ossowski, Mirosław: *Literatura powrotów – powrót literatury*, S. 90.
198 Surminski, Arno: *Jokehnen...*, S. 120.
199 Vgl. Ossowski, Mirosław: *Literatura powrotów – powrót literatury*, S. 90–91.
200 Surminski, Arno: *Grunowen...*, S. 238.

> Solche Vorfälle gaben zu denken (...)
> Aber nur ihm gaben sie zu denken, Malotka. Hunderte sahen zu, wie der Jude Freimann durch die Stadt geführt wurde, und alle dachten: Gott sei Dank, daß es nicht mich trifft, sondern bloß den Juden.[201]

Eines der wichtigsten Ziele der Nazi-Propaganda war der Versuch, den allgemeinen Hass gegen die Juden zu richten. Heutzutage wissen wir, dass dieser Ansatz gelungen ist und dass die gegen die jüdische Nation gehegte Abneigung, Missachtung und Hass vielerorts beispiellos waren. In der scheinbar abgekapselten Welt von Jokehnen und Drengfurt werden bis auf einige „spektakuläre" und in sich ungefährliche Aktionen vonseiten der SA-Leitung aus Drengfurt eigentlich keine Versuche unternommen, eine Hetze gegen den einzigen Juden in Gang zu setzen. Im Falle von Samuel Mathern wäre eine solche Aufgabe noch schwieriger umzusetzen. Der Jude ist nämlich allen Dorfbewohnern bekannt, er ist auf keinen Fall eine anonyme Person. Eben deshalb ist es für viele Romanfiguren schwierig, die bittere Wahrheit über sein Schicksal zu akzeptieren. Stattdessen hoffen die Jokehner auf ein gutes Ende:

> Es mußte im Sinne des Führers sein, zwischen anständigen und unanständigen Juden zu unterscheiden. Warum schlug der verrückte Neumann alles über einen Leisten? Dabei sagt einem der gesunde Menschenverstand, daß es Ausnahmen geben muß. Anständige Juden sind anders zu behandeln, dieser Samuel Mathern zum Beispiel.[202]

Nachdem der Jude inhaftiert worden war, gab es über eine lange Zeit keine Nachrichten über ihn. Eines Abends sagte Schubgilla, eine der Romanfiguren, dass er das Gerücht über den Tod von Samuel Mathern gehört hatte. Als über die mögliche Ursache seines Todes diskutiert wird, äußert Schubgilla seine Vermutung: „Vielleicht geben sie den Juden nicht genug zu essen." Obwohl viele Jokehner tief in sich spüren, das etwas Böses dem Juden doch angetan wurde, täuschen sie sich ins Unendliche und suchen nach immer neueren Erklärungen, die im großen Ausmaß auch ihr Gewissen beruhigen sollen. Die erste Geige spielt wieder Karl Steputat, der in seiner Blindheit zuweilen alle Grenzen überschreitet. Auf die Vermutung Schubgillas antwortet er:

> Das wäre schon möglich, aber nach Steputats Meinung unwahrscheinlich. Er tippte auf eine ansteckende Krankheit, die Samuel dahingerafft hatte. So etwas holt man sich leicht in einem Lager. Schade um den kleinen Samuel. Das war wirklich einmal ein guter Jude. Der hatte niemand etwas zuleide getan, nicht einmal seinem litauischen

201 Ebd. S. 238.
202 Surminski, Arno: *Jokehnen*..., S. 121.

> Panjepferdchen. Bei Samuel hätten sie eine Ausnahme machen sollen. Samuel Mathern hatte das nicht verdient.[203]

Statt eines Epilogs befindet sich am Ende des Romans ein dreiseitiger Appendix, in dem die Namen der wichtigsten Romanfiguren aufgelistet sind. Bei einem jeden Namen gibt es auch eine kurze Information darüber, was mit den einzelnen Personen geschah. Der Name Samuel Mathern gehört auch dazu. Von ihm erfährt der Leser, dass er im Herbst 1942 in einem Konzentrationslager verhungerte.[204] Es ist nur eine von so vielen bedrückenden Stellen im Roman. Der Tod lauert überall und von jeder Seite, zahlreiche humorvolle Episoden können die allgemeine bittere Stimmung des Romans nur für kurze Zeit aufhellen. *Jokehnen* ist aber ähnlich wie andere Romane von Surminski als literarisierter Bericht über die wichtigsten Ereignisse des zwanzigsten Jahrhunderts zu verstehen, in dem das Geschehene in keiner Weise ausgeschmückt und milder dargestellt wird, der Autor zeigt dagegen alles so, wie es sich in Wirklichkeit abspielte. Nicht anders ist es auch im Falle des Juden Mathern. Seine Geschichte zeigt auch die Stärke des Schriftstellers Surminski, der am Beispiel einer einzigen Gestalt das Trauma der ganzen Nation zur Darstellung brachte, das durch die Passivität der Mitmenschen wesentlich beeinflusst worden war. Steputat und viele andere Helden des Romans *Jokehnen* sich waren ähnlich wie Millionen Deutsche des organisierten Mordes einfach nicht bewusst. Die passive Akzeptanz der weltgeschichtlichen Ereignisse ergab sich auf keinen Fall aus der Überzeugung von der Legitimität der nazistischen Handlungen. Sie ist vielmehr auf die ausgesprochen erfolgreiche Propaganda einerseits sowie die früher erwähnte Abgeschiedenheit der ostpreußischen Insel, die übrigens seit dem durch Polen verlorenen Feldzug des Jahres 1939 keine Insel mehr gewesen war[205], zurückzuführen. Eine unglaublich große Bedeutung spielte dabei auch die Tatsache, dass fast alle Dorfbewohner „deutschnational und hindenburgtreu (…) bis auf die Knochen [waren], ausgenommen vielleicht der Maurer Seidler, der in der wilden Zeit an einem Umzug mit einer roten Fahne in Rastenburg teilgenommen hatte".[206] Die von national gesinnten Jokehnern vertretene Weltanschauung bildete für die nationalsozialistische Ideologie einen äußerst geeigneten Nährboden, auf dem das Korn des nazistischen Gedankenguts ungestört keimen konnte. Der Kämmerer Mikoteit

203 Ebd. S. 196.

204 Ebd. S. 495.

205 Vgl. Surminski, Arno: *Jokehnen*…, S. 69: „Ein ergreifendes Gefühl: Sieg! Ostpreußen kehrte heim ins Reich, vom Adolfche heimgeholt. Ostpreußen war keine Insel mehr".

206 Ebd. S. 20.

sagt am Anfang des Romans: „Hier im Grenzland kommt es nur darauf an, ein guter Deutscher zu sein".[207] Und die Nazis wussten es allzu gut, solche Haltungen für eigene Zwecke zu verwerten. Trotzdem darf man die meisten Jokehner auf keinen Fall als Nationalsozialisten bezeichnen. Im ganzen Dorf „gibt es nur zwei überzeugte Nazis. Melker August wird Mitglied der SS und zur Niederschlagung des Warschauer Gettoaufstandes eingesetzt. (...) Der andere Nazi in Jokehnen ist Gutsinspektor Blonski".[208] Die beiden lassen sich von den geflügelten Worten der Nazi-Propaganda hinreißen und eine Zeit lang bleiben sie feste Glieder in der Kette des Hitler-Regimes. August und Blonski sind typische Parteifunktionäre, glauben blind an die Obrigkeit, nehmen die neue Wirklichkeit absolut unkritisch wahr. Als der Major politische Kompetenzen des Führers bezweifelt, indem er auf seinen niedrigen Dienstgrad im Militär hinweist, erwidert Blonski, übrigens nicht zu Unrecht: „Politische Begabung darf man nicht am militärischen Rang einer Person messen".[209] Auch die im Osten von der Wehrmacht erlittenen Niederlagen scheinen auf ihn keinen Eindruck zu machen, er hat eine Antwort auf alle Vorwürfe gegenüber den Nazis und deren wahnsinnigen Handlungen. Seine Äußerungen entsprechen strikt den Vorstellungen der NSDAP. Blonski übernimmt die Rolle des wichtigsten Propagandisten in Jokehnen. Nach

207 Ebd. S. 21.

208 Beyersdorf, Herman Ernst: *Erinnerte Heimat*, S. 32. An dieser Stelle muss hervorgehoben werden, dass im Unterschied zur literarischen Darstellung Surminskis, nach der im Dorf Jokehnen nur zwei überzeugte Nazis leben, die ostpreußische Gesellschaft in Wirklichkeit dem Führer erlag, was vor allem auf den wirtschaftlichen Aufbruch und das Versprechen, alte Klassenunterschiede aufzulösen, zurückzuführen war: Vgl.: Kossert, Andreas, *Ostpreußen. Geschichte und Mythos*, S. 277–279; Kossert, Andreas: *Masuren. Ostpreußens vergessener Süden*, S. 301: „Seit Beginn der dreißiger Jahre hatten die nationalsozialistischen Organisationen, allen voran die SA, Masurens Jugend im Sturm erobert. (...) Selbst den Masuren aus unteren Schichten eröffnete die Parteizugehörigkeit den Weg nach oben. (...) Der wirtschaftliche Aufschwung und das Gefühl, endlich in die große „Volksgemeinschaft" aufgenommen zu sein, haben bei nicht wenigen Masuren Empfindungen der Erleichterung und des Glücks aufkommen lassen, die ihnen bis heute den schonungslosen Blick auf die Zeit nach 1933 verwehren". Der Vergleich von NSDAP-Wahlergebnissen im Deutschen Reich und Ostpreußen in den Jahren 1928, 1930 und 1932 bestätigt, welch großer Unterstützung sich die Partei bei der ostpreußischen Bevölkerung erfreute. Mit jeden nächsten Wahlen nahm diese Unterstützung zu, bis sie 1938 gipfelte. Vgl.: Opgenoorth, Ernst (Hrsg.): *Handbuch der Geschichte Ost- und Westpreußens*. Band IV. Institut Norddeutsches Kulturwerk. Lüneburg 1994, S. 35.

209 Surminski, Arno: *Jokehnen...*, S. 50.

der verlorenen Schlacht von Stalingrad beruhigt er die Dorfbewohner mit Worten, alles sei in Ordnung, die Front stehe, im Frühjahr würden die Deutschen wieder angreifen und dann sei es aus mit den Russen. Stalingrad sei nur ein Opfer gewesen, das Russland die letzte Kraft gekostet habe.[210] Er ärgert sich über die anlässlich der Beerdigung des Majors gehisste kaiserliche Reichskriegsfahne und kritisiert die Jokehner für ihre Einstellung zum neuen Geist, „der durch Deutschland weht".[211] Die einzelnen Kriegsetappen, die allmählich ankommende endgültige Niederlage der Wehrmacht und der gegen Ende 1944 absehbare Zusammenbruch des Dritten Reiches bewirken letztendlich einen inneren Wandel bei Inspektor Blonski, der aus der Ukraine nach Jokehnen zurückkam. In einem Gespräch mit dem Kämmerer Mikoteit spricht er seine Ängste laut aus:

> Wir müssen alle verschwinden! Der ganze Osten brennt, das wackelt an allen Enden.
> Die Front ist doch ruhig, bemerkte Mikoteit.
> Das ist die Ruhe vor dem Sturm. Wenn wir nicht rechtzeitig in den Westen kommen, werden sie uns alle massakrieren. Es geht alles in Klump. Da ziehen wir lieber zu den Amerikanern oder Engländern. Hier im Osten wird es fürchterlich. Wir sind verraten und verkauft. Verraten von den Italienern und Rumänen, von den Juden, Zigeunern und Jesuiten, vom Adel und den Offizieren.[212]

Am Beispiel der Veränderung, die sich in der Haltung Blonskis vollzogen hat, wird die Kritik am Nationalsozialismus geübt. Der ehemalige leidenschaftliche Anhänger der Ideologie gehört paradoxerweise zu denjenigen, die den kommenden Untergang und damit verbundene Gefahren als erste erblickt und richtig eingeschätzt haben. Symbolisch sind auch die Informationen in dem am Ende des Romans enthaltenen Appendix. Hier erfährt der Leser vom Schicksal der beiden einzigen überzeugten Nazis aus Jokehnen. Der bei der Niederschlagung des Warschauer Gettos eingesetzte Melker August fand den Tod in Kattowitz/Oberschlesien, wo er „in SS-Uniform ohne Stiefel an einem Lindenbaum"[213] hing. Dem kleinen Blonski, der die ankommende Bedrohung rechtzeitig erkannte, wurde dagegen ein völlig anderes Schicksal zuteil:

> „[Er] rauchte schon wieder schwarze Zigarren im Westen. In fünf Jahren wird er als Vertreter einer Weingroßhandlung zwischen Koblenz und Kassel herumfahren".[214]

---

210 Ebd. S. 182.
211 Ebd. S. 186.
212 Ebd. S. 260.
213 Ebd. S. 495.
214 Surminski, Arno: *Jokehnen…*, S. 496.

In mehreren der oben zitierten Abschnitte lässt sich großer Sarkasmus erspüren, der gerade im Falle der Darstellung der Nazi-Zeit besonders akzentuiert wird. „Die distanzierte Haltung des Autors findet ihren Ausdruck insbesondere in Spott und Ironie. Die wenigen „richtigen" Parteigänger im Roman sind allesamt spöttisch-abwertend dargestellt".[215] Als Beispiel können die früher genannten Ereignisse der Reichskristallnacht dienen, die klar und deutlich die absurden Triebe entblößen, nach denen sich die NS-Funktionäre in ihrem Verhalten gerichtet haben. Wolfgang Schneiß erwähnt auch das Lehrer-Ehepaar Klose, das „sich immerzu lächerlich gebärdet", er weist auf die Vorliebe des Ortsgruppenleiters Krause zum Alkohol hin, schließlich bemerkt er, wie „wenig respektvoll" der Führer selbst genannt wird.[216] In der Tat findet man im Roman Stellen, wo Adolf Hitler als „Adolfche" (S. 69), „Rattenfänger" und „der große Baal" (S. 223) oder „Dilettant aus Braunau" (S. 66) bezeichnet wird. Symbolisch ist auch die Szene gleich am Anfang des Romans, wo eine der Frauen Karl Steputat danach fragt, welchen Namen er für den neu geborenen Sohn gewählt hat. Als Steputat über den künftigen Namen nachdenkt und sich zwischen Arno (zu Ehren des in Rastenburg geborenen Dichters Arno Holz) und Hermann (zu Ehren von Hermann Sudermann) nicht entscheiden kann, fällt der Vorschlag der Hebamme: „Adolf wäre doch auch was Gutes".[217] Nachdem Steputat diese Worte gehört hatte, sah er „zu dem strammen, braunen Bild, das rechts neben dem Telefon hing. Einen Augenblick zögerte er, aber dann entschied er sich für die Kultur, für Hermann Sudermann".[218] Zu Spott und Ironie als literarischen Mitteln, die die ablehnende Haltung gegenüber dem Nationalsozialismus artikulieren, greift auch Siegfried Lenz im Roman *Heimatmuseum*, der sehr viele Ähnlichkeiten mit dem Debüt von Surminski aufweist. Er bezeichnet den Führer als „Braunauer (...), starräugig, mit der Vorsehung auf du" (S. 489), die Nazi-Ära prangert er als „Gespensterzeit" (S. 401) an und die Nazi-Politik nennt er den „organisierten Wahnsinn" (S. 504).[219]

---

215 Schneiß, Wolfgang: *Flucht, Vertreibung und verlorene Heimat im früheren Ostdeutschland*, S. 193.

216 Vgl. Ebd. 193.

217 Surminski, Arno: *Jokehnen...*, S. 16.

218 Ebd. S. 16.

219 Vgl. Schneiß, Wolfgang: *Flucht, Vertreibung und verlorene Heimat im früheren Ostdeutschland*. S. 225. Der Literaturforscher nennt andere im Roman implizite Beispiele, die die „ironische, mythische und verfremdete" Darstellung des Nationalsozialismus belegen.

Die im Rahmen dieser Abhandlung analysierten Romane von Surminski sind bestimmt nicht als Werke anzusehen, in denen auf den Nationalsozialismus das größte Gewicht gelegt wird. In der langen deutschen Geschichte bildete die Zeit von 1933 bis 1945 nur eine kurze Episode, die jedoch im Nachhinein für die Schicksale von Millionen Menschen, nicht nur von Deutschen, unvorstellbar ausschlaggebend gewesen war. Surminski zeichnet genau solch ein Bild, wobei in die Beschreibung der alltäglichen Aktivitäten der Dorfbewohner zusätzlich ein historisches, literarisch verarbeitetes Phänomen hineinkomponiert wird, das Leben der Jokehner wird dabei um alle charakteristischen Merkmale des nationalsozialistischen Alltags ergänzt. Die Art, wie die Nazi-Vertreter im Werk dargestellt wurden, die bei deren Schilderung so oft präsenten Mittel von Spott und Ironie sind der beste Hinweis auf die eindeutige Einstellung Surminskis. Recht hat Wolfgang Schneiß, der die in *Jokehnen* vorhandene Darstellungsart der NS-Ideologie wie folgt bewertet:

> Der Autor selbst steht dem Nationalsozialismus ohne Zweifel ablehnend gegenüber. Seine Darstellung weckt allerdings Verständnis für das Mitläufertum der Jokehner. Sie sehen manche ihrer Hoffnungen erfüllt und wissen oder begreifen nicht, was wirklich dahintersteht. Das ist weitgehend glaubhaft und darf nicht vorschnell als Entschuldigung für Opportunismus und Passivität mißverstanden werden.[220]

Herman Ernst Beyersdorf findet in der Haltung Steputats viele Ähnlichkeiten mit Alfred Matzerath aus der *Blechtrommel* von Günter Grass und mit Jens Ole Jepsen aus *Deutschstunde* von Siegfried Lenz. Er nennt ihn „ein gehorsames und allzu unkritisches Rädchen im Getriebe des Schreckens".[221] In der Tat lässt eine nähere Analyse der Persönlichkeit Steputats, seiner Ansichten und Taten keinen Zweifel daran, dass er kein böser, überzeugter und gewissensloser Nazi gewesen war. Er ist vielmehr ein typischer Mitläufer, für den nur die anderswo getroffenen Entscheidungen und die daraus resultierenden Pflichten von Belang sind. Pflichtbewusstsein und Gehorsam, die von ihm erwartet werden, stellen für ihn jedoch kein Hindernis dar, ein Mensch zu bleiben. Er unternimmt sogar einen Versuch, dem Juden Samuel Mathern zu helfen.

Trotz vieler positiver Charakterzüge ist Steputat ein naiver Mensch, der nicht das wahrzunehmen scheint, was sich um ihn herum oder im ganzen Reich abspielt. Auf allerlei Hinweise auf die von den Nazis verübten Verbrechen reagiert er immer misstrauisch und versucht die vermeintlich von Feinden verbreiteten Gerüchte zu dementieren. Eben deshalb hält er den Hungertod von

---

220 Ebd. S. 192.

221 Beyersdorf, Herman Ernst: *Erinnerte Heimat*, S. 31–32.

Samuel Mathern für unwahrscheinlich. Von großer Einfalt zeugt auch seine Reaktion auf die Worte des Majors, der Steputat fragte, ob er weiß, was die SS mit den Juden macht:

> Das sind Gerüchte, die unsere Feinde ausstreuen. (…) Deutschland hat es nicht nötig, die Juden umzubringen. Die werden ins Ausland abgeschoben oder arbeiten in Lagern.[222]

In den Romanen *Jokehnen* und *Grunowen* erinnert Surminski an eine Gesellschaft, die die Wahrheit über das Schicksal von Millionen Juden verdrängte. In *Jokehnen* betont der Schriftsteller das diesbezügliche Unbewusstsein der Zeitzeugen, die solche Phänomene wie Konzentrationslager und Gaskammern als Gerüchte betrachten und nicht imstande sind, an den Massenmord zu glauben, der an der jüdischen Nation verübt wurde. *Grunowen* ist dagegen die Auseinandersetzung mit der ausgebliebenen Vergangenheitsbewältigung, verkörpert in der Figur von Felix Malotka, der sogar über dreißig Jahre nach Kriegsende die bittere Wahrheit nicht akzeptieren kann und andere Menschen für die Verbrechen verantwortlich machen will.

222 Surminski, Arno: *Jokehnen…*, S. 152.

4. Die Kriegszeit

Der Zweite Weltkrieg war zweifelsohne das wichtigste Ereignis in der Geschichte des zwanzigsten Jahrhunderts, das Zerstörung von unzähligen Städten, Grenzverschiebungen, nicht zuletzt auch den Tod von 50–75 Millionen[223] Menschen zur Folge hatte. Der größte bewaffnete Konflikt in der ganzen Weltgeschichte war eine unmittelbare Konsequenz der Politik, die das mörderische, vom Hass besessene Nazi-Regime betrieben hatte. Der Hauptschauplatz der Kriegshandlungen war Europa und gerade auf diesem Kontinent erzielten viele Länder unbeschreiblich große Verluste. Das Ausmaß der Zerstörung war insbesondere dort am größten, wo die Gegner aufeinander prallten. Weil das Dritte Reich über eine lange Zeit den Krieg außerhalb seiner Grenzen führte, war das Land vom Kriegsgeschehen lange Zeit nicht unmittelbar betroffen. Ein besonderer Stellenwert fällt dabei der ostpreußischen Provinz zu, die nach dem durch die Wehrmacht gewonnenen Polenfeldzug dem Reich angeschlossen wurde und fortan bis zum Jahr 1944 ein relativ friedliches und ruhiges Leben genießen konnte. Bis zum 22. Juni 1941 gab es in Ostpreußen nur wenige Anzeichen dafür, dass Deutschland in einen Krieg verwickelt war. Seit dem Tag des Angriffs auf die Sowjetunion hatte sich für die meisten Ostpreußen kaum etwas verändert, nur die Einwohner von Königsberg, der Hauptstadt der Provinz, waren den schon am 22. Juni 1941 begonnenen Bombenangriffen ausgesetzt. Andreas Kossert unterstreicht die jahrelange Abgeschiedenheit der ostpreußischen Provinz von jeglichen Kriegsspuren:

> Ostpreußen war 1939 und 1941 Aufmarschgebiet für die Wehrmacht, insofern ging der Zweite Weltkrieg von ostpreußischem Boden aus. Ansonsten blieb die östliche Provinz des Reiches aber eine Oase der Ruhe in einem mörderischen Krieg. Bis die sowjetische Armee 1944 an die Grenzen Ostpreußens vorstieß, sah sich die Bevölkerung nicht unmittelbar mit dem Krieg konfrontiert, wenn auch die Einberufung der männlichen Bevölkerung, die besonders die landwirtschaftlichen Familienbetriebe traf, Lebensmittelrationierungen, die steigende Kriminalität und der Kontakt zu ausländischen Kriegsgefangenen und Zwangsarbeitern ihn allgegenwärtig machten.[224]

223 Die Daten zur gesamten Opferzahl unterscheiden sich voneinander so stark, dass es unmöglich ist, die Zahl der im Zweiten Weltkrieg gefallenen Menschen präzise anzugeben.

224 Kossert, Andreas: *Ostpreußen. Geschichte und Mythos*, S. 301.

Analysiert man alle Werke von Surminski, die die Geschichte Ostpreußens thematisieren, gewinnt man auch den Eindruck, dass die ostpreußische Provinz ein ruhiger, vom Krieg nicht betroffener Ort war. So ist es im Falle des Dorfs Jokehnen, ein ähnliches Bild liefern auch die Retrospektiven an den Zweiten Weltkrieg im Roman *Grunowen*. Solange die weit entfernte West- und seit 1941 auch die Ostfront Hauptschauplätze des Kriegs bleiben, wird das Leben der ostpreußischen Bevölkerung vom Kriegsgeschehen fast gar nicht erschüttert. Eine Ausnahme bildet jedoch die im Roman *Sommer vierundvierzig* enthaltene Darstellung der Stadt Königsberg, in der sich die Kriegsfolgen schon seit dem 22. Juni 1941, dem deutschen Angriff auf die Sowjetunion, sofort abzeichneten. Abgesehen vom Ausnahmefall Königsberg unterschied sich „die Heimatfront in Ostpreußen (…) drastisch von der Kriegsfront auf den europäischen Schlachtfeldern. Lange verlief in Ostpreußen das Leben weitgehend friedlich und in den gewohnten Bahnen".[225]

Das von Surminski heraufbeschworene und auf Ostpreußen bezogene Bild des Zweiten Weltkrieges stimmt also mit der historischen Wirklichkeit überein. Somit gibt der Schriftsteller alle Begleiterscheinungen des Krieges wieder, er schildert, inwiefern der Konflikt das Leben der Einheimischen beeinflusste, und zeigt die einzelnen Entwicklungsstadien des Krieges, die unerbittlich auf die unvermeidbare Katastrophe zugehen. Der ganze Weltkrieg von seinen Anfängen bis zum Ende im Jahre 1945 wird in zwei Romanen zur Darstellung gebracht, und zwar in *Jokehnen* und *Grunowen*. Alle anderen Werke thematisieren nur ausgewählte Kriegsetappen und stützen sich auf die Erinnerung an vereinzelte Episoden. Der zweite Roman von Surminski, *Kudenow*, handelt in erster Linie von Integrationsproblemen der Flüchtlinge in der neuen Wirklichkeit, einige wenige Erfahrungen aus dem Zweiten Weltkrieg werden hier nur am Rande behandelt, wobei die letzte Kriegsphase mit Flucht und Vertreibung vorrangig ist. Im Roman *Sommer vierundvierzig* wird der Leser mit der infolge der

225 Metzger, Simone: *Verlusterfahrung und literarische Erinnerungsstrategie*, S. 274. Die Behauptung von Simone Metzger wird auch in den historischen Abhandlungen bestätigt. Ralf Meindl unterstreicht, dass die ostpreußische Provinz „bis zu den verheerenden Bombenangriffen auf Königsberg im August 1944 von den direkten Auswirkungen des Zweiten Weltkrieges weitgehend verschont" blieb: Meindl, Ralf: *Ostpreußens Gauleiter Erich Koch – eine politische Biographie*. Fibre Verlag. Osnabrück 2007, S. 399. Gerhard von Glinski und Peter Wörster behaupten sogar, dass die Ostpreußen diese Zeit „ruhig, beinahe idyllisch" verlebten: Vgl.: Glinski, Gerhard von; Wörster, Peter: *Königsberg. Die ostpreußische Hauptstadt in Geschichte und Gegenwart*. Westkreuz-Verlag. Berlin, Bonn 1990, S. 113.

Flächenbombardements des Jahres 1944 vollzogenen Zerstörung Königsbergs konfrontiert, das Werk vermittelt ein durchaus anderes Bild der Kriegshandlungen auf dem Gebiet von Ostpreußen als der Roman *Jokehnen*, wo die Dorfgemeinschaft im Vergleich mit Einwohnern von Königsberg ein ruhiges Leben führt. Der Roman *Vaterland ohne Väter* enthält drei Erzählebenen, die eine davon beschreibt die Ereignisse, die sich an der russischen Front, in Hamburg und Münster sowie in einem ostpreußischen Dorf abspielen. Die ausführlichste Schilderung des Zweiten Weltkrieges findet man aber in *Jokehnen*. Surminski schildert hier den Krieg

> vor allem aus der Perspektive eines im Zentrum von Ostpreußen gelegenen Dorfs, fern von Fronthandlungen. Auf eine realistische Art und Weise beschreibt er das Alltagsleben ohne jegliche Stilisierung oder überzeitliche Idealisierung. Er zeigt, wie sich das Dorf nach dem Ausbruch des Kriegs gegen Polen verändert. Das Dorf wird von den zur Armee eingezogenen Männern verlassen, die neuen Behörden führen Kriegsvorschriften ein. Aber erst im Winter 1945 nähert sich die Front dem Dorf an und die Einwohner spüren die unmittelbaren Folgen des Krieges.[226]

Eine derartige Darstellung des Krieges spiegelt einerseits die historische Wirklichkeit wider, andererseits wird dadurch die Spannung erhöht, die die einzelnen Kriegsphasen begleitet. Die anfangs ruhige Betrachtungsweise des Kriegsgeschehens unterliegt einem allmählichen Wandel und der Einfluss des Krieges auf das Leben im Dorf nimmt ständig zu. Nach der Meinung von Simone Metzger besteht die im Roman befindliche zentrale Strategie der Erinnerung darin, dass die

> Zeitgeschichte aus dem Blickwinkel der Abgeschiedenheit eines kleinen ostpreußischen Dorfes vorgenommen wird. (…) Als wichtiger Baustein der Surminskischen Strategie schält sich die Darstellung der mit zunehmender Dauer des Krieges allgegenwärtigen, für die Menschen existentiell bedrohlichen Auswirkungen des Krieges heraus. Dem Erinnerungsdichter kommt es hier auf die Erzeugung einer von Tod und Leiden geprägten Atmosphäre an.[227]

---

226 Ossowski, Mirosław: *Literatura powrotów – powrót literatury*, S. 97. Vgl. Meindl, Ralf: *Ostpreußens Gauleiter Erich Koch…*, S. 399–400: „Die Bevölkerung verhielt sich ruhig, von Kriegsmüdigkeit oder gar Widerstand war zunächst nichts zu spüren. Die durch die Einberufungen fehlenden Arbeitskräfte wurden durch „Fremdarbeiter" ersetzt, von denen bereits im April 1941 fast 64 000, vor allem Polen, in Ostpreußen arbeiteten. Sicherlich trug auch die im Vergleich zu den Industrieregionen bessere Versorgungslage – die Provinz profitierte jetzt von ihrer agrarischen Struktur – zur relativen Zufriedenheit der Bevölkerung bei. Aber auch die Partei und deren regionaler Führer taten viel, um in Ostpreußen eine positive Stimmung zu erhalten".

227 Metzger, Simone: *Verlusterfahrung und literarische Erinnerungsstrategie*, S. 274.

In der Tat lässt sich eine im Laufe der Zeit immer deutlicher werdende Stimmung der ankommenden Bedrohung spüren. Obwohl im Mittelpunkt von Jokehnen der Alltag während des Zweiten Weltkrieges steht[228] und die gewöhnlichen Tätigkeiten die Menschen im höchsten Grade beschäftigen, spielen die mit dem Krieg verbundenen Angelegenheiten eine immer größere Rolle im Leben der kleinen Dorfgemeinschaft. Die Oase der Ruhe wird immer wieder durch diverse Beschlüsse und Verordnungen, Einberufungen zum Militär und neue Berichte von der Front gestört. Auf den ersten Blick scheint sich das Leben nur wenig verändert zu haben, die Menschen sind sich einfach nicht dessen bewusst, was weit im Westen, Süden und seit dem 22. Juni 1941 auch im Osten vonstattengeht. Solange ihnen Zerstörungen, Verletzungen und Tod erspart bleiben, konzentrieren sie ihre Aufmerksamkeit auf das Hier und Jetzt. In anderen Worten: Sie erfahren von dem Krieg, den Krieg erfahren sie aber nicht. „Der Krieg ist fern und doch auch präsent, das ist der Kern seiner [Surminskis] literarischen Erinnerung an den Zeitraum bis zum Sommer 1944".[229] Auch wenn die Dorfbewohner die unmittelbaren Kriegsfolgen als Randereignisse betrachten, sind sie nicht imstande, sich davon völlig loszureißen, weil sie ihr Leben doch im großen Ausmaß beeinflussen. Das, was verwundert, ist die unverständliche Ruhe der Ostpreußen und die im Grunde genommen sehr positive Stimmung trotz des anderswo tobenden Krieges. Simone Metzger fasst dies in Anlehnung an den Roman *Grunowen* folgendermaßen zusammen:

> Es sind stets die gleichen Kriegsereignisse, die der Autor hervorhebt und deren Schilderung er einwebt in lakonische Stimmungsbilder, die in einem seltsamen Kontrast stehen zu den allmählich auch in Ostpreußen spürbaren Auswirkungen des Krieges.[230]

Im Zweiten Weltkrieg könnte man mehrere Etappen aufzählen, die jeweils entsprechende Konsequenzen mit sich brachten. Darunter wären u.a. der Polenfeldzug, der Krieg an der Westfront, das Unternehmen Barbarossa mit dem siegreichen Vormarsch der deutschen Soldaten gen Osten, die Stalingrad-Niederlage und der dadurch verursachte Rückzug der deutschen Soldaten von der Ostfront, schließlich – die Flucht vor der Roten Armee und die Vertreibung der deutschen Bevölkerung zu nennen. An all diese Ereignisse wird in den Werken Surminskis erinnert. Nichtsdestotrotz können anhand der in seinen Romanen impliziten Darstellung des Kriegsgeschehens zwei grundsätzliche Perioden des Zweiten Weltkrieges unterschieden werden, für die das Jahr 1944 die Zäsur

228 Vgl. Ebd. S. 274.
229 Ebd. S. 274.
230 Metzger, Simone: *Verlusterfahrung und literarische Erinnerungsstrategie*, S. 279.

bildet. Bis zu diesem Zeitpunkt leben die Einwohner von Jokehnen, Grunowen oder Königsberg im Frieden. Sie erfahren von den einzelnen Kriegsereignissen aus unterschiedlichen Quellen, sei es aus dem Rundfunk, sei es aus den Erzählungen der Soldaten, die an den Fronten kämpften. Der Krieg übt jedoch keinen größeren Einfluss auf ihr Leben und stört die alltägliche Harmonie nicht.

4.1 1. September 1939 – 22. Juni 1941

Die ersten Reaktionen auf den Ausbruch des Krieges werden im Roman *Jokehnen* in Anlehnung an die Erinnerung des kleinen Hermann Steputat geschildert, der vor dem Hintergrund der allgegenwärtigen Ruhe absolut enttäuscht davon ist, dass der Krieg weit entfernt von Jokehnen geführt wird:

> Kein Kanonendonner von Neidenburg und Ortelsburg wie damals im August 14. Hermann wartete vergeblich auf durchziehende Soldaten. Wo war denn der Krieg? Da haben wir nun einen richtigen Krieg, aber er ist langweiliger als das Manöver Blau gegen Rot im Pangenwald.[231]

Der fünfjährige Hermann vergleicht die beiden Kriege miteinander. Obwohl er den Ersten Weltkrieg nur vom Hörensagen kennt, scheint er ihm viel interessanter zu sein als der neuerdings entfesselte Krieg, den er im Unterschied zum vorigen zwar persönlich erleben kann, trotzdem aber keine Möglichkeit hat, direkter Augenzeuge zu sein, was darauf zurückzuführen ist, dass sich der Krieg anderswo abspielt. Diese Bagatellisierung des Kriegsgeschehens in seiner ersten Phase, durch die Perspektive eines kleinen Kindes noch stärker akzentuiert, steht im Kontrast dazu, was in den Jahren 1944–45 passierte. Umso deutlicher werden dadurch die völlig unerwarteten Grausamkeiten vonseiten der Roten Armee hervorgehoben, die sich auf der einen Seite aus dem Vergleich der Rotarmisten mit Zarensoldaten ergeben, auf der anderen Seite auch im Kontrast zum relativ friedlichen Leben der Jahre 1939–1944 stehen.

Der Zweite Weltkrieg brach am 1. September 1939 mit dem Angriff des Dritten Reiches auf Polen aus. Dieses Datum kann neben dem 30. Januar 1933 als symbolischer Anfang vom Ende der ostpreußischen Provinz fungieren. Der 1. September 1939 ist aber für die Jokehner keine besonders wichtige Zäsur, weil sich an diesem Tage im Dorf nichts Interessantes ereignete. Viel wichtiger war für sie der 18. August 1939, an dem Bauer Behrend einen neuen Opel gekauft hatte.[232] Primär sind also alle Angelegenheiten, die die Dorfbewohner

231 Surminski, Arno: *Jokehnen…*, S. 66.
232 Ebd. S. 62.

unmittelbar betreffen. Einzig und allein aus diesem Grunde wird der Polenfeldzug gar nicht geschildert, der Leser kann vergebens nach Informationen über die wichtigsten September-Schlachten, den Sitzkrieg oder den für Polen so wichtigen und verheerenden Aufmarsch der Roten Armee vom 17. September 1939 suchen. Die ersten Kriegstage drücken aber auch in Jokehnen ihren Stempel auf und sind mit einigen Lasten verbunden, die Karl Steputat zu tragen hatte:

> Pferde zählen, Einberufungen zusammenstellen. Ortsgruppenleiter Krause gab ihm per Telefon die Polizeiverordnung über das Verbot von Tanzlustbarkeiten im Kriege durch. Also mußte Steputat sich auch darum kümmern, daß das Schützenfest im Jokehner Krug einen würdigen Rahmen erhielt. Kein Tanz, ernst, feierlich, getragen.[233]

Das sind aber Kleinigkeiten, die keine besondere Auswirkung auf den Alltag haben. Sie werden nur als „lästige Äußerlichkeiten" bezeichnet, die „vorerst das einzige Anzeichen des Krieges in Jokehnen"[234] blieben. Der schnelle Sieg der Wehrmacht über Polen wird insofern positiv bewertet, als er einen androhenden Streit zwischen zwei Frauen verhindert:

> Zum Glück schaffte die deutsche Wehrmacht den Polenkrieg in gut drei Wochen. Bei längerer Dauer wäre es zwischen Martha und der Burschen zu einer Katastrophe gekommen, und auch Hermann hätte dem ältesten der beiden Kinder bei passender Gelegenheit ein Loch ins Ohr gebohrt. Der schnelle Sieg in Polen löste alle Probleme.[235]

Die eigenen Probleme, auch die banalsten und absurdesten, sind den Dorfbewohnern viel wichtiger als der militärische Triumpf der deutschen Truppen. Prosaische Dinge werden zu Prioritäten, während die im Interesse des Staates liegenden Kategorien in den Hintergrund rücken. Der nächste Vorteil des siegreichen Kampfes gegen Polen und der daraus resultierenden Einverleibung des nördlichen Teils Polens ins Reich, der von den Jokehnern wahrgenommen wird und der auch ihre Denkweise sehr genau schildert, ergibt sich daraus, dass es fortan keine Hindernisse mehr beim Transport der Kartoffeln ins Reich geben wird: „Polen hatte so nahe gelegen, hatte die ostpreußische Insel umklammert gehalten. Jetzt konnten Onkel Franz' Kartoffeln mühelos ins Reich transportiert werden".[236] Niemand reflektiert über andere Aspekte der ersten Kriegsetappe, niemand gibt sich Mühe, darüber nachzudenken, wie viele Menschen schon innerhalb der ersten Kriegstage ums Leben kamen, nicht nur auf der polnischen, sondern auch auf der deutschen Seite. Der ungestörte Kartoffelfluss zwischen

233 Ebd. S. 65–66.
234 Ebd. S. 66.
235 Ebd. S. 67.
236 Ebd. S. 69.

Ostpreußen und dem Reich ist einfach das Wesentlichste. Der Erdapfel hat übrigens einen ziemlich interessanten Stellenwert in den Romanen von Surminski[237]. Im ersten Kapitel der vorliegenden Abhandlung wurde schon die lustige „Hymne an die Königin aller Früchte" zitiert.[238] Auch in *Jokehnen* wird die „dem Gold der Erde" beigemessene Bedeutung zum Ausdruck gebracht. Karl Steputat, eine der wichtigsten Personen im Roman, behauptet, dass der Führer den Krieg sehr gut geplant habe, was er damit argumentiert, dass beim Ausbruch des Krieges die Getreideernte schon vorbei gewesen sei und dass die an die Front geschickten Soldaten zur Kartoffel- und Rübenernte wieder zu Hause sein sollten.[239] Im Roman *Grunowen* ist auch eine zärtliche Erinnerung an die köstliche berühmte Grundbirne enthalten:

---

237 Die in der vorliegenden Abhandlung zitierten Abschnitte aus den Romanen von Surminski, in denen die ostpreußische Bevölkerung der Getreideernte und der Kartoffel so große Bedeutung beimisst, zeugen vom ausgesprochen großen Gewicht, das im Werk Surminskis auf die Darstellung der Natur gelegt wird. Mirosław Ossowski bemerkt, dass die Beschreibung der ostpreußischen Landschaft auch bei den anderen Schriftstellern einen starken Widerhall findet. Dazu gehören außer Arno Surminski auch Herbert Somplatzki, Horst Michalowski, Franz Böhm, Ernst Wiechert, Alfred Brust, Hans Hellmut Kirst und Siegfried Lenz. Im Falle von Somplatzki, Michalowski und Böhm steht „nicht mehr der masurische Wald im Vordergrund der Naturdarstellungen, vielmehr sind es in erster Linie die zahlreichen Gewässer der Region, reizvolle Seen und Flüsse".: Vgl. Ossowski, Mirosław: *Die Natur Masurens in der gegenwärtigen deutschen Belletristik (Herbert Somplatzki, Horst Michalowski und Franz Böhm).* In: Brandt, Marion; Kątny Andrzej (Hg.): *Die Natur und andere literarische Orte.* Wydawnictwo Uniwersytetu Gdańskiego. Gdańsk 2008, S. 95–103. In einem Interview für die Zeitung *Die Welt* äußerte sich Siegfried Lenz ausdrücklich über die Wichtigkeit der Landschaft für die mit der Region verbundenen Schriftsteller: „Wir sind nun einmal, Günter Grass als Danziger, ich aus Lyck in Ostpreußen, von unserer Heimat geprägt, stehen insbesondere unter dem Einfluss von deren Landschaft".: *Das unermessliche Leid darf nicht vergessen werden. Siegfried Lenz über die Vertreibung in der deutschen Literatur, Ostpreußen und über Grass' „Im Krebsgang".* In: Die Welt, 8.2.2002. Auf die landschaftliche Vielfalt der Provinz weist auch Hermann von Pölking hin: „Was meint Ostpreußen? Was ist Ostpreußen bis zu seinem Ende im Jahr 1945? (…) Eine Landschaft ist es nicht. Dafür ist das Land von der samländischen Steilküste zu den masurischen Seen, von den Wüstendünen der Kurischen Nehrung über die Kiefernwälder der Johannisburger Heide bis zu den satten Wiesen der Elbinger Niederung zu vielgestaltig".: Pölking, Hermann von: *Ostpreußen: Biographie einer Provinz.* be.bra Verlag. Berlin 2011, S. 7.

238 Surminski, Arno: *Kudenow…*, S. 164–165.

239 Surminski, Arno: *Jokehnen…*, S. 69.

> Der Kämmerer begleitete die Kutsche bis zur Gemarkungsgrenze, sprach von den ausgezeichneten Kartoffeln des Jahres 1940. Sie seien so trocken, man könne sie ungereinigt, wie sie aus der Erde fielen, nach Berlin verladen. Ja, die berühmten Grunower Kartoffeln, die gelbe „Ackersegen" für die feinsten Berliner Häuser. Es treffe sich gut, meinte der Kämmerer, daß im zweiten Kriegsjahr ein reichlicher Kartoffelsegen anfalle.[240]

Auf den ersten Blick kann man den Eindruck gewinnen, als wären die Dorfbewohner zumindest schwer von Begriff. Wie sonst könnte man denn eine Gemeinschaft bezeichnen, für die der Transport von Kartoffeln gleich nach dem Ausbruch des Krieges ein primäres Thema ist? Die oben aufgeführten scherzhaften Beispiele der seltsamen Bindung an die Kartoffel sind aber selbstverständlich nicht wörtlich zu verstehen. Sie sprechen sehr viel über die Sozialstruktur in Ostpreußen, wo sich viele Menschen mit Ackerbau, Forstarbeiten und Fischerei beschäftigten.[241] Das waren die wichtigsten Tätigkeiten im Leben vieler einfacher Menschen, die ihre Existenz direkt beeinflussten. Andere Angelegenheiten werden als nebensächlich eingestuft. Weil die Getreideernte durch den Kriegsbeginn nicht beeinträchtigt wurde, sind die Erinnerungen an die ersten Tage des Zweiten Weltkrieges positiver als im Falle des Ersten Weltkrieges. An dieser Stelle kann ich auf das vorige Kapitel verweisen, wo die ersten Reaktionen auf den Ausbruch des Krieges im Jahre 1914 beschrieben wurden. Sie zeigen auch, dass sich innerhalb der dreißig Jahre zwischen den beiden Kriegen sehr wenig verändert hat. Unabhängig von den wichtigsten Ereignissen der Weltgeschichte und der großen Politik leben die Bewohner der ostpreußischen Dörfer nach dem Rhythmus der Natur, die ihre Verhaltens- und Denkweise stark determiniert. Simone Metzger charakterisiert die in Surminskis Romanen dargestellten Einwohner der ostpreußischen Provinz als Menschen, die

> die Welt nicht so sehen wie sie ist, sondern wie sie sie kennen und in ihrem politikfernen, von Ideen, Traditionen und Denkweisen des 19. Jahrhunderts determinierten Mikrokosmos kennengelernt haben. Die meisten Jokehner, Grunower, Rosittener, Königsberger sind naive und unpolitische Bürger ihres Zeitalters.[242]

---

240 Surminski, Arno: *Grunowen…*, S. 15.

241 Vgl.: Batocki, Adolf von, Schack, Gerhard: *Bevölkerung und Wirtschaft in Ostpreußen*. Gustav Fischer Verlag. Jena 1929. Die Fischerei-Kenntnisse bei den Ostpreußen hatten zur Folge, dass nach dem Zweiten Weltkrieg die erfolgreichsten deutschen Kapitäne gerade aus dieser Provinz kamen: „Auch hier hatte die Fischerei eine sehr lange Tradition. In Ostpreußen wurden häufig schon die jungen mit verschiedenen Fischfangtechniken vertraut gemacht. Ostpreußische Kapitäne hatten einen guten Ruf und waren sehr begehrt".: Kube, Kristin: *Hochseefischer: Die Lebenswelt eines maritimen Berufstandes aus biografischer Perspektive*. Waxmann Verlag. Münster 2013, S. 63.

242 Metzger, Simone: *Verlusterfahrung und literarische Erinnerungsstrategie*, S. 267.

Im Laufe der Zeit ändert sich aber die Einstellung der Jokehner zum Krieg. Notgedrungen erblicken auch diese einfachen Leute, was der Krieg für sie bedeutet. Schritt für Schritt lernen sie den Krieg kennen, was bis zum Jahr 1941 vor allem indirekt erfolgt.[243] Die Informationen über die Kriegshandlungen werden durch verschiedene Medien vermittelt. Im vorigen Kapitel wurde die große Rolle des Rundfunks für die NS-Propaganda geschildert, dieses Medium hat aber auch eine enorme Informationsfunktion. Es ist das wichtigste Instrument, das den Jokehnern möglich macht, die Berichte über die Vorkommnisse an der Front zu verfolgen, auch wenn diese oft durch die NS-Propaganda verzerrt und verfälscht werden. Zu den ersten Schocks gehört der Tod des jungen Klischke, der in Marienthal gefallen ist. Die Jokehner hatten bis dahin genug Erfahrungen mit Verwundeten, „sogar der Kämmerer Mikoteit hatte einen Granatensplitter in die Wade bekommen, ärgerlicherweise von der eigenen Artillerie".[244] Der junge Klischke war dagegen „der erste Tote, von dem sie hörten".[245] Von größtem Belang ist dabei die Tatsache, dass der Gefallene keine anonyme Person für die Gesprächspartner ist. Sie unterhalten sich über den Fall, weil sie den jungen Mann kannten, ansonsten hätten sie wahrscheinlich die Information außer Acht gelassen. Mit Sicherheit wäre auch die Reaktion von Onkel Franz nicht so hart gewesen:

> Jetzt ist's genug. (…) Der Hitler soll man jetzt Schluß machen. Wir brauchen keinen Krieg. Wir haben Ackerland genug, um zu leben.[246]

Die Möglichkeit, das Opfer beim Namen zu identifizieren, bildet den wichtigsten Anstoß zur Reflexion über die Hintergründe der Kriegshandlungen. Es ist die Nicht-Anonymität, die Onkel Franz die mit dem Krieg verbundene Bedrohung erkennen lässt. Ähnlich war es im Falle des Juden Samuel Mathern, für dessen Schicksal sich die Jokehner interessierten, weil er ihnen bekannt war. In den beiden Situationen bestätigen sich die zynischen Worte von Joseph Stalin, dessen Meinung nach der Tod eines Mannes eine Tragödie sei, aber der Tod von Millionen nur eine Statistik.

Der oben zitierte Abschnitt zeigt darüber hinaus, dass nicht alle Einwohner Jokehnens von Anfang an blind für die Wahrheit gewesen waren. Onkel Franz wird von Surminski als eine der wenigen Figuren in die Handlung eingeführt, die den Wahnsinn des Krieges richtig beurteilen, die Richtigkeit der immer neueren Feldzüge in Frage stellen und

---

243 Ebd. S. 276.
244 Surminski, Arno: *Jokehnen…*, S. 69.
245 Ebd. S. 69.
246 Ebd. S. 69.

sich der künftigen Konsequenzen bewusst sind. Eine andere Figur, die taub auf die Propagandaparolen bleibt und die Irrationalität der Entscheidungen Hitlers zu erkennen weiß, ist der Major. Als England in den Krieg eintrat, ritt er zu Steputat und „schimpfte über den Dilettanten aus Braunau, der Deutschland nun doch wieder einen Zweifrontenkrieg aufgehalst hatte".[247] Nach dem misslungenen Attentat auf Hitler vom 20. Juli 1944 äußerte er seine Unzufriedenheit mit dem Misserfolg: „Zu spät, sagte er, fünf Jahre zu spät".[248] Zur Weihnachtszeit des Jahres 1944 sagt der Onkel, es „werden wohl die letzten Weihnachten in Jokehnen sein".[249] Er rät Steputat, die Frauen und die Kinder in den Westen zu schicken, sie in Sicherheit zu bringen: „Wir sind keine hundert Kilometer von der Grenze weg. (...) Die Dörfer an der Grenze sind alle leer. Wenn der Russe durchbricht, trifft er hier bei uns die ersten Menschen. Das wird fürchterlich".[250] Nach wenigen Wochen hatten die Jokehner die Gelegenheit, die in Erfüllung gegangene Prophezeiung des Onkels persönlich zu erfahren und die von ihm vorhergesagte erbarmungslose Zeit am eigenen Leibe zu erleben. Es war leider zu spät, dem Ratschlag des vernünftigen Onkels zu folgen.

4.2 Der Ausnahmefall Königsberg

Der Roman *Sommer vierundvierzig oder Wie lange fährt man von Deutschland nach Ostpreußen* ist ein Werk, in dem zwei Erzählebenen miteinander verflochten sind – Vergangenheit und Gegenwart. Surminski schildert hier einen kurzen Ausschnitt aus der Geschichte von Königsberg, wobei der Schwerpunkt auf den Ereignissen liegt, die im Sommer des Jahres 1944 während der Luftangriffe der Alliierten auf die Hauptstadt der ostpreußischen Provinz stattfanden. Die Schicksale der Stadteinwohner beschreibt der Schriftsteller aus dem Blickwinkel von Hermann Kallweit, einem Soldaten, der im Rahmen des Fronturlaubs nach Königsberg fährt. Rund fünfzig Jahre danach kommt er in die Stadt zurück und beobachtet Veränderungen, die sich hier im Laufe des letzten halben Jahrhunderts vollzogen haben. *Sommer vierundvierzig* ist die Fortsetzung der Problematik, mit der sich der Autor in seinen vorigen Romanen und Erzählungen auseinandersetzte. Der Titel geht auf das Erstlingswerk Jokehnen zurück, wodurch Surminski eine geschlossene Komposition erstellt[251], die seine Werke

247 Ebd. S. 66.
248 Ebd. S. 242.
249 Ebd. S. 279.
250 Ebd. S. 280.
251 Herman Ernst Beyersdorf zählt in einem Interview mit dem Schriftsteller folgende Ähnlichkeiten zwischen *Jokehnen* und *Sommer vierundvierzig* auf: „Die Umkehrung des Untertitels, die Namenliste am Ende des Romans, die Antwort auf die im Untertitel gestellte Frage, sogar die Tatsache, daß der Held wiederum Hermann heißt": Beyersdorf, Herman Ernst: *Erinnerte Heimat*, S. 186.

zur Geschichte des zwanzigsten Jahrhunderts zusammenfasst. Die Gemeinsamkeiten *Jokehnens* mit *Sommer vierundvierzig* waren nach der Meinung des Autors ursprünglich nicht beabsichtigt und mit dem Schreiben des Romans wurde er quasi beauftragt:

> Daß das Werk dann in Richtung Jokehnen ging, hing auch damit zusammen, daß mir viele Menschen aus dem nördlichen Ostpreußen immer gesagt haben: Mein Gott, über unseren Norden schreibt keiner. Schreiben Sie doch auch über unsere Geschichte.[252]

Einem jeden Kapitel gehen Zitate aus Werken unterschiedlicher Schriftsteller (Goethe, Grimmelshausen, Brecht) und Philosophen (Kant, Nietzsche), Anreden großer historischer Persönlichkeiten (Friedrich II., Ludendorff), sowie topographisch-statistischen Übersichten des Regierungsbezirks Königsberg, Militärberichten, Chroniken und Presseartikeln voraus. Die zitierten Worte ergänzen die Handlungsebene des Werks, erwähnt werden noch historische Persönlichkeiten, die in ihrem Leben mit Königsberg verbunden waren: Immanuel Kant, Felix Dahn oder Ernst Theodor Amadeus Hoffmann.

Im Fokus der literarischen Darstellung liegt die Beschreibung der ungeheuren Zerstörung der Stadt durch die Bombenflugzeuge. An einer Stelle zitiert der Schriftsteller den Bericht des Königsberger Oberlandesgerichtspräsidenten, den er dem Rechtsjustizminister einige Tage später schickte:

> Dem Angriff englischer Flieger auf Königsberg in der Nacht zum 27. August 1944 folgte am 30. August in der Zeit von 1 bis 2 Uhr ein besonders schwerer Terrorangriff. Die Bomben fielen in geschlossenem Teppichabwurf. Der Schwerpunkt des Angriffs lag hauptsächlich auf dem Stadtkerngebiet, das – von geringen Ausnahmen abgesehen – in allen seinen Teilen vernichtet ist. Das zerstörte Gebiet hat einen gleichmäßigen Durchmesser von drei Kilometern. Von Verwaltungs- und sonstigen öffentlichen Gebäuden sind total beschädigt Oberpräsidium, Regierung, Kreisleitung, Finanzamt, Reichsbank, Reichsbahndirektion, Börse (Gauwirtschaftskammer), Haus der Arbeit, Deutsche Bank, Landesbank, Bank der Ostpreußischen Landschaft, Dresdner Bank, Stadtsparkasse, neun Kirchen, darunter der Dom mit dem Kantgrab und die Schloßkirche, die Universität, das Schloß mit sämtlichen Museen und dem Oberlandesgericht, das Opernhaus und die alte Universität.[253]

Das im Roman aufgegriffene Thema wird zusätzlich durch zwei Fotos und eine Illustration hervorgehoben, was in den bisherigen Romanen nie vorgekommen

252 Beyersdorf, Herman Ernst: *Erinnerte Heimat*, S. 187.

253 Surminski, Arno: *Sommer vierundvierzig…*, S. 312. Hermann Ernst Beyersdorf zitiert diesen Abschnitt als Beispiel des vom Schriftsteller Surminski häufig angewandten Stilmittels der Montage: vgl. Beyersdorf, Herman Ernst: *Erinnerte Heimat*, S. 95.

war. Die beiden Fotografien stellen die Hauptstadt Ostpreußens vor (S. 45) und nach der Zerstörung (S. 323) dar, die Illustration enthält dagegen die gegenwärtige Landkarte des nördlichen Teils des ehemaligen Ostpreußens. Alle drei Bilder ergänzen den literarischen Inhalt des Romans und bringen den im Buch thematisierten Untergang der ostpreußischen Provinz zum Ausdruck.

Mit *Sommer vierundvierzig* verfolgt der Schriftsteller grundsätzlich zwei Ziele. Er will in erster Linie das Ausmaß der Kriegsschäden in Königsberg thematisieren, was im weiteren Sinne als sein Kommentar zum Problem „Inferno Dresden" interpretiert werden kann, das von Hubert Orłowski für einen der drei wichtigsten Schwerpunkte der deutschen Nachkriegsliteratur angesehen wird.[254] Die von den Alliierten unternommenen Bombenangriffe brachten tausende Opfer bei der deutschen Zivilbevölkerung mit sich. Interessanterweise stoßen die Versuche, dieses Thema ans Licht zu bringen und somit auch auf das deutsche Leid aufmerksam zu machen, oft auf scharfe Kritik und Vorwürfe, es sei eine Relativierung der Geschichte, wo sich die Täter als Opfer zeigen wollen. Erinnert sei an dieser Stelle an das Buch *Der Brand* von Jörg Friedrich[255] aus dem Jahre 2002, das sich mit den Bombenangriffen auf die deutschen Städte zur Zeit des Zweiten Weltkrieges auseinandersetzte und heftige Diskussion nicht nur in Deutschland hervorgerufen hatte. *Sommer vierundvierzig* beschreibt am Beispiel einer Stadt die furchtbare zerstörerische Kraft der Teppichbombardements. Auch in anderen Werken erinnert der Schriftsteller an diese Periode des Zweiten Weltkrieges. In *Jokehnen* werden Bombardierungen von Köln (S. 166) und Königsberg (S. 236) erwähnt. In *Vaterland ohne Väter* erfährt der Leser über den Luftangriff auf Hamburg, infolgedessen eine der Romanfiguren ums Leben kam. Arno Surminski vermeidet keine Themen, auch nicht die unbequemen, kontroversen, strittigen. Er schreibt über alle möglichen Aspekte des Nationalsozialismus und des Zweiten Weltkrieges, wobei weder Holocaust noch Polenfeldzug, noch die Leiden der Deutschen verschwiegen, ausgeschmückt, bagatellisiert oder verfälscht werden.[256]

254 Vgl. Orłowski, Hubert: *Von ungleichwertiger Deprivation*, S. 118.

255 Friedrich, Jörg: *Der Brand*. Propyläen Verlag. Berlin 2002.

256 In einem Interview mit Herman Ernst Beyersdorf erklärte der Schriftsteller eine der Absichten des Romans: „Natürlich liegt in dem Kapitel über die Zerstörung Königsbergs ein Vorwurf an die, die die Zerstörung vorgenommen haben. Dazu stehe ich auch. Ich halte die Art, wie die Alliierten kurz vor Kriegsende Dresden, Würzburg, Königsberg, Hildesheim und Paderborn eingeäschert haben, schon für sehr menschenverachtend": Beyersdorf, Herman Ernst: *Erinnerte Heimat*, S. 184.

Darüber hinaus wird im Roman der große Unterschied zwischen den Kriegsfolgen in der Stadt Königsberg und anderen ostpreußischen Gebieten hervorgehoben. Der in *Jokehnen* oder *Grunowen* geschilderte Krieg erscheint als wenig spürbarer Konflikt, der bis zur Zeit der Flucht und Vertreibung keinen besonderen Eindruck auf das Leben der Einheimischen ausübt, in *Sommer vierundvierzig* lassen sich hingegen die Kriegsfolgen schon am 22. Juni 1941 beobachten.[257] Die Stadteinwohner sehen „immer mehr Verwundete und Amputierte"[258], die zum festen Bestandteil des Stadtbilds werden. „Auch die zahlreichen Toten, die keineswegs so anonym wie in den anderen Werken bleiben, sind in *Sommer vierundvierzig* ein zunehmend wichtiger werdender Diskussionsgegenstand der Figuren".[259] Der tägliche Umgang mit sichtbaren und greifbaren Anzeichen des vernichtenden Krieges bewirkt zusätzlich, „dass die Bevölkerung vom grausamen Ende des Zweiten Weltkrieges gar nicht so überrascht ist wie die in Jokehnen oder Grunowen".[260] Unter der Bevölkerung verbreiten sich auch die Gerüchte von den Verbrechen der Roten Armee, darunter auch von vielen Vergewaltigungen an kleinen Mädchen, die keineswegs bagatellisiert werden. Sogar die positive Erinnerung an die christlichen Kosaken aus dem „menschlichen" Ersten Weltkrieg ist für die Königsberger kein Grund mehr, auf ein gutes Ende zu hoffen.[261]

Sommer vierundvierzig ist ein Roman, der ausdrücklich zeigt, dass nicht das ganze Gebiet von Ostpreußen vom Kriegsgeschehen weit entfernt war. Es ist ein Werk, das einen tragischen Ausschnitt der Geschichte Deutschlands zum Gegenstand der Erwägungen macht, schließlich ist es als ein literarischer Bericht über das tragische Schicksal einer Stadt zu interpretieren, in dem die historische Wahrheit bei der Schilderung der Vorkommnisse vorrangig ist.

---

257 Vgl. Metzger, Simone: *Verlusterfahrung und literarische Erinnerungsstrategie*, S. 284: „Während in den Dörfern bis auf wenige kriegsrelevante Indikatoren bis weit in das Jahr 1944 vergleichsweise wenig vom Zweiten Weltkrieg zu spüren ist, sind Stadtbild und -leben in Königsberg, Surminskis einzigem städtischem Raum, deutlich geprägt von dem sich verschärfenden Kriegsgeschehen in Ostpreußen".

258 Ebd. S. 285.

259 Ebd. S. 285.

260 Vgl. Metzger, Simone: *Verlusterfahrung und literarische Erinnerungsstrategie*, S. 288.

261 Surminski Arno, *Sommer vierundvierzig…*, S. 334.

4.3 Der Krieg gegen die Sowjetunion

Der am 24. August 1939 unterzeichnete deutsch-sowjetische Nichtangriffspakt, der im polnischen Sprachgebrauch weniger euphemistisch als „vierte Teilung Polens" bezeichnet wird, machte zwei Mächte zu Verbündeten. Die Entscheidung Hitlers, den Pakt mit dem Erzfeind Stalin zu unterzeichnen, ergab sich unter anderem aus Angst, die Sowjetunion könnte sich auf die Seite des angegriffenen Polens im September 1939 stellen und somit zum Verbündeten des Landes an der Weichsel werden.[262] Der Führer brauchte nur eine Garantie, dass die Sowjets den geplanten Blitzkrieg gegen Polen nicht verhindern. Außerdem wollte er in den ersten Kriegsetappen keinen Krieg an der West- und Ostfront zugleich führen. Es war aber ein offenes Geheimnis, dass das Dritte Reich früher oder später auch der Sowjetunion den Krieg erklärt. Abgesehen von den Plänen Hitlers, die auch Stalin sehr gut bekannt gewesen waren, bildeten die Jahre 1939–1941 für die beiden Staaten einen Zeitraum von großer Bedeutung, indem sich die beiden auf den unvermeidlichen Krieg vorbereiten konnten. Für Ostpreußen waren es die Jahre von Frieden, Ruhe und Stille, weil in dieser Zeit doch keine russischen Bomben auf die ostpreußische Erde fielen. Der 22. Juni 1941 bildet eine symbolische Zäsur für Ostpreußen, von diesem Tage an fingen nämlich die russischen Bombenangriffe auf Königsberg an. An diesem Tage begann der Untergang der ostpreußischen Provinz, obwohl die ersten siegreichen Schlachten der Wehrmacht gegen die Rote Armee auf die kommende Katastrophe nicht hindeuteten.

Im Roman *Grunowen* zeigt Arno Surminski, wie unterschiedlich der 22. Juni wahrgenommen wurde. Je nach der Betrachtungsweise ist die Rede von „Rußlandfeldzug", „Überfall Deutschlands auf die Sowjetunion", „Rußlandkrieg", „Schlacht im Osten", „Anfang des Krieges zwischen Deutschland und der Sowjetunion", „Überfall der Faschisten auf die Sowjetunion", „Beginn des Unternehmens Barbarossa" und „Überfall Hitlers auf die Sowjetunion".[263] Surminski schildert also alle möglichen Perspektiven, deren Vertreter an der Konnotation der einzelnen Bezeichnungen eines und desselben Ereignisses leicht erkennbar sind. In *Grunowen* findet der Leser keine ausführlichen Informationen über die

---

262 Bevor der Ribbentrop-Molotow-Pakt unterzeichnet worden war, versuchte das Dritte Reich Polen auf seine Seite zu ziehen. Nachdem jedoch die mit Polen verbundenen Pläne Hitlers gescheitert waren, wurde er gezwungen, einen Nichtangriffspakt mit der Sowjetunion zu schließen, was verhängnisvolle Konsequenzen für das Land an der Weichsel hatte. Mehr zu diesem Thema: Zychowicz, Piotr: *Pakt Ribbentrop-Beck*. Rebis. Poznań 2013.

263 Surminski, Arno: *Grunowen*... S. 242.

einzelnen Phasen des Russlandfeldzugs. Nur an manchen Stellen werden mehr oder weniger bedeutende Episoden des Kriegs gegen die Sowjetunion erwähnt. Viel anders ist es im Falle der Romane *Jokehnen* und *Vaterland ohne Väter*.

In seinem Erstlingswerk schildert Surminski verschiedene Reaktionen auf den 22. Juni 1941. Bevor aber der Fall Barbarossa in Gang gesetzt wurde, gab es eindeutige Anzeichen, dass in Kürze ein neuer Krieg beginnt. Obwohl durch „das verträumte Masuren, durchs Ermland, durch die Elchniederung und über die Memel hinaus"[264] die deutschen Soldaten marschieren, spekulieren die Einheimischen über die eventuellen Gründe der so großen Mobilisation der Armee. Besonders auffallend ist der Unglaube daran, dass Hitler seine Armee an der nächsten Front einsetzen könnte. Der Krieg gegen die Sowjetunion brach nämlich schon nach dem Polenfeldzug, dem Frankreichfeldzug, der Luftschlacht um England sowie nach dem Beginn des Afrikafeldzugs aus, sodass die fantastischen Ideen der Jokehner von ihrer grenzenlosen Naivität zeugen. Karl Steputat glaubt an die Vernunft des Führers:

> Ich glaub nicht, da es Krieg gibt, behauptete Steputat. Das haben wir nicht nötig, das macht der Führer nicht. Nur wenn der Russe angreift.[265]

Inspektor Blonski, einer der zwei überzeugten Nazis in Jokehnen und vorbildlicher Propagandist hatte dagegen „die phantastischste aller Ideen, die jeden zufriedenstellte: Das befreundete Rußland gestattete den deutschen Soldaten den Durchmarsch, um England in Persien und Indien zu schlagen".[266] Am Beispiel der beiden Figuren wird totales Unverständnis der Vorkommnisse unterstrichen, das zusätzlich durch die von Inspektor Blonski verbreitete Propaganda untermauert wird. Bei der Beschreibung der ersten Kriegstage gegen die Sowjetunion ironisiert Surminski auch über die gegen Osten voranmarschierenden Wehrmachtsoldaten sowie Millionen Menschen, die dem Vormarsch zuschauten:

> Die marschierenden und die zuschauenden Millionen vertrauten allein dem einen, der diesen Marsch befohlen hatte. Das Adolfche würde seine Sache schon gut machen. Millionen bauten nicht mehr auf den lieben Gott, sondern auf die Anständigkeit eines einzigen Mannes. So einfach war das.[267]

---

264 Surminski, Arno: *Jokehnen…*, S. 107.
265 Ebd. S. 108.
266 Ebd. S. 108.
267 Ebd. S. 108.

Der Schriftsteller spottet wieder über Adolf Hitler, der als begabter Rattenfänger dargestellt wird, von dessen Pfeifenklang sich Millionen Menschen hinreißen ließen. Gleich danach bedient sich Surminski einer großartigen Metapher, die einerseits die Psyche des Führers erforscht und die Triebe aufzeigt, nach denen er sich bei der Entscheidung gerichtet hat, seine Armee in den Osten zu schicken, und andererseits auch die Prophezeiung des künftigen Untergangs des Unternehmens Barbarossa darstellt:

> Sie hat ihm, dem Mann aus Braunau, nicht gefallen, diese Weite Ostpreußens, in der Marschtritte echolos verwehten. Das erschien ihm alles zu slawisch, zu verkommen, zu geschichtslos. Sein Herz stand ihm nach Süden, Westen und Norden, nur der gequälte Verstand zwang ihn, im Osten die Erde aufzuwühlen und in die ungewohnte Weite zu marschieren. Es war nur eine Frage des Echos. Dieser Mann des Südens kannte den langen Weg des Echos in den östlichen Weiten nicht. Und so schrie und schrie er Millionen Menschen in den Osten hinaus und horchte vergeblich auf eine Antwort.
> Oh, das Echo hatte einen langen Weg, aber als es zurückkehrte, zersprangen manche Ohren.[268]

Diese Worte haben natürlich einen symbolischen Charakter, mit dem die Unkenntnisse des Führers in Bezug auf die östlichen Gebiete, nicht nur die von Ostpreußen, sondern vielmehr die weit in der Sowjetunion gelegenen Landteile, unterstrichen werden. Heute wissen wir, dass der Angriff auf die Sowjetunion einer der größten Fehler Hitlers war, der nach dem Winterkrieg 1941/1942 zu seinem Verhängnis wurde. Der Führer wird als „Mann des Südens" geschildert, der die Sowjetunion unter allen Aspekten unterschätzte und einen bitteren Preis für diesen Fehler bezahlen musste. Der wahnsinnige Russlandfeldzug war von Anfang an zum Scheitern verurteilt und weil ihn so viele russische Bürger mit ihrem Leben hatten bezahlen müssen, war die Reaktion der Rotarmisten umso verheerender.

Nachdem sich die Gerüchte bewahrheitet hatten und der Krieg gegen die Sowjets bestätigt worden war, „schienen alle ratlos zu sein".[269] Heinrich aus Masuren „hatte es die Sprache verschlagen" und der kleine Hermann „hatte das Gefühl, etwas Schlimmes sei geschehen".[270] Als Hermann seinen Vater fragte, ob die Deutschen den neuen Krieg angefangen hätten, bestätigte Steputat nochmals seine Ignoranz: „Wenn wir angefangen haben, hatte der Führer sicher einen wichtigen Grund".[271] Der historischen Wirklichkeit zufolge erinnert Surminski

268 Ebd. S. 108.
269 Ebd. S. 114.
270 Ebd. S. 114.
271 Ebd. S. 115.

an die ersten Erfolge der deutschen Armee an der russischen Front: an die Besetzung von Wilna, als infolge der Schlacht 25.000 Soldaten gefangen genommen wurden (S. 116), sowie an die Schlacht um Kiew im September 1941 (S. 127). Die nächste Konsequenz des Zweiten Weltkrieges ist direkt mit dem frostigen Winter 1941/42 verbunden und spiegelt sich in der Notwendigkeit wider, Wintersachen für die weit im Osten kämpfenden Soldaten zu sammeln. Surminski zitiert die Beschlüsse der berühmten „Verordnung des Führers zum Schutz der Sammlung von Wintersachen für die Front“:

> Die Sammlung von Wintersachen für die Front ist ein Opfer des deutschen Volkes für seine Soldaten. Ich bestimme daher: Wer sich an gesammelten oder von Verfügungsberechtigten zur Sammlung bestimmten Sachen bereichert oder solche Sachen sonst ihrer Verwendung entzieht, wird mit dem Tode bestraft.[272]

Aus dem Roman erfährt der Leser sehr genau, welche Waren besonders begehrt waren: Ohrenklappen, Pelzmützen, Handschuhe, Pulswärmer, gefütterte Stiefel. Alle Dorfbewohner machen mit, Steputat und Heinrich aus Masuren arbeiten sogar bis spät in die Nacht. Niemand wird für die selbstlose Arbeit belohnt, alles wird „allein für die gute Sache“ gemacht. „Nachdem die Sammelleidenschaft ausgebrochen war, nahm sie kein Ende mehr“.[273] Es werden Kleidungsstücke gesammelt, denn „an Lumpen für den Endsieg sollte es nicht fehlen“, außerdem werden auch Altpapier und Alteisen aufgetrieben.[274]

Ein anderes Resultat des im Osten geführten Krieges, das sich auf den Jokehner Alltag unmittelbar auswirkt, sind dreißig russische Gefangene, die als ausgehungerte Männer von ungepflegtem Äußeren dargestellt werden. Sie wecken sofortige Assoziationen mit den Kosaken aus der Zeit des Ersten Weltkrieges, wobei der Zustand der Rotarmisten viel miserabler als der von Kosaken ist:

> Die ersten Russen in Jokehnen! Lange, zerfranste Mäntel ohne Gürtel. Wattierte Mützen (…) Die Wittkunsche wunderte sich, daß sie normalen Menschen ähnlich sahen. Aber die Markowsche fand, sie wären nicht viel anders als die Kosaken, die im August 1914 die Pflaumenbäume geschüttelt hatten. Rot an dieser Roten Armee waren nur die frostigen Nasen.[275]

Die Russen sind in den Augen der Einheimischen etwas Unbekanntes, sogar Exotisches. Die an bequemes Leben gewöhnten Dorfbewohner, denen die Schrecken des Krieges bis dahin im Grunde genommen erspart geblieben sind und die

272 Ebd. S. 135.
273 Ebd. S. 135.
274 Ebd. S. 136.
275 Ebd. S. 137.

sich in ihrer Denkweise nach völlig anderen Kategorien als die neuen Ankömmlinge richten, sind zutiefst verwundert, dass man so aussehen und sich so verhalten kann. Die Jokehner beobachten die sowjetischen Soldaten mit unglaublicher Neugierde und verstehen gar nicht ihre Verhaltensweise. Sie sind äußerst schockiert, als der Wachposten Blonski auf einen der Gefangenen zuging, eine Rübe mit dem Bajonett spaltete und die Gefangenen heranwinkte. „Das hatte Jokehnen noch nicht gesehen. Da stürzten sich dreißig Männer auf die Jokehner Rüben, kratzten den Dreck mit den Händen ab und die Schale mit den Zähnen", denn sie haben einfach „seit gestern abend nichts gegessen".[276] Anfangs spüren die Jokehner Angst vor den neuen Ankömmlingen, eine Frau behauptet, sie seien vielleicht Raubtiere oder Untermenschen.[277] Schnell hat es sich jedoch erwiesen, dass sie eigentlich gutmütige und harmlose Menschen sind, sie „freuten sich über jedes Stück Fleisch. (…) Waren zufrieden mit den Gerichten, die ihr eigener Koch aus Steckrüben, Kartoffeln, Schweinebohnen, Kohl und Erbsen zusammenrührte".[278] Sie zeigten sich auch als unglaublich arbeitsame Kerle, die den Dorfbewohnern beim Dreschen und Schneeräumen halfen. Bei der Arbeit waren sie unermüdlich und zeichneten sie sich durch unglaublichen Eifer und Fleiß aus: „Noch nie war Jokehnen so schneefrei geschippt worden wie in diesem Winter. Sie wühlten sich durch die Schneewehen auf der Angerburger Chaussee, schaufelten alles in den Graben, legten sogar den Fußweg über den Anger zum Bürgermeister frei".[279] Die Kinder belustigten sie mit einer Schneeballschlacht, die sie auf dem Schulhof entfesselten.[280] Durch alle ihre Aktivitäten, ständiges Lächeln, Dankbarkeit und Unberechenbarkeit gewannen die Russen schnell die Sympathie der Jokehner. Als Kämmerer Mikoteit erfahren hatte, dass die „Himmelhunde" unter dem Mantel nur ein Hemd haben, brachte er ein Bündel Felle zu Steputat und schlug vor, man könnte daraus Pelzwesten nähen. Er sagte: „Die armen Teufel sind auch Menschen. (…) Die können nichts dafür, daß sie den Bolschewismus haben".[281] Auch der kleine Hermann beginnt zu verstehen, dass die Russen gar nicht so schlimm sind, wie es ihnen oft vorgeworfen wird. Er wundert sich, „wie man solche Menschen totschießen kann. Aus der Nähe sieht

276 Ebd. S. 138.
277 Ebd. S. 139.
278 Ebd. S. 139.
279 Ebd. S. 139.
280 Ebd. S. 139.
281 Ebd. S. 140.

alles so viel menschlicher aus. Die fernen Ideen sind es, die die Menschen dazu bringen, einander umzubringen. Die Ideen machen die Welt bösartig".[282]

Eine Erinnerung an die russischen Gefangenen findet sich auch im Roman *Grunowen*, wo die insgesamt fünfundzwanzig Russen für das Gut Grunowen arbeiteten, indem sie hauptsächlich beim Torfstechen mithalfen. Ähnlich wie in *Jokehnen* erweisen sie sich als arbeitsame Menschen. „Ohne sie wäre die Ernte 1944 nicht eingefahren worden, hätte es keinen Brenntorf als Deputat gegeben".[283] Die Anwesenheit der russischen Gefangenen in Ostpreußen spielte eine enorm große Rolle für die ansässige Bevölkerung. Sie ersetzten nämlich die an die Kriegsfronten geschickten Männer und gerade durch ihre Arbeit war es vielerorts möglich, die scheinbar ruhigen, in Wirklichkeit jedoch sehr schwierigen Kriegsjahre zu überstehen. Das von Surminski gezeichnete Bild der russischen Gefangenen zeigt eindeutig, dass sie auch Menschen sind, was auch die Einwohner von Jokehnen oder Grunowen sehr schnell erkennen. Die Schilderung der lustigen, fleißigen, hilfsbereiten, witzigen und ständig lächelnden Russen steht außerdem im Kontrast zum Bild ihrer Landsleute, die auf ostpreußische Gebiete 1945 einmarschierten. Die auf Kontrast beruhenden Vergleiche sind für die Werke von Surminski kennzeichnend. Der Schriftsteller greift oft zu unterschiedlichen Gegensätzen, anhand deren die entsprechenden Aspekte hervorgehoben werden. Die Gegenüberstellung des Ersten Weltkrieges mit dem Zweiten, der Zarensoldaten mit den Rotarmisten, der russischen Gefangenen mit den russischen Soldaten im Jahre 1945 – das sind nur einige Beispiele der literarischen Strategie, die auf meisterhafte Art und Weise zeigt, wie leicht und wie schnell die Rollen wechseln und Herren zu Untertanen, Jäger zu Gejagten werden können.

Auf den weiteren Seiten des Romans *Jokehnen* werden die nächsten Kriegsphasen beschrieben, die immer schlimmere und auch für die Bevölkerung des Dorfs spürbare Konsequenzen nach sich ziehen. Mit Genauigkeit eines Chronisten notiert Surminski die wichtigsten Daten von der West-, Ost- und Südfront, die in chronologischer Reihenfolge erwähnt werden. Weil infolge des frostigen Winters immer mehr deutsche Soldaten an der Ostfront fielen, mussten die Gefallenen mit neuen Kräften ersetzt werden, was sich als sehr schwierig erwies, da in Jokehnen nur Kinder und ältere Männer geblieben waren (S. 145). Es wird daran erinnert, dass Adolf Hitler den Vereinigten Staaten den Krieg erklärte, worauf Onkel Franz mit Zorn reagiert: „Der Hitler ist wohl verrückt geworden!".[284] Nach dem Eintritt der USA in den Zweiten Weltkrieg prophezeit

282 Ebd. S. 222.

283 Surminski, Arno: *Grunowen*…, S. 244.

284 Surminski, Arno: *Jokehnen*…, S. 146.

der Major im Frühling 1942 die künftige Niederlage Deutschlands, die er mit unglaublich großer Stärke der Amerikaner begründet: „Diesen Krieg haben wir verloren. (…) Wir siegen nicht mehr, es hat nur noch niemand gemerkt".[285] In demselben Gespräch mit Karl Steputat drückt er auch eine Vorhersage der aus dem Osten kommenden Rache der künftigen Sieger aus: „Wenn im Osten der Rückzug beginnt, werden die besetzten Gebiete ungemütlicher sein als die Front. Sie werden dem kleinen Blonski den Bauch aufschlitzen".[286] Erwähnt werden die Bombardierung von Köln (S. 166) und Königsberg (S. 236) sowie der Verrat vonseiten Italiens (S. 203). Surminski schildert Berichte der Urlauber von der Ost- und Westfront sowie die Stimmung, die die Nachrichten begleitete (S. 214–215). Die Fronturlauber reden nicht mehr von immer neuen Siegen, sondern vom planmäßigen Rückzug. Sie erzählen von gefrorenen Leichenhügeln vor den deutschen Stellungen und unzähligen Russen, die über diese Berge kletterten und auf die deutschen Maschinengewehre zustürmten.[287] Die Berichte von der Westfront waren weniger blutrünstig, die Westurlauber „kannten die Gerüchte über neue Waffen, Invasionen, unheilbare Krankheiten des Führers, sie gaben die Aussprüche berühmter Generäle wieder, die diese oder jene Stelle unbedingt halten wollten".[288] Verschiedene Nachrichten werden von den Jokehnern unterschiedlich empfangen. Wichtig sind für sie nur solche Begebenheiten, die das Leben in Ostpreußen beeinflussen können. Die Ostfront hat Vorrang, weil es gerade von dortigen Kampfresultaten abhängt, was mit den Einheimischen in Zukunft passiert. Alles andere scheint ihnen gleichgültig zu sein: „Afrika war gefallen! Aber das bedeutete nicht viel: Afrika, Süditalien, der Atlantikwall. Für Ostpreußen zählte, was im weiten Raum östlich der Memel geschah".[289]

Alles wird also fast wie in einem Lehrbuch für Geschichte beschrieben. Der Schriftsteller erwähnt präzise die bedeutendsten Ereignisse von den wichtigsten Kriegsschauplätzen, wodurch sich die Stimmung des Romans allmählich ändert. Die anfangs beschriebene, aus der Abgeschiedenheit Ostpreußens resultierende Ruhe wird Schritt für Schritt durch immer weitere beunruhigende Nachrichten gestört. Mit den einzelnen Kriegsetappen verändert sich auch die Denkweise der Jokehner, auf die die verlogene Propaganda einen immer kleineren Einfluss ausübt. Das Denken der Dorfbewohner wird selbstständiger, immer mehr

285 Ebd. S. 151.
286 Ebd. S. 152.
287 Ebd. S. 214.
288 Ebd. S. 215.
289 Ebd. S. 216.

Menschen sind fähig, den beispiellosen Wahnsinn des Krieges wahrzunehmen und die damit verbundene Gefahr zu verstehen.

Die in *Jokehnen* enthaltene Schilderung der Frontereignisse basiert auf unterschiedlichen Berichten, die hauptsächlich über den Rundfunkt erstattet werden, wie auch auf Erzählungen der deutschen Soldaten, die von der Front ins Dorf auf Urlaub geschickt werden. Die Vorkommnisse an der Front stehen dabei im Hintergrund, während der Alltag im ostpreußischen Dorf in den Vordergrund rückt. Genau dreißig Jahre nach dem Roman *Jokehnen* ist das Werk *Vaterland ohne Väter* erschienen, in dem der Zweite Weltkrieg im Unterschied zu den früheren Romanen Surminskis aus der Perspektive der Front dargestellt wird.[290] Im Werk lassen sich drei Erzählebenen unterscheiden, die auf unterschiedliche Zeiten zurückgehen. Die erste umfasst die Gegenwartsebene (Januar 2003 – Januar 2004), die zweite und die dritte beziehen sich dagegen auf die Vergangenheit, wobei eine davon die erste Phase des Russlandfeldzugs thematisiert (vom 22. Juni 1941 bis zur Niederlage bei Stalingrad im Jahre 1943) und die andere eine Reminiszenz an den Russlandfeldzug Napoleons im Jahre 1812 darstellt. Das Werk ist 2004 erschienen, fünf Jahre danach, als der Schriftsteller vom Suchdienst des Deutschen Roten Kreuzes eine Mitteilung erhalten hatte, nach der sein Vater im Mai 1945 und seine Mutter im Juni 1946 in einem sowjetischen Lager in Tschuwaschien an der Wolga verstorben ist.[291] Den Ausgangspunkt der Handlung bildet die Gestalt von Rebeka Lange, geborener Rosen, die nach den Spuren ihres an der Front gefallenen Vaters sucht. In diesem Buch wimmelt es von verschiedenen Texten, von denen alle den Eindruck der Authentizität machen, sehr oft jedoch literarische Fiktion sind. Die literarische Fiktion wird mit der historischen Wirklichkeit so stark vermischt, dass Mirosław Ossowski das Werk einen Dokumentarroman[292] nennt und Herman Beyersdorf es als einen dokumentarischen Roman[293] bezeichnet.

Über das Schicksal der an der Ostfront eingesetzten Wehrmachtsoldaten erfährt der Leser aus den Briefen der Soldaten, die von der Front nach Hause schreiben. Dazu gehören ein Kolonialwarenhändler aus Münster (Walter Pusch), ein Barkassenführer aus Hamburg (Heinz Godewind) und schließlich Robert Rosen, Sohn eines Bauern aus dem ostpreußischen Dorf Podwangen,

290 Vgl. Ossowski, Mirosław: *Literatura powrotów – powrót literatury*, S. 102

291 Vgl.: Einleitung des Schriftstellers zur Erzählung *Karaganda*. In: *Flucht und Vertreibung. Europa zwischen 1939 und 1948*, S. 220.

292 Ossowski, Mirosław: *Arno Surminski und der europäische Osten*, S. 216.

293 Beyersdorf, Herman Ernst: *Das kleine Dorf und der große Krieg. Arno Surminskis Roman „Vaterland ohne Väter"*, S. 600.

der Vater von Rebeka Lange. Herman Beyersdorf schreibt über den ersten, er sei ein typischer Vertreter des Kleinbürgertums, das in seiner Gesamtheit wohl am anfälligsten für die NS-Ideologie gewesen sei.[294] Interessanterweise assoziiert der Forscher diese Gestalt mit dem Kolonialwarenhändler Alfred Matzerath aus dem Roman *Die Blechtrommel*, was die These über die kleinbürgerliche Herkunft des typischen NS-Mitläufers bestätigen kann.[295] Der Kolonialhändler ist von der NS-Politik stark begeistert, kurz nach dem Ausbruch des Kriegs gegen die Sowjetunion bringt er seinen Antisemitismus zum Ausdruck: „Viele Gefangene werden ja nicht gemacht, das frühere Litauen ist stark verjudet, da gibt es kein Pardon“ (S. 65). In seinen Worten sind die typischsten Merkmale der nationalsozialistischen Rhetorik zu finden, die sich so oft auf Tapferkeit und andere Tugenden der Deutschen berief:

> Euch in der Heimat kann ich nur zurufen: Habt keine Angst, der Sieg ist unser! Es ist großartig, so etwas erleben zu dürfen, trotz der Strapazen, die wir ertragen müssen. (S. 69)

Sein Glaube an den Führer ist grenzen- und bedingungslos. Die nach der Niederlage von Stalingrad geäußerten Worte zeugen von unermesslicher Blindheit und Naivität: „Wir glauben alle, Rußland wird in diesem Jahr zusammenbrechen. Gestern die Goebbels-Rede aus dem Sportpalast gehört. Auch die hat Mut gemacht.“ (S. 429). Die Haltung von Heinz Godewind ist dagegen viel kritischer. In einem der Briefe warnt er seine Frau vor der Roten Armee und spricht eine Vorhersage für nahe Zukunft aus:

> Sollte sich das Kriegsglück einmal wenden und die Rote Armee bis nach Deutschland vordringen, müßt ihr fliehen, so schnell Ihr könnt, denn es wird furchtbar werden. Und behandelt die Kriegsgefangenen gut. (S. 403)

Die Geschichte des dritten Kameraden, Robert Rosen, ist für Rebeka Lange von größter Bedeutung. Eine wichtige Informationsquelle stellt das Tagebuch von Robert Rosen dar. Die langsame Entdeckung der Schicksale ihres Vaters bereitet Rebeka ausgesprochen große Angst. Sie befürchtet vor allem, sie könnte bei der Recherche auf irgendwelche Informationen über die verbrecherischen Untaten ihres Vaters stoßen. Während der ganzen Recherche begleitet Rebeka die Hoffnung darauf, dass sich ihr Vater zur Kriegszeit keine schändlichen Gräueltaten zuschulden kommen ließ. Im Tagebuch ihres Vaters findet sie eine Eintragung

294 Ebd. S. 597.
295 Ebd. S. 597.

vom 6. Juli 1941, vom Tag also, an dem das Massaker von Tarnopol geschehen sein soll:

> Am Rande einer Stadt machen wir Quartier. Ich bummele durch die trostlosen Straßen und wundere mich über den Gestank. Viele Menschen wandern zum Friedhof, es soll da eine große Beerdigung stattfinden. Ich gehe auch hin und werde fast erschlagen von dem Anblick. Am Friedhofszaun liegen in einer langen Reihe ermordete Juden und Russen. Fast allen Toten sind die Kleider vom Leib gerissen. (...) Es sollen über dreihundert Tote sein. Wen die Frauen nicht erkennen können, der wird in Massengräbern, drei übereinander, verscharrt. Ich halte es nicht mehr aus und laufe fort, unterwegs kommen mir die Tränen. (S. 80)

Mit welcher Erleichterung liest sie diese Worte, sie sind für sie ein Beweis dafür, dass Ihr Vater kein Verbrecher gewesen war:

> Und mein Vater ist dabei gewesen, nicht als Täter, sondern als Zuschauer. Er hat geweint, ein Soldat in feldgrauer Uniform steht vor dreihundert nackten Leichen und weint. (S. 80)

Diese Erfahrung bringt sie beinahe von der Fortsetzung ihrer Recherche ab:

> Ich wünsche nur, daß mein Vater nichts angerichtet hat. Zum ersten Mal kommt mir der Gedanke, alle Papiere in die Kiste zu werfen und aufzuhören, ihm nachzuspüren. Ich möchte keine Texte finden, die mir weh tun. Lieber Schluß machen, solange die Welt noch schön ist, mein Vater unter einem Baum sitzt, über wogende Kornfelder blickt und Mundharmonika spielt. (S. 82)

Robert Rosen ist Sohn eines ostpreußischen Bauern. Seine Herkunft trägt dazu bei, dass er sich auf dem Weg gen Osten auf andere Bilder konzentriert als der von der Nazi-Ideologie besessene Walter Pusch oder der kritische Beobachter Heinz Godewind. Seine Aufmerksamkeit ziehen anfangs die russischen Äcker und Bauernhöfe, die er mit denen in Ostpreußen vergleicht. Im Laufe der Zeit rücken jedoch andere Bilder in den Mittelpunkt seiner Aufmerksamkeit. Immer mehr Tote liegen herum, der allgegenwärtige Tod wird für ihn und seine Kameraden zum festen Bestandteil des Alltags. In Tarnopol sieht er unzählige verfaulende Leichen. Nach der Schlacht von Charkow beschreibt er seine Gefühle: „Tote, weiter nichts als Tote. Fühle mich zum Kotzen. Wundere mich, wie leicht es ist, so viele Menschen umzubringen“ (S. 370).

Am Beispiel aller drei Kameraden schildert Surminski einerseits, wie individuell die Betrachtungsweise des Kriegsgeschehens aus der Perspektive der Front gewesen war, andererseits betont der Autor, dass den Soldaten das gleiche Schicksal zugestoßen war, unabhängig von ihren Weltanschauungen, Beruf oder Herkunft. Sie symbolisieren viele junge deutsche Männer,

> die aus ihrem einfachen Leben herausgerissen und direkt in den Krieg hineingezogen wurden, die innerhalb weniger Tage von Bauern zu Soldaten wurden und von denen die Oberbefehlshaber verlangten, für eine Sache zu kämpfen, von der sie keinen blassen Schimmer hatten, all dies, um letzten Endes an der Front zu sterben.[296]

Im Laufe der Recherche von Rebeka werden immer neuere Fakten über die Ostfront angegeben. Die Wehrmacht stößt auf die gleichen Hindernisse wie die Soldaten Napoleons im Jahre 1812. Die Parallelen zwischen den beiden Kriegen sind nicht zu übersehen. „Anfangs sind die meisten vom Angriff stark begeistert, sie hören auf die Versicherungen der Obersten Heeresleitung, nach der das Ziel immer näher ist, dann kommen der eiskalte Winter und die ersten Niederlagen".[297] Die neuen Erfahrungen beeinflussen die Stimmung der Soldaten. Die Veränderung der Einstellung lässt sich sehr genau in ihren an den Westen geschickten Briefen verfolgen. Als bestes Beispiel können die Briefe von Walter Pusch an seine Frau dienen, in denen als Ortsangabe immer das Wort Russland steht, das zusätzlich mit einem Attribut versehen wird, das wiederum die jeweilige Situation am besten wiedergibt. „Somit ist Russland anfangs sonnig, staubig und heiß, dann verwandelt es sich in ein kaltes, dreckiges, frauenloses, verwanztes, verlaustes, blutiges und brennendes Land".[298]

Die Handlung des Romans beginnt auf einer Party, auf der Rebeka Lange das Wort „Stalingrad-Kind" hört, das sich direkt auf sie bezieht, da sie am 31. Januar 1943 geboren wurde. An demselben Tage wurde ihr Vater an der Front von einer Granate zerfetzt. Das gehörte Wort ist für sie der richtige Anstoß dazu, anhand von unterschiedlichen Dokumenten den Spuren ihres Vaters nachzugehen. Stalingrad fungiert im Gedächtnis der deutschen Nation als Erinnerungsort, dem eine unglaublich große Bedeutung beigemessen wird.[299] Die Schlacht um die Stadt war eine der wichtigsten im Laufe des ganzen Zweiten Weltkrieges und entschied über den weiteren Verlauf des Konflikts. Das Ergebnis der

---

296 Łyjak, Konrad: *Arno Surminskis Vaterland ohne Väter – literarische Fiktion oder historische Dokumentation*. In: Golec, Janusz; von der Lühe, Irmela (Hrsg.): *Literatur und Zeitgeschichte. Zwischen Historisierung und Musealisierung*. Berliner Beiträge zur Literatur- und Kulturgeschichte 18. Peter Lang Verlag. Frankfurt am Main 2014, S. 106.

297 Ebd. S. 107.

298 Ebd. S. 107.

299 Dem Erinnerungsort Stalingrad schenken die Geschichtsforscher gleiche Beachtung wie die Schriftsteller. Unter den bekanntesten Titeln zum Thema der Niederlage bei Stalingrad wären u.a. Antony Beevors *Stalingrad*, Guido Knopps *Stalingrad. Das Drama* oder Theodor Plieviers *Stalingrad* zu nennen.

Schlacht besiegelte den Untergang des Dritten Reiches, von dieser Zeit an ging es nämlich nur bergab. Im Roman *Vaterland ohne Väter* wird dieses Ereignis chronologisch geschildert, thematisiert werden dabei Pläne der deutschen Oberleitung, die vergebliche und durch die NS-Propaganda geschürte Hoffnung der Soldaten auf eine schnelle Rückkehr nach Hause, die am 19. November begonnene sowjetische Gegenoffensive sowie erschütternde und entsetzliche Szenen, denen die deutschen Soldaten zuschauen. Während einer militärischen Aufklärung durchsuchen sie ein Dorf und machen folgende Entdeckung:

> Am Dorfausgang, dort, wo die Straße sich dem Flußufer zuneigt, stockte ihnen der Atem. An einem Staketenzaun hingen deutsche Soldaten wie Korngarben zur Erntezeit. Die Leiber von Bajonetten aufgeschlitzt, Stricke um den Hals gebunden, so hatte man sie an die Staketenspitzen gehängt. Nun waren sie steif gefroren und klapperten im Wind. Alle hatten weiße Haare vom Schneegriesel, die Stahlhelme lagen ihnen zu Füßen, in einigen gefrorener Menschenkot. Im Schnee gelbliche Urinspuren, als hätte ein Hund sein Bein gehoben. (…) Walter Pusch übernahm das Zählen. Er kam bis fünfundzwanzig, dann mußte er sich übergeben.
> Sie haben sie im Schlaff überrascht und alle massakriert, sagte Godewind.
> Hammerstein befahl, die Toten zu begraben. (…) Während sie schaufelten, ertönte eine Lautsprecherstimme von der anderen Seite des Flusses.
> „So werden alle Hitleristen sterben!" wiederholte sie immer wieder. Die Vorstellung endete mit einem Trauermarsch.[300]

Das Gesehene schockiert alle dermaßen, dass sogar Heinz Godewind, der bis zu diesem Zeitpunkt seine Kritik hauptsächlich gegen Hitler richtete und seine Frau aufrief, die Kriegsgefangenen gut zu behandeln, seine Einstellung völlig ändert. Er sagt nämlich, dass er ab diesem Tag keinen Russen mehr gefangen nehmen werde.[301] Wie Alexander Solschenizyn in *Archipel Gulag* oder Gustaw Herling-Grudzinski in *Welt ohne Erbarmen* zeigt auch Surminski in *Vaterland ohne Väter*, wie einfach die unmenschlichen Bedingungen das menschliche Element in einer jeden Person, auch der anständigsten, ersticken können. Der Schriftsteller wird daran noch einmal erinnern, und zwar im Roman *Kudenow*, in dem an manchen Stellen der Zweite Weltkrieg auch zurückgerufen wird. Schon nach Kriegsende zieht Mutter Marenke, eine der Hauptfiguren im Werk, kurz und bündig Bilanz der Jahre 1939–1945: „So ist der Krieg (…) Er hat alles kaputtgemacht. Er hat das Gute im Menschen zerstört".[302]

---

300 Surminski, Arno: *Vaterland ohne Väter*, S. 406.
301 Ebd. S. 406.
302 Surminski, Arno: *Kudenow…*, S. 219.

Die Schlacht um Stalingrad wurde aus einem wichtigen Grunde berüchtigt. Sie zeigte nämlich die unbegreifliche Unmenschlichkeit der sowjetischen Kriegsführung. In Erinnerung bleiben die Paare von Soldaten, von denen der eine mit Patronen, der andere mit Gewehr bewaffnet war sowie die Panzerwagen mit den NKWD-Funktionären als „Nachhut", deren Aufgabe nicht der Kampf gegen die Wehrmacht oder die Absicherung der hinteren Linie gewesen war, sondern die Erschießung aller Russen, die einen Rückzugversuch wagten. Der Vater dieser unvorstellbaren Barbarei war selbstverständlich Joseph Stalin, der im Befehl Nr. 227 unter der Parole „Keinen Schritt zurück!" die Stadt um jeden Preis halten ließ. Obwohl die Verluste auf der russischen Seite unheimlich waren, ging die Stadt nicht unter. Ein Echo dieses Wahnsinns kann man in *Kudenow* finden, als sich zwei Männer über die russische Opferzahl im Krieg unterhalten:

> Dreißig Millionen Menschen sollen die Russen in diesem Krieg verloren haben, meinte Gerhard nachdenklich.
> Das müssen die Wellen gewesen sein, die wie Vieh vor unsere Maschinengewehre gelaufen sind, erklärte Toni. Betrunken, schreiend, kaum bewaffnet. Das war kein Kampf mehr, sondern reines Schlachten.
> Wie wollen die das jemals vor ihrem Volk verantworten, die eigenen Leute so in den Tod getrieben zu haben? sagte Gerhard. Das verzeiht ihnen niemand. Die verachten die Menschen. Das einzelne Leben ist ihnen nichts wert. Nur so ist diese Schlachterei zu erklären.[303]

Die Schlacht um Stalingrad findet auch in *Jokehnen* Widerhall. Onkel Franz präsentiert sich als aufmerksamer Beobachter der einzelnen Kriegsereignisse. Er ist taub für die nationalsozialistische Propaganda und analysiert die Situation Deutschlands anhand von objektiven Angaben und nicht in Anlehnung an die Worte der wichtigsten Regimevertreter. Nach der Spartarede von Hermann Göring vom 30. Januar 1943, als die Schlacht von Stalingrad eigentlich schon entschieden wurde, spricht der Onkel vom Anfang vom Ende (S. 177). Um die finstere Stimmung nach der verlorenen Schlacht, die die Wende des Zweiten Weltkrieges einläutete, wegzujagen, greift der unersetzliche Nazi-Trotzkopf Blonski zu den nächsten sinnlosen Erklärungen, die einzig und allein auf purer Propaganda beruhen und nichts mit der Wirklichkeit gemeinsam haben. Er beruhigt die Dorfbewohner mit Worten, alles sei in Ordnung, die Front stehe, im Frühjahr würden die Deutschen wieder angreifen und dann sei es aus mit den Russen. Stalingrad sei nur ein Opfer gewesen, das Russland die letzte Kraft gekostet habe.[304] Noch bevor sich in ihm ein innerer Wandel vollzogen hatte, war

303 Surminski, Arno: *Kudenow*…, S. 277.
304 Surminski, Arno: *Jokehnen*…, S. 182.

er einfach unfähig, die Denkweise der anderen Dorfbewohner zu verstehen, die die Hoffnung auf den kommenden Sieg, für den nach wie vor alle Räder drehen, so leicht aufgegeben hatten. Er ärgerte sich sogar über Kleinigkeiten, die vor dem Hintergrund der letzten Geschehnisse an der Front einfach irrelevant waren. Er konnte den Anblick der anlässlich der Beerdigung des Majors gehissten kaiserlichen Reichskriegsfahne nicht ertragen und kritisierte die Jokehner für ihre Einstellung zum neuen Geist, „der durch Deutschland weht".[305] Die von ihm ständig wiederholten Worte vom kommenden Sieg, vom absehbaren Zusammenbruch der Roten Armee, die unrealistische Bewertung der verhängnisvollen Niederlagen – all dies zeigt, welcher Standpunkt die meisten NS-Funktionäre damals vertraten. Blonski ist somit als literarisches Spiegelbild von allen wahnsinnigen Nazis zu verstehen, die aller Vernunft zum Trotz an den Sieg glaubten. Insofern weist Inspektor Blonski viele Ähnlichkeiten mit dem Führer selbst auf, der den Bezug zur Realität verloren hatte. Der wichtigste Unterschied zwischen den beiden ergibt sich jedoch daraus, dass sich Blonski letztendlich dessen bewusst wurde, wie unbegründet, naiv und dumm seine Denkweise gewesen war, während Adolf Hitler bis zum letzten Atemzug vor dem Selbstmord in der Reichskanzlei über eine mythische Wunderwaffe redete und die Richtigkeit seiner rassistischen Politik betonte. Zum Schluss seines politischen Testaments finden sich diese berühmten Worte:

> Vor allem verpflichte ich die Führung der Nation und die Gefolgschaft zur peinlichen Einhaltung der Rassegesetze und zum unbarmherzigen Widerstand gegen den Weltvergifter aller Völker, das internationale Judentum.[306]

Mit der Niederlage in Stalingrad begann der Rückzug der deutschen Soldaten von der Ostfront, von nun an war der endgültige Untergang des Dritten Reiches nur eine Frage der Zeit. Die Nachrichten von Schauplätzen des Kriegs gegen die Sowjets hatten aus selbstverständlichen Gründen insbesondere für die Einwohner Ostpreußens eine erhebliche Bedeutung. Aufgrund der geografischen Lage ihrer Provinz befürchteten sie den Einmarsch der Roten Armee, die auf ihrem Wege nach Berlin gerade in Ostpreußen auf die ersten Feinde stoßen würde. Surminski stellt die durch Unsicherheit, Verzweiflung und Angst geprägte Atmosphäre dar, indem er die literarische Ebene seiner Werke immer wieder mit Anknüpfungen an die historischen Ereignisse durchsetzt. Außerdem bedient

---

305 Ebd. S. 186.

306 Hitler, Adolf: *Politisches Testament*. In: http://www.ns-archiv.de/personen/hitler/testament/politisches-testament.php.

er sich in seinen Werken der Montage[307], die sich in zahlreichen, in die Handlung vieler Romane eingeflochtenen Texte widerspiegelt. Nach der Meinung von Beyersdorf hat diese Strategie einen wichtigen Grund. Das Anliegen des Schriftstellers ist nämlich ein Versuch,

> die historische Authentizität seines Werkes[308] zu bekräftigen. Ob Zeitungsreportagen über die „Nemmersdorfer Leichen", die mit Reportagen über den Aufstand im Warschauer Getto scharf und bewußt kontrastiert werden, oder Bruchstücke ostpreußischer Volks- und Kinderlieder, die dann zunehmend von Nazi-Liedern und Durchhalteparolen übertönt werden, immer ist es Surminskis Absicht, nicht nur die allgemeinen historischen Ereignisse so lebensecht wie möglich darzustellen, sondern auch zu zeigen, wie das Bewußtsein der Zeit, jedenfalls der einfachen Dorfbewohner, durch diese konstant anwesende „öffentliche Meinung" beeinflußt oder sogar bestimmt wird.[309]

Die Einbeziehung der fiktiven und rein literarischen Ereignisse und Personen in eine konkrete historische Zeit betont also den realistischen Hintergrund des frei erfundenen Stoffs. Vom Anfang des Romans bis zu seinem Ende stoßen Fiktion und Wirklichkeit aufeinander, die literarische Ebene ist dabei der historischen untergeordnet, weil eben die historischen Ereignisse die Handlungen der Romanfiguren ausdrücklich determinieren und infolgedessen das Leben der literarischen Helden von der Zeitgeschichte absolut abhängig sind. So ändert sich die Stimmung der einzelnen Personen je nach den Nachrichten von der Front, wobei sie spätestens seit der Niederlage in Stalingrad immer pessimistischer wird. Die Ostpreußen aus Jokehnen, Podwangen oder Grunowen verlieren allmählich die Hoffnung auf ein gutes Ende des Krieges. Die beunruhigenden Informationen über die Kriegsgeschehnisse bewirken, dass die Menschen ihre Zukunft vorausahnen. Eines der Beispiele ist das Gespräch Karl Steputats mit

---

307 Vgl. Beyersdorf, Herman Ernst: *Erinnerte Heimat*, S. 28.

308 Beyersdorf konzentriert sich bei dieser Analyse zwar auf den Roman *Jokehnen*, die Montage lässt sich jedoch auch in anderen Werken des Schriftstellers finden, insbesondere in *Sommer vierundvierzig*, wo große Schriftsteller, Philosophen oder Politiker zitiert werden, und noch in einem größeren Ausmaß in *Vaterland ohne Väter*, wo der Leser mit so vielen Texten konfrontiert wird, dass der Autor selbst einige Zweifel daran erhebt, ob das Werk als Roman bezeichnet werden kann. Vgl.: Surminski, Arno: *Vaterland ohne Väter*, S. 5: „Dieses Buch einen Roman zu nennen mag ein Wagnis sein wegen der zahlreichen dokumentarischen Passagen, aber seine Personen sind frei erfunden und Ähnlichkeiten mit heute oder damals Lebenden wären rein zufällig. Die Auszüge aus Tagebüchern und Briefen sind literarische Konstrukte, für die es allerdings Anregungen aus real existierenden Schriften gab".

309 Beyersdorf, Herman Ernst: *Erinnerte Heimat*, S. 28–29.

Hans Fritsche über die Massenmorde, bei dem Fritsche von maßloser Angst ergriffen wurde: „Wenn es Deutschland nicht gelingt, die bolschewistische Flut einzudämmen, geht es uns allen so".[310] Onkel Franz und der Pole Anton finden eines Tages auf dem Acker ein Flugblatt, auf dem folgender Appell an die deutsche Nation geschrieben steht:

> Deutsche Männer und Frauen!
> Der Krieg ist verloren!
> Die Rote Armee kommt!
> Sie befreit euch von dem Verbrecher Adolf Hitler.
> Vergießt kein Blut mehr!
> Es kommt der Tag![311]

Eine andere literarische Strategie, die zur Schilderung verschiedener Kriegsetappen dient, sind häufige Anknüpfungen Surminskis an die Bibel. Die gläubigen Ostpreußen, in der Regel sind das Frauen, finden in der Heiligen Schrift die Erklärung für das Schicksal, das dem deutschen Volke zuteil geworden war. Die Woweriesche, eine der Dorfbewohnerinnen erzählt über die Prophezeiungen der Propheten Hesekiel und Daniel:

> Das rote Pferd wird das braune Pferd besiegen. Das war vorgeschrieben in diesem Buch. Und eine große Wüste und Einöde wird sein. Hungersnot und Pestilenz. Die Woweriesche fand für alles ihre Stelle. Warum waren die Menschen nur so viele Jahre dem braunen Pferd nachgelaufen, da es noch in dem Buch der Wowerischen geschrieben stand, daß das braune Pferd untergehen wird?[312]

Im Roman *Vaterland ohne Väter* wird aus der Bibel ebenso zitiert – dem 1. Buch Moses (S. 430 und 439), dem 5. Buch Moses (S. 96 und 333) sowie dem Lukas-Evangelium (S. 217). Alle Zitate aus der Bibel bilden eine Analogie zu den im Roman beschriebenen Vorkommnissen. Gleiches gilt für den Roman *Sommer vierundvierzig*, in dem verschiedene Zitate eine Einleitung in die einzelnen Kapitel des ersten Teils des Werks bilden. Die Auszüge aus der Bibel finden hier eine große Repräsentanz. Dazu gehören: Der Prophet Jeremia (S. 109 und 297), Der Prophet Hosea (S. 128), Der Prophet Jesaja (S. 185 und 281), Matthäus-Evangelium (S. 188 und 283), 3. Buch Mose (239), Die Offenbarung des Johannes (S. 307), 4. Buch Mose (S. 318) und Das Hohelied Salomos (S. 339). Auch der zweite Teil der autobiographischen Trilogie Surminskis, der Roman *Kudenow oder an fremden Wassern weinen* enthält im Titel eine Paraphrase des biblischen

---

310 Surminski, Arno: *Jokehnen…*, S. 195.
311 Ebd. S. 247.
312 Ebd. S. 418.

Zitats, diesmal aus dem Psalm 137 („An den Wassern zu Babel saßen wir und weinten"). In *Grunowen* stößt der Leser wieder auf die Bibelverse. Hier gibt es Frau Hesekiel, die der Wowerieschen aus Jokehnen ähnelt, denn

> für alles, was geschah, fand die Frau Hesekiel einen Vers. Den Geburtstag von Adolf Hitler kommentiert sie mit den Worten aus der Offenbarung des Johannes: Und der Rauch ihrer Qual wird aufsteigen von Ewigkeit zu Ewigkeit, und sie haben keine Ruhe Tag und Nacht, die das Tier haben angebetet und sein Bild.[313]

Für das Ende des Krieges fand sie einen Vers aus dem Propheten Jeremia: „Der Menschen Leichname sollen liegen wie Garben hinter dem Schnitter, die niemand sammelt".[314] Im Januar 1945 griff sie zum Matthäus-Evangelium: „Bittet aber, daß eure Flucht nicht geschehe im Winter oder am Sabbat".[315] Im 4. Buch Mose fand sie die Prophezeiung dessen, was die Ostpreußen vonseiten ihrer ehemaligen Opfer erwartet:

> Werdet ihr aber die Einwohner des Landes nicht vertreiben von eurem Angesicht, so werden auch die, so ihr überbleiben laßt, zu Dornen werden in euren Augen und zu Stacheln in eurer Seite.[316]

Der häufige Bezug auf die in der Bibel enthaltenen Prophezeiungen und Lehren akzentuiert die Dimension der beschriebenen Ereignisse. Surminski interpretiert die Schicksale der Ostpreußen vor dem Hintergrund der biblischen Wahrheiten und Mahnungen und spricht dadurch das Problem der Schuld und Sühne an. Er erinnert daran, dass eine jede Aktion eine entsprechende Reaktion mit sich bringt. Das ist auf keinen Fall als gegen die ganze deutsche Nation gerichteter Schuldspruch zu verstehen, sondern eher als Erklärung für das Inferno, das den Deutschen infolge des mörderischen Krieges zugestoßen war. Gemeint ist hier die berühmte Wind-Sturm-Theorie, die in der Diskussion über die deutsche kollektive Verantwortung für die Verbrechen der Nazi-Zeit zum Ausdruck kommt. Das Sprichwort ist eine Paraphrase des biblischen Zitats „Denn sie säen Wind und werden Ungewitter einernten"[317], das wie gesagt in *Sommer vierundvierzig* erwähnt wird, aber auch im Roman *Grunowen* gefunden werden kann. Die Worte spricht der alte Herr Karl Tolksdorf aus, der sich der Verbrechen der

313 Surminski, Arno: *Grunowen…*, S. 197.
314 Ebd. S. 198.
315 Ebd. S. 198.
316 Ebd. S. 198.
317 Hosea, Kap. 8, Vers 7.

Nazis völlig bewusst ist. Mit diesen Worten kommentiert er die Bilder von Nemmersdorf[318], einem unglaublich wichtigen deutschen Erinnerungsort:

> Wer Wind sät, wird Sturm ernten, sagte der alte Herr zu den Bildern von Nemmersdorf. Sie haben die Russen wie Untermenschen behandelt, nun benehmen sie sich wie Untermenschen.[319]

Surminskis Meinung nach war die Wind-Sturm-Theorie die häufigste Erklärung für die Verbrechen der Roten Armee.[320] Dieser Theorie zufolge waren alle von den Rotarmisten verübten Untaten nur eine Antwort auf die Verbrechen, die sie von den Deutschen am eigenen Leibe erfahren haben. Der Schriftsteller bemerkt aber zugleich, dass es im Zweiten Weltkrieg auch andere Sieger gab, die der Rachsucht, die in endlosen Plünderungen, Vergewaltigungen und Erschießungen gipfelten, nicht nachgegangen sind.[321] Deshalb müssen auch andere Faktoren berücksichtigt werden, die das unmenschliche Verhalten der Sowjets erklären könnten. Diese werden im weiteren Teil dieses Kapitels analysiert.

Durch die biblischen Prophezeiungen unterstreicht der Schriftsteller vor allem die Tatsache, dass sich die auf Ostpreußen zukommende Qual voraussehen und – daraus resultierend – vermeiden ließ. Seine Romanfiguren werden nämlich mit vielen Anzeichen des kommenden Unglücks konfrontiert, die ihnen den Anstoß zur Flucht geben sollten. Trotzdem fliehen sie vor der Roten Armee nicht und hoffen bis zum Ende, dass alles schon irgendwie gehen wird.

Spätestens dann, als die Jokehner die ersten Trecks auf der Angerburger Chaussee erblickten, hätten sie ihre Häuser verlassen sollen. Stattdessen beobachteten sie mit Neugierde kleine Panjewagen, die nach Westen fuhren. Die Menschen kamen von jenseits der Grenze, es waren Litauer und Weißrussen, die „die Rückkehr der Roten Armee fürchteten, weil sie zu freundlich gegenüber den

318 Nemmersdorf wird auch in *Jokehnen* erwähnt. Hermann holte ein Exemplar des *Völkischen Beobachters* aus dem Nachtschrank: „Vorn auf der ersten Seite ein Bild: die Leichen von Nemmersdorf. Verstümmelte Menschenteile, aufgeschichtet und in Reih und Glied gebracht. Deutsche Leichen. Nemmersdorf war der erste deutsche Ort, dessen Bewohner den Russen in die Hände fielen. Nach der Rückeroberung hatten die Fotografen die Leichen gezählt, und der Völkische Beobachter zeigte sie dem deutschen Volk zur Warnung: So wird es uns ergehen, wenn wir nicht bereit sind, in diesem Kampf das Letzte für den Endsieg zu geben!“: Surminski, Arno: *Jokehnen…*, S. 261–262.

319 Surminski, Arno: *Grunowen…*, S. 267.

320 Vgl. Surminski, Arno: *Der Schrecken hatte viele Namen*, S. 296.

321 Vgl. Ebd. S. 296.

Deutschen Soldaten gewesen waren".[322] Litauer und Weißrussen waren sich der Barbarei der Roten Armee bewusst. Und gerade an diesem Bewusstsein fehlte es den Deutschen, die bis zur letzten Sekunde fest daran glaubten, dass ihnen nichts Böses passiert, weil sie selber auch nichts Böses getan hatten. Die ersten Trecks mit deutschen Bürgern aus Goldap, Heydekrug und Tilsit[323] bleiben ebenso ohne Reaktion. Sogar die Mahnung des Inspektors Blonski, der gerade aus der Ukraine zurückgekommen ist, kann die Dorfbewohner nicht überzeugen, die in Jokehnen ständig anwesenden russischen Gefangenen freizulassen. Er

> schlug die Hände über dem Kopf zusammen.
> Mensch, ihr habt noch die Gefangenen in Jokehnen! (...) Wenn ihr die Gefangenen nicht wegschaft, werden sie euch die Gurgel durchschneiden, sobald die Front näher kommt. Mikoteit schüttelte den Kopf. Nun scheiß dir bloß nicht in die Hosen! Warum sollten die Gefangenen so was tun? Die haben es doch gut gehabt in Jokehnen.[324]

Die Hoffnung auf ein gutes Ende, verstärkt durch die Erinnerung an den Ersten Weltkrieg, die Erfahrungen mit freundlichen russischen Gefangenen, die Überzeugung von der eigenen Unschuld und nicht zuletzt durch das offizielle, von den Nazis angeordnete Fluchtverbot, haben zur Folge, dass die Jokehner in ihrem Dorf bleiben:

> Es würde schon alles gutgehen. Irgendwie gutgehen. Der rote Schein drang nicht in die Schlafstube zu dem pausbäckigen Posaunenengel. Warum sollte es nicht gutgehen? Damals war es auch gutgegangen. Martha dachte an die lachenden Kosaken, die den Kindern im August 1914 Pflaumen von den Bäumen geschüttelt hatten. In Jokehnen hatte doch niemand etwas Böses getan, jeder nur seine Pflicht erfüllt. Deshalb musste es gutgehen.[325]

Diese Überzeugung wird wie ein Mantra wiederholt und die kommende Gefahr bis ins Unendliche bagatellisiert:

> Wenn es ganz schlimm wurde, konnte man immer noch flüchten. Aber wer sagt, daß es nicht gut ausgeht? Vielleicht lassen die Russen die ostpreußischen Insel unbehelligt und stoßen gleich auf Berlin vor.[326]

---

322 Surminski, Arno: *Jokehnen...*, S. 256–257.
323 Ebd. S. 258.
324 Ebd. S. 261.
325 Ebd. S. 271.
326 Ebd. S. 280.

Siebzig Jahre nach diesen Ereignissen sind die Verbrechen der Roten Armee allgemein bekannt. Die Archive sind voller Zeugnisse von unvorstellbaren Gräueltaten vonseiten der Sowjets, daher kann die Einstellung der von Surminski beschriebenen Menschen aus der heutigen Perspektive zumindest merkwürdig erscheinen. In den Werken von Arno Surminski spielt aber der historische Hintergrund die erste Rolle und die Zeitgeschichte wird zum entscheidenden Faktor, der die Handlungen und das Schicksal der literarischen Figuren in höchstem Ausmaß determiniert. Eben deshalb sind diese Werke frei von jeglicher Schönfärberei. Der Leser, dem die Ereignisse jener Jahre sowie der Lebenslauf des Autors bekannt sind, wird also nicht überrascht. In vielen Fällen, sei es in *Jokehnen*, sei es in *Kudenow, Grunowen* oder *Sommer vierundvierzig* lassen sich sogar die weiteren Schicksale der einzelnen Romanhelden mit großer Wahrscheinlichkeit voraussagen. Diese Vorhersehbarkeit soll jedoch nicht als Vorwurf gegenüber den Werken Surminskis betrachtet werden, sie ergibt sich nur aus der oben genannten historischen Determination der literarischen Ebene.

4.4 Die Flucht

> Was auf der Flucht geschah, ist von den Deutschen zu verantworten. Das begann schon mit dem Zeitpunkt der Flucht. Hätte die deutsche Führung die Flucht früher zugelassen, Frauen mit Kleinkindern und alte Leute schon Weihnachten 1944 in den Westen geschickt, wäre das Unglück in Grenzen geblieben. Die Hinhaltetaktik der deutschen Führung hat die Leiden der Zivilbevölkerung erheblich vergrößert. Oft blieb die Flucht bis zum letzten Augenblick verboten.[327]

327 Surminski, Arno: *Der Schrecken hatte viele Namen*, S. 287. Siegfried Allzeit, einer der Augenzeugen der damaligen Ereignisse notiert in seinem Erlebnisbericht: „Aus dem Radio ertönten weiterhin Durchhalteparolen. Der Gauleiter von Ostpreußen, Erich Koch, rief die Bevölkerung von Königsberg auf, alles zu unternehmen, um den Endsieg doch noch zu erreichen. Königsberg war jetzt vollkommen eingeschlossen und zur Festung erklärt worden. (…) Viel später habe ich erfahren, daß Gauleiter Koch, der der Bevölkerung die rechtzeitige Flucht verboten hatte, bereits in Danzig oder noch weiter im Westen in Sicherheit war, als diese Aufrufe gesendet wurden. Erst als der Schlachtenlärm schon zu vernehmen war, wurde das Fluchtverbot nach und nach aufgehoben".: Allzeit, Siegfried: *Letzte Tage in Königsberg*. In: *Nichts führt zurück*, S. 46. Vgl.: Tollkühn, Paul: *Geh doch nach Litauen!*. In: Ebd. S. 60: „Die Nachricht von der Flucht der Zivilbevölkerung hatte uns auf Spohr zu spät erreicht. Jetzt mußte alles sehr schnell gehen. Bei den letzten Fluchtvorbereitungen wurden wir bereits

Die oben zitierten Worte unterstreichen die ausweglose Situation der ostpreußischen Bevölkerung, die zwischen Hammer und Amboss geraten war. Einerseits drohte ihr die ankommende Rote Armee, andererseits durfte sie nicht fliehen, weil die von Erich Koch erlassene Verordnung jede Flucht verbot, was auch im Roman *Jokehnen* erwähnt wird:

> Es gab da Befehle von der Kreisleitung, von der Gauleitung, vom Gauleiter Erich Koch persönlich. Die Ostpreußen flüchten nicht, sie verteidigen ihre Höfe höchstpersönlich, notfalls mit Bohnenstangen und Mistforken. Bei Eydtkuhnen soll die SS einen Bürgermeister standrechtlich erschossen haben, weil sein Dorf zu früh flüchtete.[328]

Das Fluchtverbot gründete auf ununterbrochene lügnerische Propaganda, deren wichtigster Ansatz der Versuch gewesen war, der ostpreußischen Bevölkerung eine unglaublich freche Lüge einzureden, die sich auf ständige Garantien vonseiten der Nazi-Führung stützte, der Kampf sei noch nicht verloren und das Blatt werde sich sehr schnell wenden. Die von den Nazis wiederholte Parole lautete: „Wer auf die Flucht geht, verstopft unnötigerweise die Straßen und gefährdet das Heranführen unserer Reserven!".[329] Die zu spät vorgenommene Flucht hatte also zwei Väter: die mit dem Fluchtverbot verbundene Angst sowie die auf falscher Propaganda und dem Gefühl der eigenen Schuldlosigkeit basierende Hoffnung. Darüber hinaus hatten die einfachen Leute in Ostpreußen kaum eine Ahnung von den Verbrechen der Deutschen und glaubten bis zum Ende, auf der guten Seite zu stehen[330], was auch die Worte von Felix Malotka bestätigen:

> Hätte mich jemand gefragt, ob ich mich schuldig fühle, damals hätte ich geantwortet: So schuldig wie die Piloten, die weiter nichts taten, als über Hamburg die Bombenschächte zu öffnen.[331]

---

von russischen Jägern beschossen. Am Abend trafen deutsche Soldaten bei uns ein. Den Vorschlag meiner Mutter, sie könnten doch bei uns übernachten, lehnten sie ab. Der Russe sei ihnen bereits auf den Fersen".; Otto, Eva-Maria: *Glück im Unglück – kein Platz auf der „Gustloff"*. In: Ebd. S. 71: „Spätestens ab Herbst 1944 wurden die Menschen auch in der kleinen Stadt Tolkemit am Frischen Haff merklich nervöser. Obwohl die Kriegspropaganda weiterhin Zweckoptimismus verbreitete uns das Volk mit Durchhalteparolen überschüttete, mochten viele nicht mehr an den versprochenen Endsieg glauben".

328 Surminski, Arno: *Jokehnen*…, S. 300. Vgl. Surminski, Arno: *Jokehnen*…, S. 309.

329 Ebd. S. 301.

330 Vgl. Surminski, Arno: *Der Schrecken hatte viele Namen*, S. 290.

331 Surminski, Arno: *Grunowen*…, S. 250.

Im weiteren Teil des Essays *Der Schrecken hatte viele Namen* weist der Schriftsteller auf eine der wichtigsten Folgen der Verzögerungstaktik hin. Es handelt sich nämlich um den Beginn der Flucht, der auf den tiefsten Winter gefallen war. Außerdem unterstreicht der Autor die unbewusste Schuld an der Tragödie, zu der die Fliehenden selbst beigetragen haben, weil sie die Flucht ständig verzögert und unterbrochen hatten, weil sie einfach an die Rückkehr zu ihren zurückgelassenen Tieren, Gebäuden, Höfen und Feldern glaubten. Eine entscheidende Bedeutung hatten dabei auch die Erfahrungen mit dem Ersten Weltkrieg, der im Großen und Ganzen nur positive Assoziationen weckte:

> Für die Bewohner der Provinz Osptreußen wirkte sich zusätzlich die Erfahrung des Jahres 1914 verhängnisvoll aus. Damals waren die Zarenarmeen von deutschen Truppen aus Ostpreußen hinausgedrängt worden. An die Erinnerung an die nur „vorübergehende Russenzeit" von 1914 klammerten sich viele auch im eisigen Winter 1945.[332]

Interessanterweise hatten nicht alle Einwohner von Jokehnen nur positive Erinnerung an die Kosaken. Im Dorf lebt der alte Kommunist Seidler, dessen Gestalt ein sehr interessantes Gegenstück zur Person Blonskis bildet. Der Leser hat somit die Gelegenheit, zwei Formen der Propaganda miteinander zu vergleichen, wobei sich sehr schnell herausstellt, dass die Überzeugungen von Seidler gleich unbegründet sind wie die von den Nazis. In einem Gespräch mit Karl Steputat versucht der alte Kommunist, den Bürgermeister Jokehnens von der tiefen Gerechtigkeit der Rotarmisten zu überzeugen. Der Dummkopf freut sich sogar auf die immer näher rückende Ankunft der Roten Armee in Jokehnen und vergleicht sie mit den „Mongolenhaufen des Zaren", die seiner Meinung nach echte Besatzer gewesen waren, während das wichtigste Ziel der Sowjets die Befreiung aller Menschen vom Nazi-Joch ist:

> Was habt ihr bloß Angst. Denkt wohl, die Rote Armee wird morden und brennen. Das ist doch alles Propagandagerede von diesem Josef, diesem hinkenden Josef. Die Soldaten der Roten Armee sind anders als früher die Mongolenhaufen des Zaren. Die wollen die Menschheit befreien, verstehst du. Die sind doch nicht so dumm, mit Mord und Totschlag über uns herzufallen. Die bestrafen nur den, der es verdient hat. Aber den anderen werden die Augen aufgehen!.[333]

Das Geplapper des Kommunisten ist also gleich wirklichkeitsfremd wie die frühere Propaganda des Inspektors Blonski, der allerdings in der letzten Phase

332 Surminski, Arno: *Der Schrecken hatte viele Namen*, S. 289.
333 Surminski, Arno: *Jokehnen…*, S. 304.

des Krieges das ankommende Übel ahnt und die Jokehner dazu aufruft, auf das Schlimmste vorbereitet zu sein.[334]

Zu Beginn des Jahres 1945 haben die Jokehner schon allzu viele Gründe dafür, das Dorf sofort zu verlassen. Die Berichte über den Vormarsch der Roten Armee geben ein sehr klares und eindeutiges Bild der Wirklichkeit, die deutschen Truppen fallen eine nach der anderen, immer mehr Städte werden besetzt, über das Dorf ziehen Trecks mit Flüchtlingen, deren Exodus unter extremen Bedingungen stattfindet:

> Ja es war die Zeit, in der sich die Straßengräben mit konserviertem Rindfleisch füllten. Gelegentlich waren auch Pferde dabei und Schafe, später auch Menschen. Der große Überfluß landete in den Straßengräben.[335]

Aus der heutigen Perspektive scheint diese unbedachte Verzögerung der Flucht zumindest merkwürdig zu sein. Dabei darf jedoch nicht vergessen werden, dass sie mit dem ungewöhnlich starken Heimatgefühl einherging, was „wenigstens zum Teil die halbe Million an Toten, die Ostpreußen zu beklagen hatte", erklärt.[336] Die äußeren Anzeichen des nahen Unglücks geben letztendlich auch den Jokehnern einen Anstoß zur Flucht. Der Treck führt durch leere Dörfer, die Jokehner sehen keine Hunde, keine Menschen, keine Lichter, die Umgebung ist totenstill.[337] Oma Aschmoneit fällt als erste dem Frost zum Opfer (S. 321). Die Erinnerung an das Jahr 1914 lässt für eine kurze Zeit die Hoffnung aufkeimen (S. 323), dann aber sehen die Flüchtlinge den ersten toten Soldaten (S. 325), die Menge der Leichen nimmt zu, sodass die Menschen ihnen keine Beachtung mehr schenken, der omnipräsente Tod macht die Jokehner einfach gleichgültig: „Man gewöhnt sich an Leichen wie an zusammengebrochene Fuhrwerke und brüllendes Vieh. Der erste Tote ist immer der schlimmste".[338] An die Gefühllosigkeit gegenüber solchen Kategorien wie Leid und Tod erinnert Surminski auch in seinem zweiten Roman *Kudenow*, dessen Handlung eine Fortsetzung der von *Jokehnen* bildet, auch wenn der Leser anderen Personen in einer anderen Zeit und an einem anderen Ort begegnet. Die beiden Werke sind aber sehr stark mit der Biografie des Schriftstellers verknüpft und spiegeln seine Erfahrungen

334 Vgl. Ebd. S. 301.

335 Ebd. S. 299.

336 Helbig, Louis F.: *Schlesien und Ostpreußen. Wortmeldungen zur unerledigten Vergangenheit.* In: Weigelt, Klaus (Hrsg.): *Flucht und Vertreibung in der Nachkriegsliteratur.* Verlag Ernst Knoth. Melle 1986, S. 39.

337 Surminski, Arno: *Jokehnen…*, S. 314.

338 Ebd. S. 327.

wider. In den beiden wird ein sehr wichtiger Aspekt unterstrichen, und zwar das Schicksal von Millionen Kindern, die infolge des Zweiten Weltkrieges starben. Viele, die das Inferno überlebten, verloren ihre Häuser und Eltern, dann mussten sie grausamen Szenen zuschauen, was einen unglaublich großen Einfluss auf ihre Psyche ausübte. Den Kindern wurde die Kindheit geraubt und weil sie so viele Höllenszenen mit eigenen Augen sahen, wurden sie unempfindlich gegen den Tod ihrer Mitmenschen. So war es auch im Falle von Hermann Steputat aus *Jokehnen* und Kurt Marenke aus *Kudenow*, deren Schicksale die Erfahrungen des elfjährigen Arno Surminski symbolisieren:

> Kurt hatte Tote in langen Reihen gesehen, kreuz und quer verstreut. Er erinnerte sich an einen Kinderwagen mit Inhalt bei zwanzig Grad Kälte in einer Fichtenschonung neben der Straße der Flucht. Auch die Toten in den Typhuslagern fielen ihm ein. Aber jene Fülle des Sterbens hatte ihn nicht beeindruckt; die Toten waren ihm wie erkaltete Gegenstände vorgekommen.[339]

Nach der Meinung von Wolfgang Schneiß gehört die Schilderung kindlichen Leidens „zum Eindrucksvollsten in Surminskis Roman“[340] *Jokehnen*. Das Leiden zur Zeit des Krieges, der Flucht, Verschleppung und Vertreibung steht im Kontrast zum sorgenfreien Leben, das Hermann und Kurt früher genossen hatten. Das traurige Schicksal der Kinder wird von Surminski auch dadurch betont, dass vieles aus der kindlichen Perspektive betrachtet, beschrieben und bewertet wird. Das Tragische ergibt sich daraus, dass die kleinen Akteure der Kriegsereignisse keine Ahnung davon hatten, was sich um sie herum abspielt, und die Wirklichkeit nicht einmal in kleinster Weise beeinflussen konnten.

4.5 Das Porträt des Rotarmisten

Kurz nachdem die Jokehner den ersten Toten gesehen haben, begegnen sie den ersten Russen. Die Informationen über die sowjetischen Soldaten basieren in *Jokehnen* auf eigenen Erfahrungen des Schriftstellers. Im Roman zeichnet Surminski das Bild einer wilden Horde aus dem Osten, die in ihrer Barbarei allerlei Grenzen überschritten hat, obwohl der Schriftsteller auch ausdrücklich betont, dass es

> nicht nur gemordet, vergewaltigt und gebrandschatzt [wurde]. Es gab Fälle, in denen sich Offiziere schützend vor deutsche Frauen stellten und russische Soldaten Lebensmittel an

339 Surminski, Arno: *Kudenow…*, S. 225.

340 Schneiß, Wolfgang: *Flucht, Vertreibung und verlorene Heimat im früheren Ostdeutschland.* S. 202.

> deutsche Kinder verteilten (...). Kein Zweifel, in jenen Tagen, als die Welt aus den Fugen zu geraten drohte, hat es rührende Beispiele von Menschlichkeit gegeben. Nur kamen sie so schrecklich selten vor.[341]

Wie besessen, tierisch, wild und unberechenbar die sowjetischen Soldaten waren, bezeugt das Zitat aus *Jokehnen*:

> Draußen wurde noch immer geschossen. Nicht auf deutsche Soldaten, sondern auf verängstigte Katzen, auf weißgefiederte Tauben, die über die unsicheren Dächer von Landsberg flogen. Auch die Landsberger Straßenlaternen überstanden diesen Krieg nicht, ebensowenig wie die einladenden Schaufensterscheiben an der Straßenfront.[342]

Surminski unterstreicht auch die enorm große „Rolle, die der Alkohol in diesem Drama gespielt hat".[343] Seiner Meinung nach war der Alkohol „Stimulans und Betäubungsmittel zugleich"[344], das die Rachgier noch stärker angefacht hatte. Der Alkohol kann in diesem Kontext als indirekter Auslöser unterschiedlicher Verhaltensweisen betrachtet werden, die mit großer Wahrscheinlichkeit im nüchternen Zustand nie zum Vorschein gekommen wären. Es gab jedoch auch Situationen, in denen nicht nur der Alkohol selbst, sondern der Mangel daran ein Todesurteil bedeuten konnte, wie es im Falle des gewissen Jablonski aus dem Roman *Grunowen* war, „den die Russen totgeschossen hatten wegen Nichtbeschaffung von drei Litern Schnaps".[345] Surminski spottet über den übermäßigen

---

341 Surminski, Arno: *Der Schrecken hatte viele Namen*, S. 286.

342 Surminski, Arno: *Jokehnen...*, S. 339.

343 Surminski, Arno: *Der Schrecken hatte viele Namen*, S. 290. Von der Rolle des Alkohols im Zweiten Weltkrieg handelt das Buch von Kamil Janicki *Pijana wojna. Alkohol podczas II wojny światowej*, in dem der Autor auf unterschiedliche Aspekte des Alkoholkonsums aufmerksam macht. Auf der einen Seite schildert er sein zerstörerisches Potential, auf der anderen Seite unterstreicht er, dass der Alkohol zum Alltag auf allen Fronten des Zweiten Weltkrieges gehörte und auf verschiedene Soldaten unterschiedlich wirkte. Interessant ist auch die im Buch dargestellte Betrachtungsweise der Rotarmisten durch die deutschen Soldaten, in deren Erinnerungen der Alkoholeinfluss für eines der wichtigsten Merkmale der sowjetischen Soldaten gehalten wird: Vgl. Janicki, Kamil: *Pijana wojna. Alkohol podczas II wojny światowej*. Instytut Wydawniczy Erica. Warszawa 2012, S. 217ff. An die betrunkenen Soldaten erinnert sich auch Herta Balduhn, eine Augenzeugin der Flucht aus Ostpreußen: „Vor unseren Augen kamen viele, viele Soldaten um. In den Feuerpausen spielte ein Grammophon, die Soldaten tranken und sangen. Dann flogen erneut Granatsplitter. Wieder ein Toter. (...) Es war wie im Irrenhaus, sie tranken und sangen weiter": Balduhn, Herta: *Der Tod wollte uns nicht*. In: *Nichts führt zurück*, S. 38.

344 Surminski, Arno: *Der Schrecken hatte viele Namen*, S. 290.

345 Surminski, Arno: *Grunowen...*, S. 146.

Alkoholkonsum in der Roten Armee und zieht diese Neigung bis ins Lächerliche. In *Grunowen*sagt Karl Tolksdorf zum Kutscher Malotka, dass sie viel zu trinken haben und den Gutskeller leertrinken müssen, bevor die Russen kommen.[346]

Bestimmt spielte also der Alkohol eine wichtige Rolle, im Vergleich mit anderen Faktoren ist seine Bedeutung aber nicht zu überschätzen. Man darf nämlich nicht vergessen, dass die Zarensoldaten auf keinen Fall Vorbilder der Nüchternheit gewesen waren und genauso gerne wie die Rote Armee dreißig Jahre später zum Alkohol gegriffen hatten, trotzdem aber verübten sie nicht so viele Schandtaten wie die Sowjets. Bei der Frage nach den Gründen unmenschlicher Handlungen der Rotarmisten müssen demnach andere Aspekte berücksichtigt werden, die schon im zweiten Kapitel dieser Arbeit angedeutet wurden. Von großem Belang war vor allem die Tatsache, dass die meisten zaristischen Soldaten Christen waren, während die Rote Armee aus gottlosen Anhängern einer menschenverachtenden Ideologie bestand. Auch der Einfluss der sowjetischen Propaganda ist dabei nicht zu übersehen. Zum Verhängnis der ostpreußischen Bevölkerung wurden die Appelle von Ilja Ehrenburg, einem der wichtigsten sowjetischen Propagandisten, dessen Aufrufe zu Plünderungen, Vergewaltigungen und Morden an der deutschen Bevölkerung eine Art persönliche Rache an den Nazi-Verbrechern[347] waren:

> Tötet, tötet! Es gibt nichts, was an den Deutschen unschuldig ist, die Lebenden nicht und die Ungeborenen nicht! Folgt der Weisung des Genossen Stalin und zerstampft für immer das faschistische Tier in seiner Höhle. Brecht mit Gewalt den Rassehochmut der germanischen Frauen. Nehmt sie als rechtmäßige Beute. Tötet, ihr tapferen, vorwärtsstürmenden Rotarmisten![348]

Zu den größten Verbrechen der Roten Armee, die an den deutschen Frauen verübt und in den Werken Surminskis thematisiert worden sind, gehören Vergewaltigungen. Lange waren sie ein Tabu-Thema, das die betroffenen Frauen selbst aus ihrem Gedächtnis verdrängen wollten[349]. Die zahlreichen Vergewaltigungen sind

---

346 Ebd. S. 283.

347 Ehrenburg stammte aus einer jüdischen Familie, außerdem befasste er sich mit der Sammlung verschiedener Zeugnisse der Schoa.

348 Ehrenburg, Ilja: *Tötet, tötet, tötet*. Zitiert nach: Spiegel 36/1962.

349 Renate Dieregsweiler analysiert das Problem der Vergewaltigung aus der psychologischen Perspektive und behauptet, dass „sexuelle Gewalt gegen Frauen in Kriegen nicht nur als einfachstes Repressionsmittel nutzbar ist, sondern auf mehrfache Weise funktional: sie beinhaltet sowohl psychologische als auch physische Verletzung der gesamten gegnerischen Gruppe ebenso wie die Aneignung ihrer Gebärfähigkeit“: Dieregsweiler, Renate: *Krieg – Vergewaltigung – Asyl: die Bedeutung von Vergewaltigung im Krieg und ihre Bewertung in der bundesdeutschen Asylrechtsprechung*. Pro Universitate

in den Werken Surminskis „eher lakonisch beschrieben, ohne daß diese Erzählweise die Schrecken mindert".[350] Der Schriftsteller schildert die Vergewaltigung einerseits als eine unvorstellbare individuelle Tragödie einer jeden vergewaltigten Frau, andererseits betont er die Häufigkeit, mit der diese Schandtat betrieben wurde und dadurch zum Fluch der ganzen Nation geworden war:

> Worüber sprachen Frauen im April 1945? Darüber, daß sie es ausbaden mußten, die Frauen des deutschen Ostens. Daß sie die ganze Rote Armee über ihre Leiber steigen lassen mußten. Über ungewollte Schwangerschaften, über Geschlechtskrankheiten, über Krätze und Aussatz.[351]

Die von Rotarmisten immer wieder vorgenommenen Vergewaltigungen drücken den Stempel im Gedächtnis der alles beobachtenden Kinder auf. Die jungen Opfer der russischen Soldaten sind sich der an ihren Müttern, Schwestern, Nachbarinnen und Bekannten verübten Barbarei unbewusst, es kommt sogar dazu, dass sie „Frau komm" spielen.[352] Die Frauen hoffen vergeblich darauf, dass die Anwesenheit der Kinder die Sowjets von ihren Absichten abbringt, dass der Anblick eines Kindes auf dem Schoß die „kinderfreundlichen Russen" vor der

---

Verlag. Berlin 1997, S. 42. Die psychische Verletzung brachte auch das Schamgefühl nach sich und als dessen langfristige Folge auch die Traumatisierung im medizinischen Sinne, verstanden als „eine Verletzung auf psychischer Ebene": Vgl. Ebd. S. 33. Nicht zu vergessen ist auch die Tabuisierung des Themas, die aus selbstverständlichen Gründen insbesondere für die Ostblock-Staaten kennzeichnend war. Die Tabuisierung des Themas sowie der Versuch, die Erinnerung an brutale Vergewaltigungen zu verdrängen, bewirkten, dass trotz so vieler Betroffener nur wenige Berichte von diesen Ereignissen zur Verfügung stehen. „Somit fehle den meisten der damals kriegsvergewaltigten Frauen ein Trauerritus, der aber für die Verarbeitung des Erlebten wichtig gewesen wäre. Während des Einmarsches der russischen Armee und in den darauffolgenden Wochen war es möglich, sich über Erlittenes auszutauschen. (…) Mit dem Beginn des Neuaufbaus und der Reorganisation des eigenen uns des Familienlebens rückten Gespräche über erlebte Vergewaltigung in den Hintergrund und erlagen letztendlich der gesellschaftlichen Tabuisierung": Eichhorn, Svenja; Kuwert, Philipp: *Das Geheimnis unserer Großmütter. Eine empirische Studie über sexualisierte Kriegsgewalt um 1945*. Psychosozial-Verlag. Gießen 2011, S. 32. Wenn aber das Thema der Vergewaltigung doch aufgegriffen wird, ähneln die Beschreibungen einander, sei es in den Erlebnisberichten der Betroffenen und/oder Augenzeuginnen, sei es in der Belletristik. Vgl.: Anonyma: *Eine Frau in Berlin. Tagebuch-Aufzeichnungen vom 20. April bis zum 22. Juni 1945*. Eichborn Verlag. Frankfurt am Main 2003.

350 Beyersdorf, Herman Ernst: *Erinnerte Heimat*, S. 33.

351 Surminski, Arno: *Jokehnen…*, S. 390.

352 Ebd. S. 394.

Vergewaltigung zurückhält.[353] Die Frau des Chausseekratzers Schubgilla wird mehrmals vergewaltigt, es kommen immer neuere Russen, sagen „Frau komm" und bevor die Frau zu ihren Kindern zurückkehrt, erscheint wieder ein Russe:

> So ging es die ganze Nacht. Da kann doch kein Mensch schlafen (…) Hermann überlegte, was sein Vater tun würde, wenn die Taschenlampe käme, um die Mutter zu holen. Sich dazwischenwerfen? Sich erschießen lassen? Karl Steputat saß bleich und wortlos an der Wand.[354]

Mehrere Werke von Arno Surminski knüpfen aneinander an, die späteren bilden eine Fortsetzung, Erweiterung oder Ergänzung der in den früheren behandelten Problematik. Wenn der Schriftsteller einen besonderen Wert auf ein Problem legt, wird dieses häufiger aufgegriffen und in literarischer oder auch publizistischer Form behandelt. Das Thema Vergewaltigung wird auch im zweiten Roman *Kudenow* zur Darstellung gebracht. Surminski betont hier die für viele vergewaltigte Frauen charakteristische Unfähigkeit, sich von der Erinnerung an die Tat sowie dem damit verbundenen Schamgefühl zu befreien. Ella Marenke, eine der Hauptfiguren im Roman *Kudenow*, erzählt ihrem kleineren Bruder Kurt von entsetzlichen Erfahrungen ihrer gemeinsamen Mutter:

> Weißt du eigentlich, daß wir beide noch eine kleine Schwester hatten? (…) Das war ein Russenmädchen. Es war von den vielen Vergewaltigungen übriggeblieben. Aber die Mutter wollte das Kind nicht haben. Sie ekelte sich richtig davor. Sie hat in kochendheißem Wasser gebadet, schwere Lasten getragen und ist sogar vom Küchentisch gesprungen, um das Kind loszuwerden. Als es dann viel zu früh auf die Welt kam, hat es nur einen halben Tag gelebt.[355]

Im weiteren Teil des Gesprächs wird ein anderer wichtiger Aspekt dargelegt, und zwar die allgemeine Kraftlosigkeit gegenüber barbarischem Verhalten der sowjetischen Soldaten. In einem der oben zitierten Abschnitte von *Jokehnen* überlegt der kleine Hermann, wie sein Vater in so einer Situation reagieren und welche Konsequenzen eine eventuelle Reaktion nach sich ziehen würde. Die Frage bleibt zwar unbeantwortet, eine mögliche Antwort findet sich jedoch im nächsten Roman. Nachdem Ella dem kleinen Kurt die Wahrheit erzählt hatte, fragte er, was der Vater dazu gesagt habe:

---

353 Ebd. S. 340.
354 Ebd. S. 341.
355 Surminski, Arno: *Kudenow…*, S. 322.

> Der lebte damals nicht mehr… Das war es doch, woran er gestorben ist. Er konnte es nicht mitansehen, wie sie die Mutter immer wieder holten. Da ist er aufgestanden und hat sich dazwischengestellt. Aber sie haben ihn nach draußen geschleppt und erschossen… Für nichts ist er gestorben, einfach für nichts.
> Warum für nichts? fragte Kurt.
> Sein Tod hat nichts geändert. Sie haben die Mutter trotzdem geholt.[356]

Die Frauenschänder aus *Jokehnen* können ihr Verlangen nicht befriedigen, mit ihren Taschenlampen suchen sie gründlicher nach versteckten Frauen, sie durchstöbern alle Ecken, schauen unter Tische hinein. Es stört sie gar nicht, ob die Frau jung, alt oder krank ist. Ein Beispiel ist die namenlose „kleine weiße Frau", die von Russen auch geschändet wird. Surminski beschreibt auf eine naturalistische Art und Weise den Vergewaltigungsprozess, ohne dass jegliche Übertreibung oder Schönfärberei vorgenommen wird. Die Beschreibung entspricht der historischen Wirklichkeit, den Berichten von Millionen vergewaltigten Frauen:

> Er wälzte sich über sie. Sie roch das Desinfektionsmittel in dem Uniformhemd. Der steife Kragen scheuerte ihren Hals. Er stank nach Zitroneneislikör. Sie lag reglos. Sie spürte, wie eine Hand an ihrer Unterwäsche riß. Komischerweise dachte sie nur daran, ob sie jetzt Läuse bekäme. Die Bartstoppeln kratzten ihr Gesicht. Er griff ihre Hand wie ein Fangeisen. Sie mußte sein Glied berühren. Da spürte sie, wie der warme, klebrige Samen ihre Wäsche beschmutzte. Er legte sich auf den eitrigen Kleister, erdrückte sie fast mit seiner Kraft, stieß mit den groben Stiefeln ihre Füße zur Seite.[357]

Hier wurden alle Charakterzüge eines typischen Rotarmisten dargelegt. Auf dem von Surminski gemalten Porträt befindet sich also ein alkoholisiertes, ungepflegtes und brutales Wesen, dessen Verhalten von tiefster Entmenschlichung zeugt. Diesem Bild kann der Leser konsequent bis zum Ende des Romans zuschauen, wenn auch mit einer Ausnahme. Um der historischen Wirklichkeit gerecht zu werden und einen tendenziellen Ton zu vermeiden, beschreibt Surminski einen guten Russen, der dem kleinen Hermann Reichsmarken gab.[358] Die Gestalt des anständigen, menschlichen Russen kann vor dem Hintergrund anderer russischer Soldaten als Ausnahme betrachtet werden, die die Regel bestätigt. Surminskis Schilderung der Rotarmisten enthält alle für sie typischen Untugenden, die nicht nur bei den ehemals in Ostpreußen lebendenden Menschen sofortige Assoziationen wecken. Außer den oben genannten Charaktereigenschaften, zu denen Rachsucht, Unberechenbarkeit, leidenschaftlicher Alkoholabusus oder

356 Ebd. S. 322–323.
357 Surminski, Arno: *Jokehnen…*, S. 343.
358 Ebd. S. 450–451.

Brutalität gehören, erfährt der Leser auch von der „immer wieder zeitbesessenen Frage nach der Uhr“[359], von der berüchtigten Vorliebe der Russen zu Armbanduhren, die zum Symbol der diebischen Neigung der sowjetischen „Befreier“ geworden war. Als jemand in einem Güterwagen fragte, wie spät es ist, konnte die „törichte“ Frage von niemandem beantwortet werden, „denn es gab in Ostpreußen keine Uhren mehr. Die lagen in Trümmer oder tickten an russischen Armen“.[360] Die historische Wirklichkeit rückt wieder in den Vordergrund der literarischen Schilderung, der Schriftsteller unterstreicht die Sinnlosigkeit der oben beschriebenen Schrecken, da sie sich im Großteil hätten vermeiden lassen. Surminski wiederholt noch einmal die Lüge der Nazi-Propaganda und ihre Schuld an der verzögerten Flucht, die Hauptakteure der geschilderten Ereignisse hatten nämlich den verheerenden Fehler letztendlich begriffen, für viele war es jedoch zu spät. Eine alte Frau kommentiert die Folgen der Flucht folgendermaßen:

> Wir sind nicht geflüchtet. (…) Uns hat keiner Bescheid gesagt… Bei uns trafen die Russen die ersten Deutschen… Die Männer sind alle erschossen, ein paar Frauen und Kinder auch, wohl aus Versehen… zweiundvierzig Tote… Wir haben noch nicht alle unter der Erde…Wer soll denn im Winter den Frost aufbrechen? Wo doch keine Männer da sind… Und von den Verletzten sterben auch noch ein paar… Es gibt keinen Arzt und keine Medizin…[361]

Die Konfrontation des durch die Propaganda verbreiteten falschen Bildes der angeblich ausgebluteten sowjetischen Armee mit der unerbittlichen Wirklichkeit war für die Ostpreußen ein Schock, der zusätzlich durch die unerfüllten Erwartungen, die vergebliche Hoffnung auf ein glückliches Ende, sowie die Unmenschlichkeit der russischen Soldaten multipliziert wurde. Im Gespräch zwischen Felix Malotka und Karl Tolksdorf äußert der erste seine Zweifel hinsichtlich des Sinns der Flucht:

---

359 Ebd. S. 399.

360 Ebd. S. 460. Vgl.: Surminski, Arno: *Der Schrecken hatte viele Namen*, S. 291: „Mit fast kindlichem Eifer durchsuchten die sowjetischen Soldaten deutsche Westentaschen, überprüften Mantelfutter, Unterwäsche und Stiefelinhalt. Begehrt waren vor allem Uhren, die die Soldaten in möglichst großer Zahl am Arm trugen: Trophäen der kleinen Sieger. Das Wohlstandsgefälle zwischen Ost und West mag den Hang zum „Sammeln“ verstärkt haben. Uhren waren für die einfachen Soldaten aus dem Innern der Sowjetunion und dem fernen Asien kostbare Raritäten, die zweifellos einen anderen Stellenwert besaßen als für die Besatzungssoldaten aus England oder Amerika“.

361 Surminski, Arno: *Jokehnen…*, S. 358.

> Warum nicht im Dorf bleiben und die gewohnte Arbeit verrichten. So unmenschlich kann doch keiner sein, daß er einen umbringt, der gerade eine Kuh melkt oder die Schweine füttert oder am Herd steht und die Suppe rührt. Wo gibt es Menschen, die eine Oma erschießen könnten, die am Ofen sitzt und spinnt? Oder den Säugling, der in der Wiege schläft? Oder die Kinder, die mit dem Rodelschlitten den Berg herunterfahren. Ich kann mir keinen von Gott geschaffenen Menschen vorstellen, der so etwas fertigbrächte.[362]

Die in Surminskis *Jokehnen*, *Kudenow*, *Grunowen*, Lenz' *Heimatmuseum* oder Wiecherts *Missa sine nomine* enthaltene Schilderung der sowjetischen Verbrechen ist aus der heutigen Perspektive kaum fassbar. Die Stärke der von Surminski vorgenommenen Darstellung der damaligen Ereignisse ergibt sich zusätzlich daraus, dass seine Werke, insbesondere der Roman *Jokehnen*, die Perspektive eines Augenzeugen darstellen. Der literarische Stoff wird dabei in den historischen Hintergrund so geschickt eingeflochten, dass der Eindruck entsteht, als hätten sich die Schicksale der scheinbar fiktiven Gestalten doch in Wirklichkeit ereignet.

4.6 Rückkehr ins Dorf, Verschleppung, Vertreibung

Nach den traurigen Erfahrungen, die die Jokehner auf der Flucht gemacht haben, kehren sie nochmals ins Dorf zurück. Beim ersten Anblick fällt ihnen sofort das Ausmaß der Zerstörung auf. Die Dorfbewohner sind nicht imstande, die Impulse zu verstehen, die die Rotarmisten zum maßlosen Plünderungswahn getrieben haben:

> Die Zerstörungen und Verwüstungen in jedem der Häuser waren das erstaunlichste an diesem Krieg. Was mußte es die Rote Armee für Zeit gekostet haben, Tische und Schränke zu demolieren, durch die Fenster zu werfen, auf die Dächer zu schleppen, in die Bäume zu hängen?.[363]

Für die sowjetischen Besatzer spielt es auch keine Rolle, an wem sie ihre Rache üben. Die Ironie des Schicksals ist der Fall des einzigen Kommunisten Seidler,

---

362 Surminski, Arno: *Grunowen…*, S. 301

363 Surminski, Arno: *Jokehnen…*, S. 363. Vgl.: Surminski, Arno: *Der Schrecken hatte viele Namen*, S. 292: „Fassungslos standen wir damals vor den sinnlosen Zerstörungen, die in jedem Haus anzutreffen waren. Zertrümmerte Türen, eingeschlagene Fenster, umgeworfene Möbel, aufgeschlitzte Betten, Photographien mit ausgeschossenen Augen, tote Katzen im Küchenschrank, verblutete Schweine im Schlafzimmer. Die Rote Armee könnte längst in Berlin sein, wenn sie sich nicht so sehr mit dem Mobiliar aufhalten würde, lautete eine bittere Redensart jener Tage".

der von der längst erwarteten Befreiungsarmee vor dem Holzschuppen erschossen wird und paradoxerweise eines der ersten Opfer der Rotarmisten ist, aber „Krieg ist Krieg. Da bleibt keine Zeit, nach der Gesinnung zu forschen".[364] Die Zeiten ändern sich, die ehemaligen Sieger werden nun die Opfer. So ist es auch mit dem alten Zarkan, einem Wolhyniendeutschen, der zur Zeit der Flucht und Vertreibung zur wichtigsten Person in Jokehnen geworden war, weil er einfach Russisch kannte, obwohl ihm „die Kinder früher freche Worte nachgerufen hatten, weil er kein ordentliches Deutsch sprach (…) So ändern sich die Zeiten".[365] Die Jokehner sehen Kolonnen der nach Russland marschierenden, im Großteil alte Männer (S. 367). Ein anderes Anzeichen der neuen Ära ist Wassili, der neue Herr von Jokehnen, ein Ukrainer, der als Gefangener drei Jahre auf einem Gut hinter Nordenburg verbrachte (S. 375). Trotz schrecklicher Bilder, mit denen die Dorfbewohner konfrontiert wurden, verlieren manche die Hoffnung nicht. Martha Steputat drückt ihren Glauben an künftige Besserung der Situation ihrer Familie aus, wobei der wichtigste Anstoß zu einer solchen Annahme die Erinnerung an den Ersten Weltkrieg einerseits und die Überzeugung von der allgemeinen Gerechtigkeit andererseits ist:

> Unsere werden wiederkommen wie im ersten Krieg.
> Nein, da kommt nichts mehr, sagte Steputat.
> Aber die Flüchtlinge werden zurückkehren, und dann geht das Leben weiter. Wer den gefangenen Polen und Russen nichts Böses getan hat, dem werden sie auch nichts tun. Du warst doch immer gut zu ihnen, Karl.[366]

Nach der Flucht sind jedoch derartige Hoffnungen nur Ausnahmen, die meisten sind sich dagegen ihres künftigen Schicksals schon sehr wohl bewusst. Sogar der unkritische Karl Steputat lässt sich von den Hoffnungen seiner Frau nicht hinreißen und sagt zu ihr: „Das zählt nicht. (…) Das Unglück schlägt blind um sich, da zählt nicht, was einer gedacht oder getan hat".[367] Surminski schildert die Entvölkerung der ostpreußischen Dörfer, die infolge des Krieges „in den Urzustand zurückgekehrt"[368] sind. Dass der Krieg endgültig verloren ist, symbolisieren die Reste des Riesenbildes von Adolf Hitler (S. 379). Einige Wochen später stoßen die Jokehner auf ein symbolisches Anzeichen des Untergangs des nationalsozialistischen Gedankenguts, diesmal sind es „ein paar Bücher von Felix Dahn, dazu

---

364 Surminski, Arno: *Jokehnen…*, S. 364.
365 Ebd. S. 365.
366 Ebd. S. 371.
367 Ebd. S. 371.
368 Ebd. S. 373.

ein bißchen Nietzsche und Alfred Rosenberg waren dermaßen demoliert, daß man sie besser ins Feuer warf" (S. 403).

Auf den nächsten Seiten des Romans hallen wieder die Echos der Biografie von Surminski, als die Verschleppung der Eltern von Hermann beschrieben wird. Die Russen nehmen Karl Steputat nach Rastenburg, angeblich zur Arbeit in einer Schneiderwerkschaft. Als sie ihn fragten, ob er Mitglied der NSDAP gewesen war, hatte er bejahend geantwortet:

> Ja, so war Karl Steputat. Er glaubte, Ehrlichkeit müsse beeindrucken. Wer zu seinen Taten stehe, habe schon halb gewonnen. Und er fühlte keine Schuld. Er hatte niemand etwas getan. In diesem Glauben marschierte Karl Steputat von Jokehnen nach Sibirien.[369]

Ein paar Tage später wird auch die Mutter von Hermann verschleppt (S. 383). Diese Szenen knüpfen selbstverständlich an das Schicksal der Eltern von Arno Surminski an, der an diese Erfahrung im Vorwort zur Erzählung *Karaganda* zurückerinnert:

> Als 10-Jähriger habe ich die Deportationen in Ostpreußen miterlebt und mich gewundert, wie lautlos, ohne Jammern, Schreien und Schießen sie vonstatten gingen. Im Dezember 1999 schrieb mir der Suchdienst des Deutschen Roten Kreuzes, mein Vater sei im Mai 1945, meine Mutter im Juni 1946 in einem Lager in Tschuwaschien an der Wolga verstorben.[370]

Surminski nennt die Verschleppung „das eigentliche Drama hinter der Front"[371] und bemerkt, dass sie zu einer Zeit erfolgte, „als die Menschen glaubten, das Schlimmste sei vorüber".[372] Genau in diesem Kontext ist die Haltung von Martha Steputat zu interpretieren. Ihre Familie hat doch die Flucht überstanden, weder ihr noch ihrem Sohn oder Mann wurde etwas Böses angetan. Sie hat Vergewaltigungen gesehen, denen sie selbst nicht zum Opfer gefallen ist. Trotz aller Wirren ist es der ganzen Familie gelungen, ins Dorf zurückzukehren. Unter Berücksichtigung all dieser positiven Aspekte des allgemeinen Unglücks war also ihre

---

369 Surminski, Arno: *Jokehnen…*, S. 380–381. Vgl. Surminski, Arno: *Der Schrecken hatte viele Namen*, S. 294: „Erschütternd zu sehen, wie viele dieser Menschen im festen Glauben an ihre Unschuld ins Verderben gerieten. Sie dachten noch in den hergebrachten Maßstäben. Wer niemand geschlagen, getötet, betrogen oder bestohlen hat, ist nicht schuldig. Daß es ein Verbrechen sein kann, eine bestimmte Meinung gehabt und einer bestimmten Partei angehört zu haben, war für die einfachen Menschen des Ostens unvorstellbar."

370 Surminski, Arno: *Karraganda. Erzählung*. In: *Flucht und Vertreibung*, S. 220.

371 Surminski, Arno: *Der Schrecken hatte viele Namen*, S. 292.

372 Ebd. S. 293.

Hoffnung auf eine seltsame Art und Weise begründet. Die Wirklichkeit war jedoch unerbittlich, letzten Endes musste auch sie persönlich und unmittelbar die Folgen des Krieges erleben. Nicht zu vergessen sind dabei auch die Konsequenzen, die von den Kindern getragen werden mussten. Von einem Tag auf den anderen sind viele Kinder verwaist, sie sind gezwungen, sich in einer völlig neuen Situation zurechtzufinden. Die Zeit der Kindheit ist endgültig vorbei. Frau Aschmoneit versucht, vor dem kleinen Hermann die Hoffnung zu wecken und versichert ihn, seine Eltern würden bald wiederkommen. Die Hoffnung des Jungen wird jedoch sofort unterdrückt, als eine andere Frau die Wahrheit über die Verschleppung ausspricht: „Da kommt keiner wieder. (…) Mein Mann kommt auch nicht wieder. Von den Verschleppten kommt keiner wieder".[373]

Der Frühling wird als diejenige Jahreszeit betrachtet, in der die Natur nach dem Winter zum Leben erwacht. Einen besonderen Stellenwert hat er in der Literatur, Kunst und Musik. Dieser Jahreszeit wird eine große Bedeutung zugeschrieben, sie wird mit Sonne, Wärme, aufblühenden Blumen, grünenden Bäumen und einem angenehmen Geruch der Natur assoziiert. In der Volkstradition steht das Frühjahr für Hoffnung und Beginn des neuen Lebens im ewigen Zyklus der Natur. Der in *Jokehnen* geschilderte Frühling des Jahres 1945 sah aber völlig anders aus:

> Als endlich der Frühling kam, stank es fürchterlich, ein Frühling des Pestgeruchs. Er ließ die Kadaver in den Straßengräben und auf den Gehöften tauen: Rinder, Pferde und Menschen. Feiner süßlicher Aasgestank verpestete die Luft. Am schlimmsten war es, wenn der Nordwind von Jokehnen zum Vorwerk herüberwehte. Er brachte den Gestank von einem guten Dutzend verwesender Schweine aus dem Gutsgarten mit. Welch ein Frühling in Ostpreußen![374]

Surminski stellt eine totale Verwüstung von Ostpreußen dar, das als ein verlassenes Land, in dem kein Leben mehr pulsiert, beschrieben wird: In Wolfshagen sind „keine in der Sonne dösenden Katzen" und „keine anschlagenden

---

373 Surminski, Arno: *Jokehnen*… S. 389, 390. Hermann wird sich auch später mit dem Verlust der Eltern nicht abfinden. Bei der Registrierung der neuen Ankömmlinge in Deutschland fragt ihn eine Frau, wohin er gehört, worauf er antwortet, dass seine Eltern zur Arbeit nach Russland geholt worden sind. Als die Frau dem Jungen sagt, dass von dort aus niemand zurückkommt und dass alle Verschleppten umgekommen sind, bricht Hermann aus und verbalisiert zum nächsten Mal die Hoffnung, dass seine Eltern irgendwann zurückkommen: „Meine Eltern sind nicht umgekommen! schrie Hermann so laut, daß sich alle umdrehten. Die arbeiten in Rußland und wenn sie damit fertig sind, kommen sie nach Deutschland zurück!" (S. 479).

374 Surminski, Arno: *Jokehnen*… S. 388.

Hofhunde“ zu sehen, auch die Vögel gibt es am Himmel nicht. Die Türen aller Häuser stehen offen, sie sind aber „nicht einladend, eher unheimlich düster, abweisend“. Überall lässt sich „ein Geruch von Verwesung, von faulenden Lumpen und verrottetem Bettzeug“ spüren. Das Unkraut bewächst Höfe, Äcker, Gärten und Treppen.[375]

Hunger, allgegenwärtige Gefahr, Unsicherheit, was der nächste Tag mit sich bringt, prägen die Gedanken der Jokehner. Sie denken nicht mehr darüber nach, dass Deutschland untergegangen ist und was mit dem Vaterland weiter passiert. Prosaische, alltägliche und durch die schwierige Lage aufgezwungene Angelegenheiten sind die wichtigsten Probleme. So ist es besonders im Falle der Kinder, für die die große Politik keinen Wert darstellt und der Hunger zum entscheidenden Faktor wird, der ihre Handlungen treibt:

> Peter war es völlig gleichgültig, was aus Deutschland wurde. Er sprach lieber über andere Dinge, über das Essen zum Beispiel. Woher man es bekommt. Was man noch holen konnte.[376]

Nach Jokehnen kommt dann eine polnische Familie, was für die Dorfbewohner, die den Krieg überlebten, ein echter Schock ist:

> Wie muß es ihnen zumute gewesen sein? In ein Land zu kommen, in dem die Getreidefelder schon reif sind, die leeren Häuser zur Auswahl an der Straße stehen, die schwarzen Äcker bereitwillig auf den Pflug warten, die Weiden umzäunt, die Flüsse überbrückt sind. Freie Auswahl auf dem Jahrmarkt der Geschichte. Sie durften sich die schönsten Höfe aussuchen, die fruchtbarsten Felder bestellen. Aber sie schienen nicht sehr glücklich darüber. Trauten sie dem Paradies nicht?.[377]

Die Jokehner wissen nicht, dass den Polen dasselbe Schicksal bereitet wurde, das auch auf die vorerst nichts ahnenden Ostpreußen wartet, da sie aus ihrer Heimat im Osten nach Westen, oft in Viehwagen oder offenen Güterwaggons vertrieben wurden, in dieselbe Richtung also, die die Jokehner in Kürze auch einschlagen werden. Es kommt schließlich der Tag, an dem ein russischer Soldat die neue Anordnung mitteilt:

> Alle Deutschen müssen raus (…) Nach Deutschland… in zwei Stunden… Und nicht mehr Gepäck als jeder tragen kann.[378]

---

375 Ebd. 406.
376 Surminski, Arno: *Jokehnen…*, S. 422.
377 Ebd. S. 437–438.
378 Ebd. S. 447.

Hermann „wunderte sich, daß die Deutschen nach Deutschland sollten. Waren sie denn nicht in Deutschland?“ (S. 447), die 60-jährige Wittkuhnsche wird mit dem Gewehrkolben verprügelt, weil sie das Haus nicht verlassen will (S. 449). Die Menschen werden mitten im Winter in den überfüllten Güterwagen nach Deutschland transportiert (S. 459–460). „Bald stellte sich heraus, daß niemand an die Beseitigung der Fäkalien gedacht hatte. (…) Da kamen achtlos weggeworfene Blecheimer zu Ehren“ (S. 464). Obwohl es im Potsdamer Abkommen vorgeschrieben stand, dass die Aussiedlungsaktionen in „geordneter und humaner Weise“ durchgeführt werden sollten, sind die in *Jokehnen* beschriebenen Transportbedingungen alles andere als human:

> Bald verbreitete sich jener pestilenzartige Gestank, der nur dadurch einigermaßen erträglich wurde, daß der Fahrtwind ständig frische Luft durch die Bretter pustete. Hermann und Peter nahmen jeden kurzen Aufenthalt wahr, um dem Gestank von Urin, Hunde- und Menschenkot zu entfliehen.[379]

Nach einigen Transporttagen ist Frau Woweries erfroren (S. 468). Entsetzlich war dabei, dass die Menschen auch in so einer tragischen Situation positive Seiten finden konnten: „Immerhin, der Gestank hatte nachgelassen. Die tote Woweriesche stank nicht mehr. Was an ihr gestunken hatte, war erfroren“ (S. 468). Hygiene existiert in den Güterwagen nicht, es gibt Exkremente in den Blecheimern, Menschen haben Läuse, spüren ständigen Hunger. Surminski schildert Strapazen, die ausschließlich die stärksten überstehen, Bedingungen, in denen nur die beharrlichsten überleben. Die Ankunft in Deutschland versetzt die Überlebenden keineswegs in fröhliche Stimmung, überall sind nämlich Trümmer zu sehen, die Deutschen beobachten ein Land, das infolge eines zerstörerischen Krieges in Schutt und Asche gelegt worden war. Noch tragischer ist der Fakt, dass die neue Situation kein Ende ihrer Probleme darstellt und die meisten gezwungen werden, den neuen und völlig unerwarteten Hindernissen die Stirn zu bieten.

Die in *Jokehnen* geschilderten Etappen der Flucht ähneln in ihrer naturalistischen Darstellungsart auch anderen Werken der deutschen Nachkriegsliteratur, die sich mit demselben Problem auseinandersetzen. Egal ob in Lenz' *Heimatmuseum*, Wiecherts *Missa sine nomine* oder Kempowskis *Alles umsonst*, werden die grausamen Szenen von der Flucht immer hervorgehoben, obwohl sich die Erzählweise in den jeweiligen Werken voneinander unterscheidet, die Autoren sich verschiedener literarischer Stilmittel bedienen und die Verbrecher nicht immer buchstäblich genannt werden. Ähnlich wie bei Surminski lassen sich auch in *Alles umsonst* die Erinnerungen an den Ersten Weltkrieg finden,

379 Ebd. S. 465.

wo die Diskrepanz zwischen der Verhaltensweise der zaristischen und der sowjetischen Soldaten angesprochen wird.[380] Kempowski prophezeit die künftigen Vergewaltigungen[381], beschreibt die Begebenheiten während der Flucht, als ein Flüchtlingstreck von einem russischen Flugzeug beschossen wird[382], dann schildert er die Landschaft nach der Flucht, wobei die Bilder fast identisch wie die in *Jokehnen* sind:

> An beiden Seiten der Straße lagen umgestürzte Wagen, tote Tiere mit aufgeblähtem Leib und tote Menschen, alte Menschen, Kinder. Viele Kinder. Von Schneewehen waren sie halb bedeckt.[383]

Sowohl bei Surminski, als auch bei Kempowski werden die Täter wörtlich genannt, es gibt unzählige Stellen, an denen „Russen" und „die Rote Armee" erwähnt werden. Einer völlig anderen Strategie bedient sich Ernst Wiechert im Roman *Missa sine nomine*, wo Zeiten und Orte zwar keine wesentliche Rolle spielen[384] und vieles nur angedeutet wird, die Zusammenhänge mit Erfahrungen der Flucht und Vertreibung jedoch leicht erkennbar sind. Der Roman enthält

> vier Erlebnisberichte zur Flucht, die im Vergleich zum Roman insgesamt hervorragen und wirklich beeindrucken. Es sind jeweils kurze, schlaglichtartige Szenen, an die sich die einzelnen Personen erinnern und die auch beim Leser intensiv nachwirken.[385]

Im Unterschied zu *Jokehnen*, wo es einfach von Daten und Eigennamen wimmelt, sind hier die eindeutigen Hinweise auf die echten historischen Ereignisse nur spärlich und die von vier Protagonisten erzählten Geschichten enthalten nur wenige Zeit- und Ortsangaben. Die geschilderten tragischen Erfahrungen der einzelnen Personen lassen jedoch keinen Zweifel daran, welcher Zeitraum der Weltgeschichte und welcher Ort auf der Landkarte Europas gemeint sind. Der Verzicht auf eine wörtliche Anknüpfung an Flucht und Vertreibung mindert auch keineswegs die Schrecken dieser Zeit, die in Erinnerung zurückgerufenen Bilder sind einfach entsetzlich, wie die Beschreibung des von Panzern überrollten Flüchtlingstrecks:

---

380 Kempowski, Walter: *Alles umsonst*. BTB Verlag. München 2008, S. 350.

381 Ebd. S. 196: „Nun hütet euch, ihr deutschen Frauen und Mädchen, jetzt werden wir euch alles heimzahlen! (…) Wir werden euern Hochmut brechen".

382 Ebd. S. 328.

383 Ebd. S. 351.

384 Vgl. Schneiß, Wolfgang: *Flucht, Vertreibung und verlorene Heimat im früheren Ostdeutschland*, S. 51.

385 Ebd. S. 62–63.

> Es war so dunkel wie im Grab, aber sie hatten die Scheinwerfer angemacht und fuhren über die Schlitten hinweg, über das Vieh, über Frauen und Kinder. Sie fuhren vorwärts und rückwärts, ein paar Male. Es hörte sich an, wie wenn ein Rad über feuchtes Reisig geht.[386]

Besonders erschütternd ist die Szene, in der eine mehrmals vergewaltigte Frau über die Verbrechen der Soldaten berichtet und die Rücksichtslosigkeit und Entmenschlichung der sowjetischen Soldaten in voller Größe zeigt:

> Wir hatten ihnen nichts getan. Sie erschlugen die Männer und die Frauen. Und die Frauen schrien, ehe sie erschlagen wurden. Ich hörte sie, weil ich nicht schrie. Die Mädchen vergifteten sich vorher. Der Doktor hatte ihnen Gift gegeben. Wir hatten einen großen Doktor unter uns, einen sehr großen. Er wehrte sich, und sie schössen ihn tot. (…) Die Kinder haben sie ertränkt, in den Jauchegruben. Sie mußten zuerst das Eis aufhacken, und dann ertränkten sie sie.[387]

Die Erinnerung an die Flucht stützt sich in *Missa sine nomine* auf kurze Reminiszenzen, die in die eigentliche Handlung eingeflochten sind. Neben der scheinbaren Unbestimmtheit der geschilderten Geschehnisse ist der Mangel an einer Schritt für Schritt dargestellten Flucht der auffallendste Faktor, der diesen Roman von den Werken Surminskis unterscheidet. Auch in *Heimatmuseum* findet der Leser einen ausführlichen Bericht von der Flucht. Lenz widmet diesem Thema das ganze dreizehnte Kapitel seines Romans[388] und beschreibt die Vorkommnisse in Anlehnung an Bilder, die auch für andere Schriftsteller kennzeichnend sind. Erinnert wird an den „froststeifen Januar" (S. 539), zwei Stunden Zeit, die den Einwohnern von Lucknow zur Verfügung standen, um den

386 Wiechert, Ernst: *Missa sine nomine*. Kurt Desch Verlag. München 1954, S. 31.

387 Wiechert, Ernst: *Missa sine nomine*, S. 84. Mirosław Ossowski bemerkte als erster polnischer Literaturforscher, dass in der polnischen Übersetzung des Romans aus dem Jahre 1958 viele Passagen von der Zensur gestrichen worden sind, weil sie die Verbrechen der Roten Armee zu stark hervorhoben. So ist es auch im Falle des oben zitierten Berichts der Frau. Vgl.: Ossowski, Mirosław: *Literatura powrotów – powrót literatury*, S. 126–127; Wiechert, Ernst, *Missa sine nomine*. Instytut Wydawniczy Pax. Warszawa 1958, S. 94.

388 Einige Literaturkritiker und -forscher sind sich einig, dass dieses Kapitel der beste Abschnitt des ganzen Romans ist: Vgl. Ossowski, Mirosław: *Literatura powrotów – powrót literatury*, S. 138; Maletzke, Erich: *Siegfried Lenz. Eine biographische Annäherung*. Zu Klampen. Springe 2006, S. 119; Schneiß, Wolfgang: *Flucht, Vertreibung und verlorene Heimat im früheren Ostdeutschland*, S. 226. Schneiß betont außerdem, wie bezeichnend es sei, dass viele Rezensenten in Unwissenheit darauf hingewiesen hätten, „eine solche Darstellung sei nur einem Zeitzeugen möglich", was umso bemerkenswerter sei, als dies auf Lenz nicht zutreffe.

Treck vorzubereiten (S. 539), einen Besitzer der Pferde, der die Tiere erschießt (551–552), den Beschuss des Trecks durch die russischen Flugzeuge (561), Panzer und Feldgeschütze (S. 566), schließlich die Versenkung eines Schiffs mit Flüchtlingen an Bord, die wieder Assoziationen mit der Novelle *Im Krebsgang* von Günter Grass weckt:

> In der Feuerstille hörten wir den Schrei, einen einzigen Angst-, einen Weltuntergangsschrei: der Schiffrumpf begann zu sinken. Die erhobenen Arme, die taumelnden Körper. Die Kisten, Betten, Truhen und Koffer. (…) Noch sprang keiner, obwohl die Schlagseite stetig zunahm, noch hing der mennigrote Rumpf an der Trosse und machte Fahrt, während das Wasser gurgelnd ins Innere schoß. (…) Ich wandte mich nicht ab, als die mennigrote Wand tiefer und tiefer eintauchte, als hundert Arme emporflogen, als Eiswasser das Deck überspritzte und die letzte Habe aufschwamm.[389]

Das sind nur einige Beispiele von Romanen, in denen das Trauma der Flucht und Vertreibung behandelt wird. Trotz aller Unterschiede haben sie zumindest einen gemeinsamen Nenner: Sie zeigen nämlich sehr genau, welch großen Einfluss die Ereignisse der Jahre 1944–1945 auf die deutsche Gesellschaft und dadurch auch auf die Nachkriegsliteratur hatten. Obwohl die Literaten unterschiedliche Aspekte unterstreichen, wobei die einen Kategorien im Vergleich mit den anderen stärker akzentuiert werden, ist das in allen genannten Romanen gemalte Bild – und das trifft wohl im Falle der meisten Werke zur Flucht und Vertreibung zu – eigentlich gleich. Die Erscheinungsjahre der oben erwähnten Werke[390] bestätigen zusätzlich, dass dieses Thema kaum an Aktualität verloren hat und nach wie vor von den besten Schriftstellern aufgegriffen wird.

---

389 Lenz, Siegfried: *Heimatmuseum*, S. 567–568.

390 *Missa sine nomine*: 1950, *Jokehnen*: 1974, *Heimatmuseum*: 1978, *Alles umsonst*: 2006.

5. Die Nachkriegszeit

5.1 Integrationsprobleme der Flüchtlinge in der neuen Heimat

Das Ende des Zweiten Weltkrieges bedeutete kein Ende der Leiden der deutschen Flüchtlinge und Vertriebenen. Mit der Ankunft in Deutschland hatten sie zwar das Schlimmste hinter sich, sofort wurden sie jedoch mit den Herausforderungen der neuen Wirklichkeit konfrontiert. Die historischen Quellen machen unterschiedliche Angaben hinsichtlich der Anzahl der Opfer des Massenexodus, der gegen Ende des Zweiten Weltkrieges begann.[391] Unabhängig von den genauen Daten, die sich beinahe siebzig Jahre nach diesen Ereignissen kaum ermitteln lassen, war die Skala der Zwangsmigrationen einfach beispiellos. Die einzelnen Etappen der Flucht und Vertreibung wurden anhand von ausgewählten literarischen Beispielen und historischen Arbeiten im vorigen Kapitel behandelt, in diesem Teil der Abhandlung soll die nächste Etappe des Flüchtlingsschicksals am Beispiel des Romans *Kudenow oder An fremden Wassern weinen* zur Darstellung gebracht werden.

391 Eva Hahn und Hans Henning Hahn stützen sich auf die im Jahre 1995 erschienene Dokumentation *Aufnahme, Eingliederung und Wirken der Vertriebenen im Landkreis Traunstein nach 1945*, wo die Gesamtzahl der Flüchtlinge und Vertriebenen auf über 12 Millionen geschätzt wird: Vgl. Hahn, Eva; Hahn, Hans Henning, *Flucht und Vertreibung*. In: *Deutsche Erinnerungsorte*. C. H. Beck. München 2001, S. 335. Eine ähnliche Zahl wird von Jürgen Kleindienst erwähnt: Vgl. Kleindienst, Jürgen: *Geflohen, vertrieben, spät angekommen*. In: Kleindienst, Jürgen (Hrsg.), *Nichts führt zurück. Flucht, Vertreibung, Integration 1944–1955. 29 Zeitzeugen-Erinnerungen*. Zeitgut Verlag. Berlin 2008, S. 11. Andreas Kossert gibt dagegen die Zahl von 14 Millionen Deutschen an, die ihre Heimat infolge des Krieges verloren: Vgl. Kossert, Andreas, *Kalte Heimat*. Verlagsgruppe Random House. München 2009, S. 9. Jutta Faendrich bemerkt einen wesentlichen Unterschied zwischen massenhaften Zwangsmigrationen von anderen Arten des Heimatverlustes wie Auswanderung oder Exil. Es handelt sich nämlich darum, dass die Erfahrung der Auswanderer und Exilanten positive Konnotation hatte, indem sie mit der Hoffnung auf die Rückkehr in die alte Heimat verbunden war. Im Falle der Zwangsmigration oder Vertreibung werden „die Betroffenen als passiv Erleidende in einen Erfahrungskontext [gestellt], auf dessen Geschehen sie keinen oder nur wenig Einfluß haben". Vgl.: Faehndrich, Jutta: *Eine endliche Geschichte. Die Heimatbücher der deutschen Vertriebenen*. Böhlau Verlag. Köln, Weimar, Wien 2011, S. 35.

Der Roman *Kudenow* ähnelt in vielen Aspekten dem Erstlingswerk *Jokehnen*. Er ist eine inhaltliche Fortsetzung des schriftstellerischen Debüts, da sich hier auch die Erfahrungen des Schriftstellers widerspiegeln. Obwohl die Namen der Protagonisten anders als in *Jokehnen* sind, lässt die Lektüre keinen Zweifel aufkommen, was den Schriftsteller inspirierte, diese Geschichte niederzuschreiben. Der Leser erfährt hier über traurige Schicksale der deutschen Flüchtlinge, die in der neuen Heimat angekommen sind, voller Hoffnung auf ein besseres Morgen, mit unvorstellbarer Abneigung vonseiten der Einheimischen konfrontiert und dem täglichen Kampf ums Überleben ausgesetzt. Nach der Meinung von Herman Ernst Beyersdorf ist die „autobiographische Grundlage dieses Romans noch stark spürbar, indem sich die Haupthandlung wie auch Surminskis Biographie vom Ostpreußen der Vorkriegs- und Kriegsjahre nach dem Schleswig-Holstein der unmittelbaren Nachkriegszeit bewegt".[392] Neben dem Autobiographischen wird auch in diesem Werk ein großes Gewicht auf die historische Wirklichkeit gelegt, die wieder in den literarischen Stoff eingeflochten wird. In einem Interview bestätigte der Autor, dass *Jokehnen* mit Ausnahmen weniger Kleinigkeiten keine Fiktion enthält, während in den anderen Büchern „das Romanhafte gegenüber dem Authentischen stärker betont [ist], aber dennoch auf eine Weise, dass auch die Fiktion der historischen Realität entspricht".[393] So ist es im Falle von *Kudenow*. Die frei erfundenen Gestalten stehen symbolisch für Millionen Deutsche, denen das gleiche Schicksal zuteilwurde. Für den Handlungsort wählt Surminski das Bundesland Schleswig-Holstein, er macht dies nämlich aus zwei Gründen – auf der einen Seite geht es mit seinen persönlichen Erfahrungen einher, auf der anderen Seite wurde Schleswig-Holstein nach dem Krieg zu dem Bundesland, in dem verhältnismäßig die meisten Ankömmlinge aus dem Osten

392 Beyersdorf, Herman Ernst: *Erinnerte Heimat…*, S. 36. Vgl. Motekat, Helmut: *Die lange Fahrt von Ostpreußen nach Deutschland. Arno Surminskis Romane Jokehnen und Kudenow*. In: Kulturpolitische Korrespondenz. Sonderdienst. 20. Mai 1985, S. 45: „Die autobiographischen Grundzüge lassen sich wie in *Jokehnen* ohne Schwierigkeiten erkennen, obwohl Surminski die Marenkes nicht in Jokehnen, sondern in Kruglanken in Ostpreußen beheimatet sein läßt. Dieser neue Ansatz mit anderen Romanfiguren aus einem anderen Vertreibungsort ist durchaus verständlich. Für das erzählend zu verwirklichende Vorhaben benötigte der Verfasser eine die Flucht überlebt habende Mutter des kindlichen „Helden" und dessen ältere Schwester als Leitgestalt und versöhnende Mittelfigur zwischen der Flüchtlingsfamilie und der des Bauern Kock aus Kudenow".

393 *Arno Surminski: Ostpreußen ist nur ein Mythos*. Interview mit Arno Surminski. In: Die Welt. 12.01.1998.

aufgenommen wurden, wodurch es zum Symbol der Flüchtlingsaufnahme wurde. Der nicht enden wollende Zustrom von Flüchtlingen bewirkt bei den Einheimischen einen Eindruck, als würden die ersten einzig und allein nach Schleswig-Holstein ankommen:

> Hat Schleswig-Holstein allein den Krieg verloren, daß ihr alle Flüchtlinge zu uns schickt?[394]

Die Handlung beginnt mit der Vorstellung des Protagonisten Kurt Marenke, eines Jungen, der während der Vertreibung von seiner Familie getrennt wurde und nach langem Herumziehen seine Familie schließlich findet. Zum zweiten Mal macht Surminski ein Kind zum Hauptlhelden seines Werks, wodurch das schwere Schicksal der deutschen Kinder nach dem Zweiten Weltkrieg betont wird. Es gehörte zu den Schrecken der damaligen grausamen Zeit, dass unzählige Kinder vater- und mutterlos in den deutschen Gebieten westlich der Oder umherliefen. Kurt ist vor allem ein Junge, dessen Kindheit für immer vorbei ist. Entsetzliche Szenen, deren Augenzeuge er war, machten ihn gleichgültig gegenüber dem Schicksal von anderen Mitmenschen. Der Junge scheint das Weinen verlernt zu haben, was für die Menschen in seiner Umgebung ein Schock ist. Sogar die Worte seiner Schwester, ihr Vater soll tot sein, machen auf ihn keinen

394 Surminski, Arno, *Kudenow…*, S. 144. Die demografische Entwicklung im Bundesland Schleswig-Holstein wird im Roman in Anlehnung an historische Statistiken wiedergegeben: „Vor dem Krieg gab es anderthalb Millionen Menschen im Land zwischen den Meeren. Als sie im Oktober 1946 wieder zählten, waren es beinahe drei Millionen. So hatten die sich vermehrt. Die Flüchtlinge waren wie eine Flut hereingebrochen. (…) Auf den Straßen waren mehr Handwagen als Pferdewagen unterwegs. Wo immer man hintrat, krabbelte ein Flüchtling. Die Flüchtlinge hatten die Einwohnerzahl der schönen Inselt Sylt um das Vierfache vermehrt“: Vgl. Surminski, Arno: *Kudenow…*, S. 53. Die realistische Einschätzung der eingeschränkten Kapazität der westdeutschen Gebiete teilten die Flüchtlinge selbst, die von der Skala der Flucht und Vertreibung im gleichen Ausmaß wie die Einheimischen überrascht waren: Vgl. Knüttel, Wioletta: *Verlorene Heimat als literarische Provinz. Stolp und seine pommersche Umgebung in der deutschen Literatur nach 1945*. Peter Lang Verlag. Frankfurt am Main 2002, S. 135: „Die Vertriebenen stellten fest, daß ihre neue Heimat auf die Aufnahme einer so großen Zahl von Ostdeutschen kaum vorbereitet ist. Existenzprobleme gehören zum Alltag. Außerdem werden die Vertriebenen durch die Herzlosigkeit und Verständnislosigkeit der Ansässigen schockiert, nie nun ihr Vermögen mit den neuen ungewünschten Mitbürgern teilen müssen. Die ersten Tage in der neuen Heimat werden von einer starken seelischen Erschütterung durch die Erkenntnis des widerfahrenen Flüchtlingsschicksals begleitet. Die Vertriebenen verschwenden keine Zeit, sie nehmen sofort den Kampf ums Leben auf.“

besonderen Eindruck.[395] Die Mutter fühlt sich daran mitschuldig und deswegen versucht sie ihrem Sohn zu erklären, dass sie sich bemühte, ihn zu finden, ihre Bemühungen jedoch in einem Fiasko endeten:

> Überall habe ich nach dir gefragt. Einer hat mir zur Antwort gegeben: Es laufen so viele herrenlose Kinder herum. Nehmen Sie sich doch eins! Das hat er wirklich gesagt![396]

Am Schicksal der Kinder wird sichtbar, wie schwer und unmenschlich die Zeit in der neuen Heimat war.[397] Die kleinen Jungen und Mädchen sind jedoch nicht die einzigen Akteure der omnipräsenten Herzlosigkeit. Denselben Herausforderungen werden alle Ankömmlinge aus dem Osten ausgesetzt – Männer wie Frauen, junge und alte, ehemalige Grundbesitzer und Bauern gleichermaßen:

> Ehemals selbständige Gutsbesitzer und Bauern mußten sich als Knechte und Landarbeiter unterordnen, Fachkräfte aus Handel, Handwerk und Industrie mußten sich oft jahrelang als Hilfsarbeiter in der Landwirtschaft verdingen.[398]

---

395 Surminski, Arno: *Kudenow...*, S. 30.

396 Ebd. S. 31.

397 An dieser Stelle verweise ich auf den Essay von Bärbel Gafert *Kinder der Flucht – Kinder der Vertreibung 1945 – 1948*, wo die Schrecken der damaligen Zeit beschrieben und mit vielen Statistiken wiedergegeben wurden. Die Forscherin zitiert hier einen Abschnitt aus der Abhandlung von Rajan Autze *Treibgut des Krieges. Flüchtlinge und Vertriebene in Berlin 1945*, in dem die Ankunft eines Schiffs aus einem Kinderheim in Pommern im Westhafen geschildert wird und der die Skala des Problems aufdeckt: „Kinder von zwei bis fünfzehn Jahren lagen bewegungslos auf dem Schiffsboden, die Gesichter von Hunger gezeichnet, an Krätze leidend, von Ungeziefer zerfressen. Leib, Knie und Füße waren geschwollen – bekanntes Symptom des Hungers".: Autze, Rajan *Treibgut des Krieges. Flüchtlinge und Vertriebene in Berlin 1945*. München 2001, S. 33, 36. Vgl. Gafert, Bärbel: *Kinder der Flucht – Kinder der Vertreibung 1945 – 1948*. In: Deutschland Archiv 40 (2007) 5, S. 833–839. Auf den Gebieten westlich der Oder-Neiße-Grenze wurden die Kinder zu Such- und Findelkindern. Es wurden unterschiedliche Versuche unternommen, die verlorenen und über die Gebiete Deutschlands herumlaufenden Kinder zurück zu ihren Eltern zu bringen. Nicht zu überschätzen war hier die Rolle des Kinder-Suchdienst des Deutschen Roten Kreuzes aber auch der DEFA (Deutsche Film AG), die mithilfe der Kino-Wochenschau „Der Augenzeuge" zirka 400 Kindern half, ihre Eltern zu finden: Vgl.: Dörffel, Elisabeth: *Kinder suchen ihre Eltern*. In: *Nichts führt zurück*, S. 278–285.

398 Eiynck, Andreas: *Des Kreises größte Sorge. Flüchtlings- und Wohnraumnot*. In: Eiynck, Andreas (Hrsg.): *Alte Heimat – Neue Heimat: Flüchtlinge und Vertriebene im Raum Lingen nach 1945*. Acken Verlag. Lingen 1997, S. 65. Die totale Änderung der Lebensumstände abertausender Menschen, verstanden als sozialer Abstieg, wird im Roman *Kudenow* genau im Stil von Surminski geschildert, der die Ironie des Schicksals betont: „Wir haben nicht nur eine Gräfin in der Scheune, sondern auch einen

Mit der Ankunft in der neuen Heimat verbanden viele große Hoffnungen, die Wirklichkeit erwies sich aber viel schwieriger zu sein als in den Vorstellungen vieler Heimatvertriebener. Es ist für sie eine unglaublich große Herausforderung, sich nach dem Verlust der Heimat in der neuen Wirklichkeit einzurichten. Die Schwierigkeiten ergeben sich nicht nur aus den materiellen Gründen, sie haben auch einen tief psychologischen Hintergrund. Wioletta Knüttel bemerkt, dass der Verlust der Heimat für viele deutsche Vertriebene eigentlich mit dem Verlust der eigenen Wurzeln gleichzustellen war:

> Sie stellen fest, daß sie in den Kriegsereignissen nicht nur ihren Wohnsitz, ihr Eigentum, ihre Nächsten und oft infolge der Schandtaten der Kriegsparteien ihre menschliche Würde verloren haben, sondern auch, was noch wichtiger ist, ihre eigene Identität. Sie fühlen sich körperlich und geistig brutal gedemütigt und als Rache für den angestifteten Krieg absichtlich mit Vertreibung bestraft und über die Fremde zerstreut.[399]

Arno Surminski verdeutlicht in seinem Werk, wie miserabel das Schicksal der Flüchtlinge war. Angesichts des unerträglichen und endlosen Hungers waren sie nicht selten auch zum Diebstahl gezwungen, wodurch sie in einen Teufelskreis gerieten und die Abneigung bei den Einheimischen festigten. „Jede Plage, jedes Vergehen kreidete man den Vertriebenen an: Sie hatten das Ungeziefer mitgebracht, sie waren verdächtig, wenn etwas gestohlen worden war. Daß Geschlechtskrankheiten und uneheliche Geburten zunahmen, auch dafür wurden sie verantwortlich gemacht".[400] Es gibt so wenig zu essen, dass die Flüchtlinge „halbreife Himbeeren mit Würmern drin"[401] essen müssen. Der ständige Mangel an Lebensmitteln bewirkt, dass eigentlich alle essbaren Dinge zur Alltagsdiät der Flüchtlinge gehören:

> Bei dem Versuch, die zwei Jahre nach dem Krieg zu überleben, hatte Kurt es sich zur Gewohnheit gemacht, immer zu essen, wenn etwas zu essen da war. Er konnte einfach an eßbaren Dingen nicht vorübergehen.[402]

Gebildeten, einen studierten Menschen aus Stargard in Pommern.(...) Gebildete haben es in dieser Zeit besonders schwer (...) weil sie nämlich zwei linke Hände haben": Surminski, Arno: *Kudenow...*, S. 61.

399 Knüttel, Wioletta: *Verlorene Heimat...*, S. 139.

400 Kossert, Andreas: *Kalte Heimat*, S. 53.

401 Surminski, Arno: *Kudenow...*, S. 157.

402 Surminski, Arno: *Kudenow...*, S. 157. Bei dieser Darstellung bleibt Surminski wahrheitstreu. Insofern unterscheidet sich sein Bericht kaum von den Berichten der Augenzeugen. In ihrem Erlebnisbericht, der auf die Zeit der Flucht und Ankunft in der neuen Heimat zurückgeht, erinnert sich Ursula Wellner: „Da unsere Vorräte fast verbraucht waren – wir besaßen nur noch ein Beutelchen mit Erbsen und eine Kanne voll Rübensirup – gingen wir in leer stehende Häuser und suchten vom Keller bis zum

In dieser schwierigen Nachkriegszeit beeinflusste der Hunger außerdem die Entwicklung vieler Krankheiten, was auch von Surminski notiert wurde:

> Hungerödem hieß die häufigste Diagnose, die die Ärzte auf Arbeitsunfähigkeitsatteste zu schreiben hatten. Etwa hunderttausend Fälle in einem Winter.[403]

Viele Flüchtlinge haben Läuse, die für die Ansässigen eine unmittelbare und große Gefahr für Hygiene und Gesundheit sind. Deswegen sind die auf Entlausung abzielenden Maßnahmen notwendig. Die Entlausung hat einen zweifach negativen Stellenwert, weil sie einerseits die enorme Diskrepanz zwischen den Flüchtlingen und den Einheimischen hervorhebt und andererseits mit großer Demütigung ersterer verbunden ist.[404] Der Bauer, auf dessen Hof die Familie Marenke untergebracht wurde, legt ein äußerst großes Gewicht darauf, dass die Flüchtlinge läusefrei sein sollen:

> Das wollte ich Ihnen noch sagen, Frau Marenke! (…) Passen Sie ja auf, daß keine Läuse auf meinen Hof kommen. Wer Läuse hat, fliegt raus![405]

Nachdem die Entlausung abgeschlossen worden war, hatte Kurt Marenke keine Läuse mehr, was den nächsten Schritt der Eingliederung in der neuen Welt bedeutet.[406]

Es erwies sich schnell, dass sich die Flüchtlinge von den Einheimischen in vollem Umfang unterscheiden. Das betraf Sprache, Kleidung und Aussehen. Folgen dieser Diskrepanz waren immer größere Abneigung, ständiges Misstrauen und Überlegenheitsgefühl gegenüber den Ankömmlingen, was auch in den Schimpfwörtern starken Widerhall fand.[407] Der sofort auffallende Aspekt,

---

Boden nach Eßbarem. Eine ölige Flüssigkeit in einer Flasche identifizierten wir als Speiseöl und benutzten sie zum Braten. Doch der Irrtum schlug uns schnell auf den Magen: Brechreiz und Durchfall waren die Folge. Kartoffeln, die wir noch in irgendwelchen Kellern fanden, wurden schnell in Sicherheit gebracht, da alle Flüchtlinge etwas Eßbares aufzuspüren versuchten".: Wellner, Ursula, *Rückfahrkarte nicht inbegriffen.* In: Kleindienst, Jürgen (Hrsg.): *Nichts führt zurück. Flucht, Vertreibung, Integration 1944–1955. 29 Zeitzeugen-Erinnerungen.* Zeitgut Verlag. Berlin 2008, S. 270.

403 Surminski, Arno: *Kudenow…*, S. 16–17.

404 Der Entlausungsprozess wird im Roman auf den Seiten 32–35 beschrieben.

405 Surminski, Arno: *Kudenow…*, S. 35.

406 Surminski, Arno: *Kudenow…*, S. 53.

407 In der Abhandlung *Kalte Heimat* zählt Andreas Kossert nur einige Wörter, mit denen die „Gäste" aus dem Osten gebrandmarkt wurden: „Doch schon bald wurden die Überlebenden beschimpft als Flüchtlingsschweine oder als Polacken. Was fremd an ihnen wirkte, was als Abweichung von der eigenen Norm empfunden wurde, nutzte man, um sie herabzusetzen, ferner alles, was in abträglicher Weise auf Flüchtiges

in dem sich die aus dem Osten angekommenen Deutschen von den gebürtigen Kudenowern unterscheiden, ist die Sprache. Die Sprache, die die Flüchtlinge sprechen, wird von vielen Einheimischen als eine Art Fremdsprache angesehen, was im Gespräch zwischen dem Bauern und Kurt zum Ausdruck kommt:

> Kannst du schon deutsch reden? wollte Kock wissen.
> Freilich kann ich das.
> Da schlug der Bauer die Hände zusammen und fing an zu lachen. Mensch, wo kommst du her? Ist das Sächsisch oder Bayerisch? Freilich, hat er gesagt. Habt ihr das gehört? [408]

Peschka, eine der Romanfiguren, behauptet sogar, dass es absolut notwendig ist, dass die Flüchtlinge Hochdeutsch lernen, denn „erst wenn sie richtiges Deutsch sprechen, werden sie für voll genommen".[409] Die Sprache entscheidet darüber, wer als echter Deutscher eingestuft wird, weswegen die Flüchtlinge als Menschen niedrigster Klasse betrachtet werden:

> Im Vergleich mit den Ausgebombten aus Hamburg fallen sie viel schlimmer aus, die ersten sprachen nämlich richtiges Deutsch und waren besser gekleidet.[410]

Die Konsequenz der ausweglosen Lebenssituation ist der ständige Kampf ums Überleben[411], alles andere rückt in den Hintergrund. Im Roman werden der Diebstahl der Lebensmittel[412] und der Kohle[413] oder das Schwarzschlachten eines Schweins[414] beschrieben. Angesichts der unerwartet großen Anzahl der Flüchtlinge sind die Lebensmittelvorräte sehr eingeschränkt, infolgedessen das Essbare

---

hinwies, etwa feige, fliehend, nicht seßhaft, herumzigeunernd, entwurzelt, heimatloser Geselle oder einfach asozial. Man nahm die Vertriebenen insgesamt als Unterschicht wahr, die in Baracken wohnte, faul und arbeitsscheu war, dreckig, verlaust und voller Flöhe": Kossert, Andreas: *Kalte Heimat*, S. 49. Vgl.: Erika Wagner, *Neue Schuhe*. In: Kleindienst, Jürgen (Hrsg.): *Nichts führt zurück. Flucht, Vertreibung, Integration 1944–1955. 29 Zeitzeugen Erinnerungen*. Zeitgut Verlag. Berlin 2008, S. 286–287: „Besonders schlimm war es im Winter, da mußte ich immer hohe Schnürstiefel mit Haken und Ösen und dicken, genagelten Schuhsohlen tragen. Ich schämte mich furchtbar. Die Kinder aus der Schule riefen mir böse Worte nach, „Kriegssohle" oder „Flüchtlingsschwein" waren noch die harmlosesten Schimpfworte".

408 Surminski, Arno: *Kudenow…*, S. 35.

409 Ebd. S. 41.

410 Ebd. S. 147.

411 Ebd. S. 106.

412 Ebd. S. 131.

413 Ebd. S. 17.

414 Ebd. S. 92.

zu einem Gut von höchstem Wert wird. Die Flüchtlinge müssen stundenlang Schlange stehen, um etwas zum Essen zu bekommen.[415]

Das Tragische im Flüchtlingsschicksal wird in *Kudenow* durch die negative Einstellung der Einheimischen verstärkt. Misstrauen, Abneigung, nicht selten auch Feindseligkeit waren Gefühle, die die Westdeutschen ihren Brüdern aus dem Osten anzubieten hatten. Die zweiten wurden somit nicht nur Opfer der Flucht und Vertreibung, sondern auch der „Hartherzigkeit ihrer eigenen Landsleute".[416] Mit Verlegenheit schauen sie auf die neuen Dorfbewohner, fühlen sich besser und überlegen. Die Bäuerin behauptet sogar, die einen und die anderen passen nicht zueinander. Sie bezweifelt außerdem, ob die Kinder aus so einer Mischung überhaupt gesund sein können.[417] Paradoxerweise tragen die Einheimischen zur Verschlimmerung der Situation von Flüchtlingen bei, sei es böswillig oder unbewusst:

> Kock spielte sogar mit dem Gedanken, die Wasserpumpe auf dem Hof für die Flüchtlinge zu sperren. Wenn es regnet, können sie ja das Maul aufsperren![418]

Die Einheimischen behaupten, dass die Flüchtlinge nichts haben, nichts taugen und nichts können.[419] Ihre Anwesenheit wird als Bedrohung eingeschätzt, sie wecken nur negative Assoziationen:

> Diese Schande! Die Flüchtlinge bringen die Krätze ins Dorf. Aus dem Osten kommt nur der Dreck und Ungeziefer. Die verseuchen das ganze schöne Kudenow.[420]

Die negative Einstellung der Einheimischen verhinderte und verzögerte den doch nicht zu vermeidenden Integrationsprozess. Die teilweise erfundene, teilweise durch persönliche Erfahrungen des Schriftstellers inspirierte Geschichte, die in *Kudenow* erzählt wird, entspricht den Berichten der Nachkriegszeit, nach

415 Ebd. S. 125.

416 Kossert, Andreas: *Kalte Heimat*, S. 15. Vgl.: „Unter den Vertriebenen machte sich angesichts des Elends eine verzweifelte Stimmung breit. In Frankfurt (Oder) kam es im Juni 1945 zu massenhaften Selbstmorden, und in Schwerin forderte ein Vertriebener im Dezember 1945 nach dem Ausbleiben von Lebensmittellieferungen: *Nehmt ein Maschinengewehr und schießt uns lieber zusammen, dann hat die Not wenigstens ein Ende*". Ther, Philipp: *Deutsche und polnische Vertriebene: Gesellschaft und Vertriebenenpolitik in der SBZ/DDR und in Polen 1945–1956*. Vandenhoeck und Ruprecht. Göttingen 1998, S. 118.

417 Surminski, Arno: *Kudenow…*, S. 327.

418 Ebd. S. 145.

419 Ebd. S. 184.

420 Ebd. S. 83.

denen „fast alle Vertriebenen in der neuen Heimat Ausgrenzungen und Anfeindungen erdulden mußten".[421] Kleindienst gesteht zwar ein, dass es eine der großen und unbestrittenen Leistungen der Nachkriegsgesellschaft war, „die Eingliederung von 12,3 Millionen Heimatlosen, etwa ein Achtel der Gesamtbevölkerung, organisiert und finanziert zu haben"[422], auf der anderen Seite unterstreicht der Forscher, dass es einer der größten Nachkriegsmakel der Westdeutschen gewesen war, die Heimatvertriebenen in der Mehrzahl schäbig behandelt zu haben.[423] Die Haltung gegenüber den Flüchtlingen zeigt ein Schmähgebet, das 1946/47 in Waiblingen und Aalen kursierte

> Herrgott im Himmel, sieh unsere Not
> wir Bauern haben kein Fett und kein Brot
> Flüchtlinge fressen sich dick und fett
> und stehlen uns unser letztes Bett
> Wir verhungern und leiden große Pein
> Herrgott, schick das Gesindel heim.
> Schick sie zurück in die Tschechoslowakei,
> Herrgott, mach uns von dem Gesindel frei.
> Sie haben keinen Glauben und keinen Namen,
> die dreimal Verfluchten, in Ewigkeit Amen.[424]

Im Roman werden unzählige Beispiele für die schwierigen Lebensbedingungen der Flüchtlinge genannt. Das betrifft allen Dingen voran den Hunger, aber auch das äußere Erscheinungsbild oder die Kälte, mit der sie im Winter oft vergebens kämpfen müssen. Ergreifend ist die Szene, in der die Mutter des kleinen Kurt den für Zuteilung von Lebensmitteln und Gegenständen täglichen Gebrauchs zuständigen Mann bittet:

> Bitte um die Decke für den kleinen Kurt: Kurtchen, erzähl dem Onkel, wie du gefroren hast. Zwei Jahre lang gefroren, erst unter den Russen, dann bei den Polen. Auch in den vielen Lagern, immer nur gefroren, das Kind![425]

Die unbeschreiblich schweren Lebensbedingungen erwecken sogar positive Erinnerung an die Nazi-Zeit, wobei die Menge an Essbarem zum entscheidenden

---

421 Kleindienst, Jürgen: *Geflohen, vertrieben, spät angekommen*. In: Kleindienst, Jürgen (Hrsg.): *Nichts führt zurück. Flucht, Vertreibung, Integration 1944–1955. 29 Zeitzeugen-Erinnerungen*. Zeitgut Verlag. Berlin 2008, S. 11.

422 Ebd. S. 11.

423 Ebd. S. 11.

424 Zitiert nach: Beer, Matthias: *Flucht und Vertreibung der Deutschen: Voraussetzungen, Verlauf, Folgen*. C. H. Beck. München 2011, S. 109.

425 Surminski, Arno: *Kudenow…*, S. 38.

Faktor in diesem Vergleich wird.[426] Der Wunsch nach besserer Ernährung wird im Roman als „Vater aller Wünsche" bezeichnet.[427] Neben diesem Wunsch gibt es auch einen anderen, vielleicht einen noch größeren, nämlich den Wunsch nach der Rückkehr in die alte Heimat. Viele Flüchtlinge sind der Ansicht, ihre Situation ist nur vorübergehend, irgendwann kommen sie doch in die alte Heimat zurück.[428] Im Roman *Kudenow* tritt die Mutter Marenke als Symbol für diese Überzeugung auf. Ihre Hoffnung auf die künftige Rückkehr nach Ostpreußen bildet den roten Faden des Romans. Die Erinnerung an das unbestreitbar bessere Leben in Ostpreußen und ständige Vergleiche der Situation von jetzt mit der von damals machen die Integration in der neuen Heimat unmöglich. Ihre hart arbeitende Tochter Ella beruhigt die Mutter mit den Worten: „Aber warte nur ab. Wenn wir wieder zu Hause sind, wird alles, alles besser".[429] Anlässlich des ersten Weihnachtens in Kudenow zeichnet sie eine Vision vor ihren Kindern:

---

426 Vgl. Surminski, Arno: *Kudenow…*, S. 89.

427 Surminski, Arno: *Kudenow…*, S. 313. Vgl. Kossert, Andreas: *Kalte Heimat*, S. 64. „Zu der Sorge um die Unterkunft trat der quälende Hunger, das größte Problem, vor das sich die Gemeinden gestellt sahen. Im Frühjahr 1946 waren die Tagesrationen so klein, daß körperliche Arbeit fast unmöglich wurde. Die Deutschen litten vor allem unter dem Mangel an Fett und Kartoffeln".

428 Diese Schilderung entspricht der Stimmung der damaligen Zeit und kann über die Flüchtlinge aus allen ostdeutschen Gebieten gesagt werden. Vgl.: Knüttel, Wioletta: *Verlorene Heimat…*, S. 135: „Die Hinterpommern, die gegen Ende des Krieges ihre Heimat in Eile verlassen, hoffen auf die Rückkehr. Sie versuchen sich einzureden, daß die Flucht nach Westen nur eine vorübergehende Angelegenheit sei, die nach dem Friedensschluß enden würde und daß sie dann in ihre Heimat zurückkehren dürften".

429 Surminski, Arno: *Kudenow…*, S. 64. Diese Worte sprach die Mutter kurz nach der Ankunft in Kudenow aus. Da also nicht zu viel Zeit zwischen der Flucht und der Ankunft in Schleswig-Holstein vergangen war, ist ihre Einstellung zu diesem Zeitpunkt noch nachvollziehbar. Die Mutter wird aber im Laufe der ganzen Handlung ihre Hoffnung nicht los. Auch nach der Gründung des Blocks der Heimatvertriebenen und Entrechteten, der 1950 ins Leben gerufen wurde, spricht sie von „dem großen Treck, der eines Tages nach Osten aufbrechen würde" (*Kudenow…*, S. 395). Und das ist ein eindeutiges Anzeichen für die Unfähigkeit der Mutter, sich mit dem endgültigen Verlust der Heimat abzufinden und die neue Wirklichkeit zu akzeptieren, was für viele Vertreter ihrer Generation gemeinsam war. Es kann hier an die Worte von Felix Malotka aus dem Roman *Grunowen* erinnert werden, der auch im Jahre 1987 an den Rückgewinn der verlorenen Heimat stark glaubt: „Und wenn später, vielleicht in hundert Jahren, Ostpreußen wieder deutsch wird, brauchen wir Dokumente" (*Grunowen…*, S. 32). Auf der Party zum 80. Geburtstag von Felix Malotka gibt es auch andere Menschen alter Generation, die die östlichen Gebiete nach wie vor für Deutsch halten: Vgl. Surminski, Arno: *Grunowen…*, S. 40.

> Wenn wieder Weihnachten ist, sind wir zu Hause (…) Die können uns nicht ewig wie Zigeuner durch die Welt ziehen lassen. Einmal kommen die Menschen zur Ruhe. Die Russen und die Polen können das viele deutsche Land überhaupt nicht bewirtschaften. Die brauchen uns, sonst verfallen die Höfe, und die Felder verwildern.[430]

Die Mutter erzählte sehr oft von Ostpreußen, weil sie einfach große Angst hatte, „die Kinder könnten die Heimat vergessen, könnten sich wohl fühlen in diesem Kudenow und eines Tages nicht zurückwollen, wenn die große Fanfare zur Heimkehr ertönte".[431] Denselben Glauben an eine bessere Zukunft vertritt auch Kallweit, dessen Hoffnung auf die Rückkehr in die alte Heimat mit der Gründung der Vereinten Nationen verbunden ist:

> Wartet nur ab, ihr armen Flüchtlinge! Die große Weltregierung in New York wird euch wieder nach Hause bringen. Irgendwann fahren wir zurück in den deutschen Osten. Ein großer Tag wird es werden, ein Tag mit Glockenläut und Böllerschüssen, der größte Tag in der deutschen Geschichte…[432]

Nicht alle Flüchtlinge sind jedoch so optimistisch. Surminski schildert auch gegenteilige Haltungen, die vor allem auf einer realistischen Beurteilung der aktuellen politischen Situation beruhen. Der Schriftsteller kommentiert das Görlitzer Abkommen, infolgedessen die Oder-Neiße-Grenze von der DDR anerkannt wurde. Obwohl es für viele Kudenower ein klares Indiz dafür ist, dass die alte Heimat endgültig verloren ist, können die anderen, darunter auch Kallweit, diese Tatsache nicht akzeptieren.[433] Aus Protestzerreißt er symbolisch den vor Kurzem unterzeichneten Vertrag, „den die Ostzone Anfang Juni mit Warschau geschlossen hatte und in dem die deutschen Gebiete hinter der Oder für alle Zeiten preisgegeben wurden".[434]

Der Gedanke an eine künftige Rückkehr in die alte Heimat ist auch in *Heimatmuseum* lebendig. Wie Surminski in *Kudenow* schildert auch Lenz in seinem

430 Surminski, Arno: *Kudenow…*, S. 70.

431 Ebd. S. 70.

432 Ebd. S. 207.

433 In der Einstellung vieler Kudenower spiegelt Surminski die Stimmung dieser Zeit wider und dies nicht nur bei den Betroffenen, sondern auch bei vielen Politikern der jungen Bundesrepublik wie Konrad Adenauer, der die Unterzeichnung des Abkommens mit den Worten kommentierte, die Bundesregierung werde sich „niemals mit der allen Grundsätzen des Rechts und der Menschlichkeit widersprechenden Wegnahme dieser rein deutschen Gebiete abfinden". Zitiert nach: Urban, Thomas: *Der Verlust. Die Vertreibung der Deutschen und Polen im 20. Jahrhundert*. C. H. Beck. München 2006, S. 165.

434 Surminski, Arno: *Kudenow…*, S. 397.

Roman unterschiedliche Einstellungen der Flüchtlinge/Vertriebenen. Während die einen an die Rückkehr glauben, sind sich die anderen des endgültigen Verlusts bewusst. Diese Diskrepanz ist an einem Dialog zwischen Simon Gayko und Zygmunt Rogalla sichtbar:

> Aber wir missen doch zurick, Siechmunt, wir missen, weil alles auf uns wartet: die Bäume und Seen, und der Schloßberg und die Felder und der alte Fluß, der die Flöße trägt. Nein, Simon, sagte ich, wir werden nicht mehr erwartet dort in Lucknow; die anderen, die uns hätten erwarten können – es gibt sie nicht mehr.[435]

Je länger die Flüchtlinge mit der neuen Welt konfrontiert werden, desto realistischer schauen sie in die Zukunft hin. Allmählich werden sie sich dessen bewusst, dass die Heimat im Osten für immer verloren ist. Sie wird zwar noch lange in den Erinnerungen der Flüchtlinge leben, der Glaube an die künftige Rückkehr wird jedoch immer schwächer. Die Vertriebenen benennen die neuen Orte mit Namen, die auf ihre Vergangenheit, ihr verlorenes Erbe zurückgehen – Breslauer Straße, Königsberger Damm, Stettiner Weg. Die im Roman dargestellte Entscheidung der Flüchtlinge, fünf Jahre nach dem Krieg in der schleswig-holsteinischen Erde Wurzeln zu schlagen, zeigt die nächste Etappe in ihrem Leben. Symbolisch wird es durch die Vision von Kallweit zur Darstellung gebracht:

> Eines Tages wird es keine Einheimischen und keine Flüchtlinge mehr geben, sondern nur noch Kudenower. Die Kinder der Flüchtlinge werden Holsteiner Platt sprechen. Die Kultur des Ostens wird in Vergessenheit geraten. Von Königsberg werden künftige Generationen erzählen, als wären es die Ruinen von Karthago. Der Osten wird nie mehr zu Deutschland gehören, wenn die Flüchtlinge eigene Häuser bauen und nicht als dauernde Anklage in Baracken und Notunterkünften bleiben.[436]

In der Nachkriegszeit wurden von der Bundesregierung verschiedene Gesetze verabschiedet, deren primäres Ziel die Verbesserung der Lebenssituation von Millionen Flüchtlingen und Vertriebenen war. Dazu gehören die Verordnung über den Bevölkerungsausgleich, nach der „hundertfünfzigtausend Menschen aus dem überbevölkerten Schleswig-Holstein in den Westen" umgesiedelt werden sollten[437], das Gesetz zur Milderung dringender sozialer Notstände[438], schließlich das berühmte Lastenausgleichsgesetz, das auf „rasche Integration der Flüchtlinge und Vertriebenen in die westdeutsche Gesellschaft"[439] abzielte. Der

435 Lenz, Siegfried: *Heimatmuseum*, S. 649.
436 Surminski, Arno: *Kudenow…*, S. 335.
437 Surminski, Arno: *Kudenow…*, S. 308.
438 Ebd. S. 312.
439 Urban, Thomas: *Der Verlust*, S. 166.

Lastenausgleich wird von manchen Ostdeutschen als Indiz für den endgültigen Verlust der alten Heimat interpretiert. Dazu gehören Menschen, bei denen die Hoffnung auf die Rückkehr in die ehemals deutschen, nach dem Zweiten Weltkrieg verlorenen Gebiete noch nicht erloschen ist und die im Roman *Kudenow* vor allem Mutter Marenke symbolisiert. Trotz unbestrittener positiver Seiten des Lastenausgleichsgesetzes sehen darin nicht nur die Einheimischen[440], sondern auch viele Flüchtlinge auch negative Aspekte. Die Mutter von Kurt behauptet, sie und ihre Familie wollen keinen Lastenausgleich und nichts geschenkt haben. Sie wollen nur nach Hause, wo sie hingehören.[441]

Der Lastenausgleich bildet im Roman – und das entspricht der historischen Wirklichkeit – den nächsten Schritt der Eingliederung von Flüchtlingen in der neuen Wirklichkeit. *Kudenow* ist eine Chronik über den schwierigen Integrationsprozess der Deutschen aus Ostpreußen, Schlesien, Pommern und anderen verlorenen Gebieten. Surminski zeigt in seinem Werk unterschiedliche Etappen dieses Prozesses, was von Simone Metzger vorzüglich zusammengefasst wird. Direkt nach der Ankunft in der neuen Heimat stoßen die Ankömmlinge auf Mitleidlosigkeit vonseiten der Einheimischen, das Bild der Flüchtlinge prägen dabei nur Vorurteile und nicht die echten Eigenschaften der einzelnen Menschen. Sie werden als Fremde gebrandmarkt und eben als solche betrachtet, was im Wesentlichen durch die nicht selten sehr unterschiedliche Sprache beeinflusst wird. Mit der Aneignung der Sprache der Einheimischen oder zumindest deren Elementen beginnt eine stufenweise vollzogene Integration. Die Ostdeutschen werden außerdem bei verschiedenen Landarbeiten eingesetzt, wodurch sie nolens volens zum wichtigen Bestandteil der westdeutschen Gesellschaft werden. Dann wird das oben erwähnte Lastenausgleichgesetz verabschiedet, das auf die Integration auf kollektiver Ebene hinzielt. Letzten Endes wird die Heirat von

440 Vgl.: Kossert, Andreas: *Kalte Heimat*, S. 101: „Dennoch rief der Lastenausgleich Neid und Unmut hervor. Bis heute hält sich die Behauptung, die Vertriebenen seien großzügig entschädigt worden und hätten sich zudem durch fiktive Angaben zum verlorenen Besitz bereichert".

441 Surminski, Arno: *Kudenow…*, S. 315. In den Worten der Mutter Marenke ist die Stimmung vieler Flüchtlinge enthalten. Es kam sogar zu den Fällen, dass einige Vertriebene auf den Lastenausgleich verzichteten, weil sie einfach den Anspruch auf Hab und Gut in der alten Heimat nicht aufgeben wollten. Das zeigt, wie stark der Wunsch nach Rückkehr war, auch sieben Jahre nach dem Kriegsende, in der Zeit also, in der das Gesetz in Kraft trat. Vgl.: Kossert, Andreas: *Kalte Heimat*, S. 105.

Ella mit dem Bauernsohn Gerhard Kock beschrieben. Von nun an werden die Flüchtlinge nicht mehr als Menschen zweiter Klasse betrachtet.[442]

5.2 Die deutsch-deutsche Teilung

Der Roman *Polninken oder Eine deutsche Liebe* bildet eine konsequente Fortsetzung der Themenkomplexe, die in früheren Werken Arno Surminskis dargestellt wurden. Aus dem Inhalt erfährt der Leser weitere Informationen über die Geschichte der ostpreußischen Provinz, stößt auf viele Vergleiche Ostpreußens von vor und nach 1945, wird mit diversen Betrachtungsweisen dieses Gebiets konfrontiert, die vor allem von Herkunft und Alter der Beobachter abhängig sind. Das Werk besteht aus zwei Teilen, von denen der erste längere von der Reise des BRD-Bürgers Ingo Majewski nach Masuren handelt und der andere, deutlich kürzere, die Geschichte einer traurigen und tragischen Liebe zwischen ihm und einem Mädchen aus der DDR, das er übrigens auf der im ersten Teil behandelten Reise kennenlernte, thematisiert. Der Schriftsteller Surminski ergänzt mit diesem Roman seine Chronik der deutschen Geschichte um das nächste Kapitel, in dem das Thema der deutsch-deutschen Teilung in den Vordergrund rückt. Dem historischen Hintergrund der Teilung Deutschlands in zwei gegenteilige Republiken wird im Werk keine große Bedeutung beigemessen, die Darstellung der Gegenwart, worunter der Anfang der 80er Jahre gemeint ist, ist dagegen von größerer Relevanz. Das Werk von Surminski, einem Schriftsteller, der nach dem Krieg in der BRD wohnte, ist in dieser Hinsicht umso wichtiger, als die

> deutsche Teilung zumindest in der Bundesrepublik kein zentrales Thema der Nachkriegsliteratur [wurde]. Als am 13. August 1961 die Berliner Mauer errichtet wurde, formulierten zwar zahlreiche westdeutsche Schriftsteller ihren Protest, allen voran Wolfdietrich Schnurre und Günter Grass. Ihr Engagement führte zu offenen Briefen und Resolutionen. Literarisch fruchtbar wurde es kaum.[443]

Im Inhalt des Romans *Polninken* lassen sich drei Handlungsebenen aufzeigen. Zum ersten beschwört das Werk die vergangene Welt, die die verlorene Heimat in Masuren herauf, somit ist es als nächstes Kapitel der Ostpreußen-Thematik im Schaffen Surminskis anzusehen. Zweitens thematisiert es die innerdeutsche Teilung. Zum Dritten schildert es die Geschichte einer Liebe, die vor dem

---

442 Vgl. Metzger, Simone: *Verlusterfahrung und literarische Erinnerungsstrategie*, S. 362–371.

443 Lamping, Dieter: *Über Grenzen: eine literarische Topographie*. Vandenhoeck & Ruprecht. Göttingen 2001, S. 121.

Hintergrund politischer und gesellschaftlicher Unterschiede zwischen den beiden deutschen Staaten zum Scheitern verurteilt ist. Nach der Meinung von Hartmut Wilmes „hat Surminski den Kunstgriff überstrapaziert, kalte Politik melodramatisch dem jungen Glück gegenüberzustellen".[444] Darüber hinaus wirft Wilmes dem Schriftsteller vor, er habe sein Buch allzu sehr mit Anekdoten, Reflexionen, Träumen und Erinnerungen vollgestopft[445], was meines Erachtens zum Vorteil des Buchs gereicht, und zwar als Ausdruck der von Surminski so oft angewandten Intertextualität, die die dargestellte Welt besser zeichnen und den historischen Hintergrund aus unterschiedlichen Perspektiven zeigen kann. Ich stimme jedoch der Meinung von Wilmes zu, dass Surminski bei der Darstellung der Trennung von Ingo und Irene auf die Tränendrüse drückt und die traurige Liebesgeschichte gewaltsam zur Tragödie antiken Zuschnittes aufbauschen will.[446] Auch andere Rezensenten schätzten vielmehr die Anknüpfung an das alte Ostpreußen und die deutsche Teilung als die geschilderte Liebesgeschichte.[447]

Surminski greift also in seinem Werk zu einem seinerzeit schon bekannten und von anderen Literaten mit Erfolg angewandten Motiv der Liebe zwischen zwei Menschen, deren Glück durch die Grenze zwischen Ost und West beeinträchtigt wird. Zwei Titel, die sofort einfallen, sind Christa Wolfs *Der geteilte Himmel* und Uwe Johnsons *Zwei Ansichten*. Die beiden Werke erschienen in der ersten Hälfte der 60er Jahre und waren als spontane Reaktion der beiden Schriftsteller auf den Bau der Berliner Mauer zu interpretieren. Als Bürger der DDR zeigten sie die Teilung aus einer anderen Perspektive als es sich im Falle von Surminski darstellt.

Die deutsche Teilung ist im ganzen Schaffen des Schriftstellers aus Jäglack ein Randthema und zumindest in dieser Hinsicht unterscheidet er sich von Uwe Johnson, der „wie kein anderer Autor der 50er und 60er Jahre die Existenz der zwei deutschen Staaten zum Gegenstand gemacht [hat], vor allem in seinem Frühwerk. Schnell galt er als ein Autor, der „eigentlich nur ein einziges Thema: die deutsche Landesteilung" habe, wie Hans Mayer feststellte, der die ersten Romane Johnsons als „Versuche, eine Grenze zu beschreiben", charakterisiert hat".[448] Uwe Johnson wurde als Dichter der beiden Deutschland oder

444 Wilmes, Hartmut: *Eine deutsch-deutsche Liebe. Zu Arno Surminskis Roman: „Polninken"*. In: Sendung der Deutschen Welle „Bücherkiste" vom 21.1.85.

445 Ebd.

446 Ebd.

447 Vgl. Börsing, Hilmar: *Die Wasser sind zu tief.* Jokostra, Peter: *Romeo und Julia 1980*, Brennecke, Ernst: *Wo Deutsche auf Deutsche schießen.*

448 Lamping, Dieter: *Über Grenzen*, S. 121–122.

auch Dichter der Teilung bezeichnet, was Marcel Reich Ranicki in der Rezension von *Zwei Ansichten* für leichtsinnig hielt. Seiner Meinung nach war Johnson das nicht, denn „wie in den *Mutmaßungen* und im *Achim* erweist er sich auch in diesem neuen Buch [*Zwei Ansichten*] als ein Dichter einer der beiden deutschen Welten – jener zwischen Elbe und Oder".[449] Und das lässt sich von Surminski auf keinen Fall sagen, der – wie schon im ersten Kapitel dieser Abhandlung hervorgehoben wurde – vor allem als Chronist der jüngeren Geschichte Ostpreußens bezeichnet wird.[450] Diese Zuordnung ergibt sich natürlich aus der unbestreitbaren Dominanz des Themas Ostpreußen in seinen Werken, obwohl sich der Schriftsteller nicht nur auf die Geschichte dieser historischen Provinz Deutschlands beschränkt.

Zwischen *Polninken* und der Erzählung von Christa Wolf lassen sich einige Gemeinsamkeiten aufzeigen und dies nicht nur aus dem Grunde, dass die Werke eine Liebe zwischen zwei Deutschen aus zwei deutschen Staaten darstellen. Dass sich der in der BRD lebende Surminski einen kritischen Kommentar in Bezug auf die DDR-Wirklichkeit erlauben konnte, ist offensichtlich. Für die in der DDR schaffende Christa Wolf war dies aus selbstverständlichen Gründen viel schwieriger. Trotzdem aber gelang es ihr, ein vor allem realistisches Bild der Deutschen Demokratischen Republik in ihrer Erzählung aufzudecken. Sie wagte „bisher in der DDR-Literatur noch nicht vorgekommene inhaltliche und formale Neuerungen. (…) Christa Wolfs Erzählung ist bahnbrechend für die Entwicklung der DDR-Literatur, weil sie deutlich auf eine ideologische Schwarz-Weiß-Malerei verzichtet, wie sie bis dahin für zahlreiche Werke der frühen DDR-Literatur typisch gewesen war".[451] Im Gegensatz zu propagandistischen Werken des sozialistischen Realismus deutet Christa Wolf auch die Schattenseiten des Alltags in der DDR an, was vor allem durch die Flucht Manfreds in den Westen sowie den Selbstmordversuch von Rita zum Ausdruck gebracht wird.[452]

---

449 Reich Ranicki, Marcel. *Dichter der beiden Deutschland? Uwe Johnsons neuer Roman „Zwei Ansichten"*. In: Die Zeit. 39/1964.

450 Der Schriftsteller hat übrigens nichts gegen solch eine Bezeichnung. In einem Interview für *Die Welt* räumte er ein: „Ich werde zumindest sehr häufig als solcher bezeichnet. Dabei stört mich auch keineswegs diese „regionale Festlegung" durch das Publikum. Ein wenig bin ich sogar stolz darauf, wenn mein Name in der Öffentlichkeit vor allem mit Ostpreußen in Verbindung gebracht wird".: In: Die Welt, 12. Januar 1998.

451 Ankum, Katharina von, *Die Rezeption von Christa Wolf in Ost und West: Von Moskauer Novelle bis Selbstversuch*. Editions Rodopi B.V. Amsterdam 1992, S. 63.

452 Vgl.: Wolf, Christa: *Der geteilte Himmel*. DTV. München 1973.

Ähnlich wie Johnson und Wolf zeichnet Surminski im Roman ein Bild von zwei deutschen Staaten mit den für den jeweiligen Staat typischen Elementen. Die im Osten geborene Irene fährt einen Trabant, während der BRD-Bürger Ingo einen Volkswagen besitzt[453]. Die beiden Autos stehen als Symbole der beiden deutschen Staaten, die vor allem die wirtschaftlichen Unterschiede zwischen den beiden Staaten hervorheben sollen. Außerdem erinnert der Schriftsteller an historische Ereignisse und flechtet diese in die Handlung seines Werks ein – so ist die Rede von unterschiedlichen Fluchtversuchen aus der DDR, die im Roman vor allem in Form von Rundfunkberichten wiedergegeben werden. Es wird an historische Persönlichkeiten erinnert – Erich Honecker, Helmut Schmidt[454], Leonid Breschnew[455], weltbekannte Einrichtungen werden genannt (UNO, das Rote Kreuz[456]), wie auch wirkliche Ereignisse, darunter auch die Erinnerung an das Jahr 1970 in Polen sowie die Enthüllung des Werftarbeiterdenkmals vom 16. Dezember 1980.[457]

In den Werken, in denen die Geschichte einen Hintergrund für die Handlung bildet, bedient sich der Autor der Montage[458], indem er die echten historischen

---

453 Interessant ist der heutige Stellenwert, der den beiden Automobilen beigemessen wird. Der Trabant „fungiert als Repräsentant eines politischen Systems, seiner Planwirtschaft, wie als materieller Zeuge eines unpolitischen Alltagslebens. Er steht für die Moderne wie für ihr Gegenteil, er löst Gefühle von Sehnsucht aus, aber auch von Abneigung oder Verachtung. Durch den Trabant werden Fragen von Repression und Freiheit, Individualität und Gemeinschaft, Distinktion und Gleichheit verhandelt, die die grundsätzlichen Wertvorstellungen der beiden deutschen Teilgesellschaften betreffen. Im Diskurs über den Trabant spiegeln sich überdies die Probleme des Vereinigungsprozesses, der Transformation der ostdeutschen Gesellschaft, der Annäherung bzw. Polarisierung der beiden deutschen Kulturen, des Kampfes um Deutungsmacht und Anerkennung wider.“: Merkel, Ina: *Der Trabant*, S. 363. In: Sabrow, Martin (Hrsg.): *Erinnerungsorte der DDR*. C. H. Beck Verlag. München 2009. Vgl.: „Volkswagen oder kurz VW, das ist, trotz belasteter Vergangenheit in Deutschlands düstersten Zeiten, der überragende deutsche Mythos des 20. Jahrhunderts, Inbegriff aller erdenklichen „deutschen“ Tugenden: Ausdauer, Bescheidenheit, Einfallsreichtum, Ehrlichkeit, Leistungsfähigkeit, Sparsamkeit und Zuverlässigkeit“.: Schütz, Erhard: *Der Volkswagen*, S. 353. In: Francois, Etienne, Schulze, Hagen (Hrsg.): *Deutsche Erinnerungsorte*. Bd. 1. C. H. Beck. München 2001, S. 352–359.

454 Surminski, Arno: *Polninken oder Eine deutsche Liebe*. Ullstein Taschenbuch Verlag. Berlin 2005, S. 396.

455 Ebd. S. 404.

456 Ebd. S. 404.

457 Ebd. S. 425–427.

458 Auf die häufige Repräsentanz der Technik der Montage in den Werken Surminskis weist Herman Ernst Beyersdorf hin. Die Anhäufung unterschiedlicher Texte bei

Dokumente zitiert, zu denen Anreden, Gesetze, Verordnungen, Rundfunk- und Presseberichte, Presseartikel, Lieder oder Zitate aus unterschiedlichen belletristischen, publizistischen, nicht selten auch wissenschaftlichen Texten gehören. Es lassen sich allerdings auch viele Stellen finden, wo der wahrheitsgemäße Stoff in literarische Form umgearbeitet und als solches wiedergegeben wird. Auf zahlreiche Beispiele kann in den vorigen Kapiteln dieser Abhandlung verwiesen werden. Dasselbe trifft im Falle von *Polninken* zu, wo man sehr viele Exemplifizierungen für diese in den Werken Surminskis so häufige Technik entdecken kann. Unabhängig davon, ob die einzelnen Angaben wörtlich, das heißt in Form von konkreten Texten zitiert, oder aber literarisiert werden, ist die schriftstellerische Sorge um Details und wirklichkeitsgetreue Wiedergabe auffallend. Die Erinnerung an historische Tatsachen ist sehr präzise[459] sowie mit Daten und Statistiken untermauert. Bei der Beschreibung des 10. Jahrestages des Massakers an der Ostseeküste in der Volksrepublik Polen wird die genaue Opferzahl angegeben[460], das gleiche kommt im Falle der Opferbilanz an der innerdeutschen Grenze zwischen 1961 und 1981 vor.[461]

Neben der historischen Ebene hat im Roman auch das Fiktive einen bedeutungsvollen Wert. Wie im Falle der früheren Werke beeinflussen auch in *Polninken* die historischen Ereignisse das Schicksal der Protagonisten. Sie müssen sich in dieses Schicksal ergeben, weil sie auf die Wirklichkeit eigentlich keinen Einfluss haben. Die Entscheidungen fallen anderswo, deshalb können sich die beiden ihrer gemeinsamen Zukunft nicht sicher sein.

Die Darstellung der Beziehung zwischen den beiden jungen Menschen stützt sich ursprünglich auf einen Kontrast. Obwohl Ingo und Irene dieselben Wurzeln haben, da ihre Eltern aus Ostpreußen kommen, sind Unterschiede zwischen ihnen leicht erkennbar. Der aus der BRD kommende Ingo versteht die Wirklichkeit der DDR nicht, während seine Geliebte auch positive Seiten des sozialistischen Staates wahrnimmt:

Surminski zeigt eine durchaus enorme Intertextualität seiner Prosa, verstanden als „effektive Präsenz eines Textes in einem anderen“: Vgl. Genette Gérard: *Palimpseste. Die Literatur auf zweiter Stufe*. Suhrkamp Verlag. Frankfurt/M. 1993, S. 10.

459 Beispiele dafür sind Transparente anlässlich des X. Parteitags der SED: „Das Beste zum X. Parteitag! Alles zum Wohle des Volkes!“ (*Polninken*… S. 430) oder auch Zitat aus dem 2. Artikel der DDR-Verfassung: „Der Mensch steht im Mittelpunkt aller Bemühungen der sozialistischen Gesellschaft und ihres Staates“. (*Polninken*…, S. 453).

460 Surminski, Arno: *Polninken*…, S. 426.

461 Ebd. S. 419–420.

> Sie war dankbar, ja, das ist das richtige Wort: dankbar. Der sozialistische Staat erlaubte ihr, der Tochter eines Gutsbesitzers, das Institut für Lehrerbildung in Krossen zu besuchen, er gab ihr eine faire Chance. So hat sie es empfunden.[462]

Irene ist „eine überzeugte Anhängerin der DDR-Gesellschaft, in die sie als Pädagogin integriert ist",[463] sie schämt sich auf keinen Fall, dass sie eine DDR-Bürgerin ist. An einer Stelle gesteht sie ein:

> Die DDR ist mein Land. Niemals hatte ich das Gefühl, in der Hölle oder in einem Gefängnis zu leben. Mein ganzes Leben habe ich dort zugebracht. Es war sehr viel Schönes dabei. Ich gehöre dazu, ich bin dort zu Hause.[464]

Sie betrachtete die DDR keinesfalls als ein Regime, in dem ihre Ambitionen, Pläne oder Gefühle unterdrückt werden. Sie fühlte sich keineswegs verfolgt und vertraute bis zum bitteren Ende auf die Gerechtigkeit ihres Vaterlandes. Wenngleich sie sich der Einstellung des sozialistischen Staates gegenüber der BRD und ihren Bürgern bewusst war, hoffte sie auf ein glückliches Ende ihrer Beziehung mit Ingo. Deshalb hatte sie keine Angst, den DDR-Behörden die ganze Wahrheit über den Briefwechsel mit einem Mann aus der BRD zu erzählen, denn

> sie fand nichts Schlimmes daran, mit einem Mann befreundet zu sein, der zufällig nicht in Wismar, sondern dreißig Kilometer westlich davon zu Hause war. Sie rieten ihr dringend, den Briefwechsel abzubrechen. Eine DDR-Lehrerin mit einer Liebesbeziehung zum Westen sei untragbar.[465]

Nicht nur die Haltung der DDR-Behörden ist negativ, auch die Eltern der beiden melden Bedenken, nachdem sie erfahren haben, dass sie sich verliebten und fortan im Briefwechsel stehen. Die Mutter von Ingo kommentierte das mit

---

462 Ebd. S. 457.

463 Jokostra, Peter: *Romeo und Julia 1980.*

464 Surminski, Arno: *Polninken…*, S. 245. Die Fähigkeit, auch positive Seiten im Alltagsleben zur Zeit der Diktatur zu finden und die damit verbundenen angenehmen Erinnerungen trugen zur Entstehung der Erscheinung bei, die in den 90er Jahren als Ostalgie bezeichnet wurde und die in der Sehnsucht nach der DDR ihren Ausdruck fand. Derartige Haltung vertreten beispielsweise die im Osten wohnhaften Helden des Films *Sonnenallee* in der Regie von Leander Haußmann. Trotz offensichtlicher und unbestreitbarer Strapazen, denen sie im Alltag begegnen, sind sie doch auch dazu fähig, viele positive Seiten des Lebens in der DDR zu erkennen, wenn sie retrospektiv in die alte Zeit zurückblicken. Davon zeugen die Worte des Hauptthelden Mischa, mit denen der Film endet: „Es war einmal ein Land, und ich hab dort gelebt. Wenn man mich fragt wie's war: Es war die schönste Zeit meines Lebens, denn ich war jung, und ich war verliebt".

465 Surminski, Arno: *Polninken…*, S. 458.

Worten: „Das kann nicht gutgehen, das lassen die nie und nimmer zu".[466] Die Eltern von Irene sind noch strenger und entschlossener, weil sie nur allzu gut wissen, wie eine solche Korrespondenz von den DDR-Behörden interpretiert werden kann. Daher schreibt die Mutter von Irene einen Brief an Ingo, in dem sie ihn bittet, mit dem Briefwechsel aufzuhören:

> Werter Herr, ich habe den Grund, Sie von Herzen zu bitten, von weiteren Briefen an mich respektive meine Tochter abzusehen. Briefe dieser Art erschweren unser Leben unnötig. Es ist viel schlimmer, als Sie denken. Grüßen Sie bitte Ihre Frau Mutter herzlich von mir, Ihre Elisabeth von Sahrau.[467]

Die Haltung von Irene ist aber nicht konstant, sie unterliegt im Laufe der Handlung einem Wandel. Wie Herman Ernst Bayersdorf bemerkt, wandelt sie sich „von einer Durchschnittsbürgerin der DDR, die jedenfalls nach außen DDR-übliche Standpunkte vertritt, zu einer Kritikerin jeglicher Ideologie, die die Menschen in feindliche Lager trennt".[468] Im Falle von Ingo stellt sich die Sache gleich dar. In der BRD aufgewachsen, an die Standards der demokratischen Welt gewöhnt, schenkt er den Ereignissen in der DDR ursprünglich nur wenig Beachtung. Obwohl er die Meldungen im Rundfunk vielmals hörte, scheinen diese kaum einen Eindruck auf ihn zu haben. Seine Haltung änderte sich erst dann, als die Alltagsgefahren des Lebens in der DDR und die für den sozialistischen Staat so kennzeichnende Unsicherheit eine Gefahr für ihn selbst darstellten. Die Liebe zu einem Mädchen von jenseits der Grenze bewirkt, dass er sich notgedrungen auch für die Welt, in der sie lebt, zu interessieren beginnt.[469] Unwillkürlich und unbewusst wird er von Angst begleitet, der die DDR-Bürger jeden Tag ausgesetzt sind. Als BRD-Bürger kann sich Ingo jedoch an die immer wieder vorkommenden aufschreckenden Nachrichten nicht gewöhnen. Nachdem er aus dem Rundfunk über den nächsten gescheiterten Fluchtversuch aus der DDR erfahren hatte, bei dem ein Mann verletzt worden sein soll, wurde er erneut von Unruhe ergriffen. Er denkt an das schreckliche Ereignis und weist

466 Ebd. S. 391.

467 Ebd. S. 421.

468 Beyersdorf, Herman Ernst: *Erinnerte Heimat*, S. 61. Zur Begründung seiner These bezieht sich Beyersdorf auf ein Zitat aus einem Brief Irenes an Ingo: „Wir wollen einfach nur Menschen sein, keine Westdeutschen, keine Ostdeutschen, keine Polen, keine Russen, einfach nur Menschen. Wir wollen auch keine Kommunisten sein, keine Kapitalisten, keine Sozialisten oder Nationalisten, nur einfache Menschen". Vgl.: Surminski, Arno: *Polninken…*, S. 415.

469 Surminski, Arno: *Polninken…*, S. 404–405.

seine Anständigkeit einerseits nach, andererseits aber zeigt er seine volle Naivität, die sich aus Unkenntnis der DDR-Wirklichkeit ergibt:

> Ob drüben auch Deutschland war oder ein Land namens Montenegro, erschien ihm unwichtig. Nur töten, das sollten sie nicht. Wie man Menschen behandelt, ist entscheidend, nicht irgendein alter Name für irgendein altes Land. Sie können ja reden, denken, schreiben, glauben, was sie wollen, sie können marschieren, Fahnen schwenken, Transparente tragen und Thälmannlieder singen, nur nicht töten, bitte nicht töten![470]

Letztendlich wird auch der BRD-Bürger Ingo Majewski zum Opfer der DDR-Diktatur, und zwar im eigentlichen Sinne. Am Ende des Romans erfährt der Leser, dass Irene verstorben ist und Ingo von zwei Menschen in Mänteln verhaftet wird. Die deutsch-deutsche Liebe stößt somit „auf schmerzhafte innere und äußere Grenzen“[471], die von den beiden Protagonisten nicht überwältigt werden können. Surminski hat

> ein großes Buch über die Liebe und ein starkes Buch gegen jede Art von Willkür geschrieben. Willkür, wie er sich im Stalinismus der DDR zeigt. Es ist ein Buch über den Irrsinn unserer Zeit, in der zwei Menschen, die die gleiche Sprache sprechen, aus demselben Dorf stammen, nicht zusammenleben dürfen, weil es eine Grenze gibt, mit der sie überhaupt nicht zu tun haben.[472]

Der Roman übt Kritik an allen Regimes, die für Unterdrückung, Entmündigung und Verfolgung der Menschen verantwortlich sind. Die Botschaft richtet sich

---

470 Ebd. S. 417–418.

471 *Liebe zwischen Ost und West.* In: Buch aktuell 1/84, S. 80.

472 Brennecke, Ernst: *Wo Deutsche auf Deutsche schießen. Arno Surminski: Polninken oder Eine deutsche Liebe.* In: Hamburger Anzeigen und Nachrichten. 29.03.84. Surminski zeigt die Absurdität der deutsch-deutschen Teilung im folgenden Abschnitt: „Was die Liebe betrifft, hat es in den letzten fünfzig Jahren die sonderbarsten Geschichten in Deutschland gegeben. Deutsche Frauen haben sich während des Krieges in Kriegsgefangene verliebt, obwohl: Eine deutsche Frau tut so was nicht! Es ist vorgekommen, daß deutsche Soldaten sich ihre Bräute aus den fernsten Winkeln Europas mitgebracht haben, und es ist gutgegangen… Deutsche Frauen haben englische oder russische Besatzungssoldaten geheiratet, sogar dunkelhäutige Amerikaner, denn wo die Liebe hinfällt, bleibt sie liegen und rührt sich nicht vom Fleck… Nicht zu vergessen die Flüchtlinge und die Einheimischen, die sich in den Elendsjahren nach einer Anstandsfrist des kritischen Abwartens um den Hals gefallen sind, um die himmelschreienden Gegensätze zwischen Arm und Reich, zwischen Heimatlosen und Festverwurzelten durch Liebe und Heirat auszugleichen… Liebe zwischen Deutschen und Gastarbeitern aus Anatolien oder Andalusien, ach, es kommt fast täglich vor, aber zwischen Lübeck und Jena ist das problematisch!“: Surminski, Arno: *Polninken…*, S. 397.

gegen alle autoritären Systeme, in denen solche Kategorien wie Glück, Liebe oder Wahrheit der totalitären Herrschaft untergeordnet sind, die einzig und allein auf die Realisierung eigener Ziele setzt. Die Deutsche Demokratische Republik soll dabei lediglich als Beispiel betrachtet werden:

> Schuld haben die anderen mit ihren schrecklichen Ideologien. Die machen alles kaputt. Immer wieder fressen die politischen Systeme die Menschen und ihre einfachen Gefühle, sie lassen nichts übrig.[473]

5.3 Die Reise ins ehemalige Ostpreußen

Das Motiv der Reise ist in der Literatur schon seit der Antike bekannt. Von Homer, über die mittelalterlichen Dichter bis zu den Schriftstellern der Gegenwart wird dieses Motiv in der Belletristik aufgegriffen. Trotz vieler Versuche der Begriffserklärung können sich die Literaturwissenschaftler nicht einig werden, was man unter dem Begriff „Reiseliteratur" verstehen soll. Die bestehenden Definitionen und terminologischen, typologischen und systematisierenden Diskussionen geben ein relativ diffuses Bild der Gattung wieder.[474] Folgt man der Definition von Wilpert, nach der unter der Reiseliteratur „das gesamte dem Stoff nach von tatsächlichen oder fiktiven Reisen berichtende Schrifttum"[475] verstanden werden soll, sind Surminskis Romane *Polninken*, *Grunowen* und *Sommer vierundvierzig* typische Beispiele der Reiseliteratur. Eine ähnliche Schlussfolgerung kann man ziehen, wenn die Aufteilung der Reisetexte von Manfred Links berücksichtigt wird, für den das Kriterium der Authentizität den wichtigsten Maßstab bildete, nach dem ein Text als Reiseliteratur bezeichnet werden kann.[476] Wenngleich die genannten Romane erfundene Geschichten erzählen, lassen sich in allen dreien viele Passagen finden, auf die nicht die Vorstellung des Schriftstellers, sondern vielmehr die tatsächlichen Ereignisse den größten Einfluss hatten. Surminski schreibt seine Werke in Anlehnung an echte geografische Orte und

---

473 Surminski, Arno: *Polninken…*, S. 462.

474 Berg, Anna de: *Nach Galizien: Entwicklung der Reiseliteratur am Beispiel der deutschsprachigen Reiseberichte vom 18. bis zum 21. Jahrhundert*. Peter Lang. Frankfurt am Main 2010, S. 31.

475 Wilpert, Gero von: *Sachwörterbuch der Literatur*. Kröner Verlag. Stuttgart 2001, S. 676.

476 Dazu gehören nach Links folgende Typen zur Gattung Reiseliteratur: 1. Reiseführer und Reisehandbücher, 2. wissenschaftliche und populärwissenschaftliche Reiseschriften; Reiseberichte, Reisetagebücher und Reisebeschreibungen; Reisenovellen und Reiseromane: Vgl.: Berg, Anna de: *Nach Galizien*, S. 32. Vgl.: Brenner, Peter J.: *Der Reisebericht in der deutschen Literatur*. Walter de Gruyter Verlag. Berlin 1996, S. 20.

historische Tatsachen. Die Namen von Städten, Flüssen, Seen, großen Persönlichkeiten der Weltgeschichte, zahlreiche Daten, häufige Zitate aus Presse- und Rundfunkberichten, etc. sorgen für einen hohen Grad der Authentizität seiner Werke. Es entsteht der Eindruck, als würden die Werke echte Reisen beschreiben. Die Entscheidung des Schriftstellers Surminski, zum Motiv der Reise zu greifen, ist leicht nachvollziehbar. In allen drei Romanen sind nämlich zwei Ebenen präsent – Vergangenheit und Gegenwart – und erst die Reise ermöglicht den Protagonisten, die beiden Kategorien miteinander zu konfrontieren.

Im Falle von allen drei Romanen spielt die Reise jedoch eine andere Rolle. Das Anliegen von Ingo Majewski ist nicht die Suche nach den Spuren der alten Heimat. Die Motive, die ihn dazu bewegen, das ehemalige Ostpreußen zu besuchen, sind viel einfacher. Er will dorthin nur aus dem Grunde, denn „in Masuren gibt es noch Seen, aus denen du trinken kannst, ohne zu erbrechen".[477] Für die Vergangenheit dieser Gebiete interessiert er sich dagegen gar nicht. Erst viele Gespräche mit Kasimir, einem alten Polen, den Ingo in Polninken kennenlernte, lassen die Bilder der alten ostpreußischen Provinz lebendig werden. Die ursprünglich nur aus Erholungsgründen unternommene Reise wird somit zur besten Gelegenheit, durch die der junge BRD-Bürger der Geschichte Ostpreußens begegnet. Mit dem Roman *Polninken* fängt eine neue Phase im Schaffen Arno Surminskis an. In den früheren Romanen

> gehören die Hauptfiguren der Erlebnisgeneration an, das heißt, sie haben das Vertreibung- bzw. Flüchtlingsschicksal persönlich erlebt. (…) Es geht also nicht mehr um unmittelbares Erleben, sondern um die langsame Aufdeckung der Vergangenheit.[478]

Ingo Majewski ist ein „typischer Bundesbürger seiner Generation"[479], der sich zu Beginn seiner Reise für die Vergangenheit gar nicht interessiert. Die Entscheidung, nach Masuren zu reisen, ergibt sich wie gesagt nicht aus dem Willen, nach den Wurzeln zu suchen, der Vergangenheit nachzuspüren. Eine Kontrastfigur ist die Mutter von Ingo, eine Repräsentantin der früheren Generation. Sie gibt ihm eine Landkarte der Provinz Ostpreußen in den Grenzen von 1937 (die Handlung spielt dagegen im Jahre 1980!), was sie mit Worten begründet: „Damit du dich zurechtfindest, Ingo".[480] Als Ingo erwähnte, dass er über Olsztyn fahren werde, „verbesserte sie in Allenstein, als er von Gdańsk sprach, das er vielleicht besuchen

477 Surminski, Arno: *Polninken…*, S. 17.

478 Beyersdorf, Herman Ernst: *Erinnerte Heimat*, S. 53.

479 Ebd. S. 55.

480 Surminski, Arno: *Polninken…*, S. 11.

würde, auf der Rückreise, wenn noch Zeit wäre, übersetzte sie in Danzig".[481] Die Unterschiede zwischen der Mutter und ihrem Sohn werden von Anfang an deutlich. Surminski zeichnet zwei völlig unterschiedliche Gestalten, von denen sich die eine mit der Gegenwart identifiziert (Ingo), während für die andere (Mutter) die Vergangenheit nach wie vor lebendig ist: Die Mutter hat falsche Vorstellungen von den möglichen Gründen, die ihren Sohn zum Besuch der alten Heimat hätten bewegen können:

> Warum eigentlich diese Reise? Gewiß war es nicht so, wie die Mutter meinte. Wissen wollen, woher man kommt, dem Land der Ahnen einen ehrfurchtsvollen Besuch abstatten. Nein, nein, das stimmte alles nicht. Er kam aus Lübeck, vom Osten wußte er nur soviel, daß seine Eltern dort bis 1945 gelebt hatten und daß die Sonne da aufgeht.[482]

Auf der Reise durch Polen stößt Ingo auf negative Meinungen über die polnische Nation, in denen das Überlegenheitsgefühl der Deutschen sichtbar wird. Die Polen werden für Faulenzer gehalten. Das Einzige, was sie „nicht kaputtkriegen"[483], ist die masurische Landschaft, alles andere legen sie in Schutt und Asche:

> Haben die Polen ganz schön runtergewirtschaftet, was? So viel Unkraut auf den Feldern hat es doch früher nicht gegeben. Und überhaupt keine Farbe. Die meisten Häuser haben den letzten Anstrich vor dem Krieg bekommen, das ist nuscht mehr von zu sehen.[484]

Die Spuren des Deutschtums sind trotzdem sehr leicht zu finden. Kasimir, ein alter Pole, dem Ingo auf der Reise begegnet und der sich an die Grenzen vor dem Krieg noch erinnert, betrachtet die Gebiete als überwiegend deutsches Erbe:

> Deutsche Zeit ist überall. (…) Brauchst nur ein bißchen zu kratzen, schon kommt sie vor. Was sind fünfunddreißig Jahre polnischer Zeit gegen dreihundertfünfzig Jahre deutscher Zeit. Alle großen Bäume, die du siehst, sind gepflanzt in deutscher Zeit. Die Alle, die du gekommen bist, die Straße mit den vielen für Kasimirs Bienen, ist aus deutscher Zeit. Die Pflastersteine, die Häuser und Friedhöfe, alles deutsche Zeit…[485]

Kasimir spielt eine wichtige Rolle im Roman, er ist „Vermittler zwischen der deutschen Vergangenheit und der polnischen Gegenwart".[486] Diese Gestalt „dient dazu, der Tendenz einer eventuellen Einseitigkeit der Schilderung nur

---

481 Ebd. S. 12.
482 Ebd. S. 14.
483 Surminski, Arno: *Polninken…*, S. 77.
484 Ebd. S. 77.
485 Ebd. S. 93.
486 Beyersdorf, Herman Ernst: *Erinnerte Heimat*, S. 59.

deutscher Leiden entgegenzuwirken: Auch Kasimir hat seine Familie und seine Heimat verloren[487], auch er ist Vertriebener, der die bewegte Geschichte Ostmitteleuropas im zwanzigsten Jahrhundert durchlitten hat".[488]

Von der Reise nach Masuren profitiert Ingo in zweifacher Weise. Einerseits stellt sie für ihn die Gelegenheit dar, sich mit der ostpreußischen Vergangenheit bekannt zu machen, andererseits fungiert Masuren als gewisser Zufluchtsort für Ingo und Irene, wo ihre Liebe frei von jeglichen Vorurteilen zwischen Ost und West aufkeimen kann. In einem Brief Irenes an Ingo wird deutlich hervorgehoben, welche Rolle diesem Ort zugeschrieben wird. Sie schreibt nämlich: „Über den Trümmern der Welt wollen wir uns nicht wiederfinden, sondern im Paradies in Masuren".[489]

Hermann Kallweit aus *Sommer vierundvierzig* und Felix Malotka aus *Grunowen* reisen ins ehemalige Ostpreußen aus anderen Gründen. Im Unterschied zu Ingo kennen sie diese Gebiete, sie identifizieren sich mit deren Vergangenheit, die Reise ist für sie die Möglichkeit, die im Gedächtnis gespeicherten Erinnerungen mit dem gegenwärtigen Bild zu konfrontieren. Die beiden sind Repräsentanten einer Generation, bei der die Erinnerung an die verlorenen Ostgebiete nie erloschen ist. Der Besuch, den sie der alten Heimat abstatten, wird zu einer sentimentalen Reise in die Zeit der Kindheit und Jugend. Die auf zumeist fiktiven Berichten, Erzählungen und Erinnerungen basierende Retrospektive bildet dadurch den Hintergrund, vor dem die wichtigsten Ereignisse aus der Geschichte der ostpreußischen Provinz dargestellt werden.

Die Handlung von *Grunowen* spielt sich im Jahre 1987 ab. Am Anfang des Romans werden unterschiedliche Betrachtungsweisen der Kategorie Heimat dargestellt, wobei die Vertreter der Vorkriegsgeneration, das heißt Altersgenossen von Felix Malotka den Osten als ihre echte Heimat betrachten, während zum Beispiel Werner Tolksdorf, der eine Generation jünger ist, einen völlig anderen Standpunkt vertritt:

> Mein Gott, dachte ich, wenn ich diesen Menschen sage, daß mich Grunowen gar nichts angeht, daß mir die unverzichtbaren Ansprüche nichts bedeuten, mein Haus über der Stadt wichtiger ist als mein Gut in Masuren, sie werden es nicht begreifen.[490]

---

487 Kasimir wurde vor dem großen Krieg in Lemberg geboren, dann lebte er in einem Dorf zwischen Lublin und Kowel.

488 Beyersdorf, Herman Ernst: *Erinnerte Heimat*, S. 59.

489 Surminski, Arno: *Polninken*..., S. 415.

490 Surminski, Arno: *Grunowen*..., S. 33.

Felix und Werner entscheiden sich für eine Reise nach Grunowen, einem kleinen Dorf im ehemaligen Ostpreußen. Zur Reiseausstattung von Felix Malotka gehört eine Landkarte der alten Provinz Ostpreußen, ebenso eine aktuelle Karte der Woiwodschaften Olsztyńskie/Elbląskie.[491] Die ehemaligen deutschen Ortsnamen sind für ihn nach wie vor aktuell, die polnischen will er nicht akzeptieren und lehnt diese ab. Er meint, „wer im Osten geboren ist, muß wieder in den Osten fahren".[492] Die Erinnerung an die alte masurische Zeit ist in ihm stets lebendig. Der 80-jährige Mann erinnert sich an historische Ereignisse, er kennt sich vorzüglich in der Geographie von Ostpreußen aus, sogar Bräuche[493] und Beispiele des Aberglaubens[494] hat er nicht vergessen. Auf der Reise wird die Vergangenheit zurückgerufen. Der Kontakt mit alten bekannten Orten, das im Gedächtnis erhaltene Bild der masurischen Landschaft und ständige Erinnerungen an die vergangene Zeit bewirken, dass er nicht imstande ist, den Verlust von diesen schönen Gebieten zu akzeptieren. Obwohl das Land seit über vierzig Jahren nicht mehr zu Deutschland gehört, hält er es dennoch für einen Teil des deutschen Staates. Über die Kruttinna äußert er sich zum Beispiel, dass es „kein schöneres Gewässer in Deutschland" gibt.[495] Die Haltung von Malotka ist ursprünglich voller Ansprüche und revanchistischer Gedanken, er glaubt sehr tief, dass die verlorenen Gebiete irgendwann wiedergewonnen werden. Mit der Reise verband er anfangs viele Hoffnungen, vor allem die Hoffnung darauf, das ehemalige Ostpreußen nochmals zu besuchen und seine Atmosphäre zu spüren. Und gerade in diesem Versuch ist er gescheitert, sodass er am Ende bitter eingestehen muss:

> Was haben wir ausgerichtet? fragte Malotka plötzlich. Wir sind von Deutschland nach Ostpreußen gefahren und nicht angekommen. Ostpreußen ist versunken, es lebt nur noch in unseren Köpfen.[496]

Damit bemerkt Malotka, Heimat ist „wie die Gnade, kein garantierter Besitz. Heimat – das ist ein unsicherer Ort am Rande der sicheren Existenz, am Rande des Festlands, des Meeres, des Winters".[497]

---

491 Ebd. S. 40.

492 Ebd. S. 55.

493 Ebd. S. 217, S. 232–233.

494 Ebd. S. 64.

495 Surminski, Arno: *Grunowen...*, S. 210.

496 Ebd. S. 80.

497 Arendt, Dieter: *Das Motiv der Heimat in der Literatur*, S. 25. In: Feuchert, Sascha (Hrsg.): *Gießener Arbeiten zur Neueren Deutschen Literatur und Literaturwissenschaft.*

Surminski schildert im Roman *Grunowen* unterschiedliche Einstellungen zum Phänomen der Heimat. Die Botschaft dieses Werks ist dabei leicht zu enträtseln. Der Schriftsteller präsentiert sich als entschiedener Kritiker von Revanchismus, Entschädigung und Vergeltung. Sein Anliegen umfasst ausschließlich den Willen, die alte Heimat in Erinnerung zu bewahren. Man muss dabei

> den materiellen Anspruch auf die Ostgebiete aufgeben und gleichzeitig einen immateriellen Erinnerungsanspruch aufrechterhalten. Es sei nicht möglich, die Heimat wiederzubeleben, sondern es käme darauf an, die Erinnerung zu beleben. Dies sei die Aufgabe des Schriftstellers.[498]

Mit dem Verlust der Heimat setzt sich Arno Surminski nochmals im Roman *Sommer vierundvierzig oder Wie lange fährt man von Deutschland nach Ostpreußen?* auseinander. Das Werk besteht aus zwei Teilen, wobei der erste einen kurzen Ausschnitt aus der Geschichte von Königsberg und die Zerstörung der Stadt infolge der Flächenbombardierungen durch die Alliierten darstellt[499] und der zweite, viel kürzere Teil auf das Jahr 1994 zurückgeht und die Eindrücke des Protagonisten Hermann Kallweit von der Reise nach Kaliningrad schildert. Die Darstellung stützt sich auf den Kontrast zwischen dem gegenwärtigen Bild der postsowjetischen Stadt und der Schönheit von Königsberg zur deutschen Zeit. Hermann Kallweit, der sich an die Atmosphäre der ehemaligen ostpreußischen Hauptstadt erinnert, reflektiert, dass in Kaliningrad nichts von der Pracht Königsbergs übrig blieb. Auffallend ist vor allem der gesellschaftliche Verfall, zu dem die zerstörerische Politik der Sowjetunion weitgehend beitrug:

> Die Kaliningrader Oblast war der erste atheistische Bezirk der Sowjetunion. So etwas muß Folgen haben. Ob man hier noch das siebte Gebot kennt, vom fünften ganz zu schweigen?[500]

Die sozialistische Planwirtschaft und die Trennung von christlichen Tugenden brachten verheerende Folgen mit sich. Die Stadt wurde zu einem Ort, an dem sich Schurken und Prostituierte wohl fühlen:

> Es gibt keinen Anstand mehr in Königsberg. (…) Auf drei Häuser kommen vier Spitzbuben. Die Mädchen stehen an den Ecken, sogar vor unserem Schiff warten sie. Wäre

---

Band 21. Flucht und Vertreibung in der deutschen Literatur. Beiträge. Peter Lang. Frankfurt am Main 2001.

498 Helbig, Louis F.: *Der ungeheure Verlust*, S. 130.

499 Dieser Teil des Romans wurde im vierten Kapitel der vorliegenden Arbeit behandelt.

500 Surminski, Arno: *Sommer vierundvierzig…*, S. 416.

> am Eingang keine Kette, würden sie sich an Bord schleichen und, ohne daß du dich versiehst, in deine Koje kriechen. So heruntergekommen ist Mütterchen Rußland.[501]

Surminski schildert eine Stadt, deren Untergang mit den Bombenangriffen der Jahre 1941 und 1944 begann und nach dem Zweiten Weltkrieg konsequent fortgesetzt wurde.[502] Seit der Ankunft der sowjetischen Truppen in Königsberg ging es nur bergab. Das schöne Königsberg, das im Laufe seiner Geschichte für Künstler, Schriftsteller, Kaufleute und eine einzigartige Mischung verschiedener Nationen und Kulturen berühmt war, wurde zum hässlichen Kaliningrad, das in den 90er Jahren nur von Deutschen besucht wird.[503] Der Untergang Königsbergs symbolisiert den Verlust von Ostpreußen, was am Ende des Romans ausdrücklich geäußert wird:

> Es sind so viele Länder untergegangen, aber keines versank so gründlich wie das Land zwischen Memel und Pregel. Als es nach fünfzig Jahren wieder auftauchte, reisten sie hin, um das Wunder zu betrachten, erschraken aber, weil es ein fremdes Land war. Der alte Sudermann war verstummt, seine „Reise nach Tilsit" konnte nicht mehr stattfinden, weil das Ziel einen anderen Namen bekommen hatte. Auch die sarmatischen Klaviere blieben stumm, „Levins Mühle" klapperte an anderen Bächen. Nur die Geschichte vermag noch etwas zu sagen. Wenn alle Namen vergessen sind, wird sie ein neues Lied anstimmen. Morgen schon, denn die Geschichte ist ohne Ende.[504]

Mit diesen Worten komponiert Surminski ein „Requiem auf das untergegangene Ostpreußen".[505] Diesen Untergang nehmen Ingo Majewski, Felix Malotka und Hermann Kallweit wahr. Erst die Reise ins ehemalige Ostpreußen lässt sie, unabhängig von Alter, ursprünglicher Einstellung und früheren Erfahrungen, diese Wahrheit letztendlich erkennen.

---

501 Ebd. S. 415–416.

502 Vgl.: Kossert, Andreas: *Ostpreußen*, S. 334: „Mit den sowjetischen Eroberern kamen Fleck- und Bauchtyphus sowie Malaria nach Königsberg."

503 Surminski, Arno: *Sommer vierundvierzig…*, S. 396: „Niemcy! Niemcy! rief ihm eine Stimme nach. Sie hatten längst erkannt, daß er ein Fremder war, und Fremde, die im Sommer 94 in Kaliningrad auftauchten, konnten nur Deutsche sein". Vgl.: Surminski, Arno: *Sommer vierundvierzig…*, S. 404: „Ja, Sie sind Deutscher, sagte die Frau. Die Fremden, die zu uns kommen, sind alle Deutsche. Kein anderer besucht uns, nur die Deutschen haben uns nicht vergessen".

504 Surminski, Arno: *Sommer vierundvierzig…*, S. 443.

505 Beyersdorf, Herman Ernst: *Erinnerte Heimat*, S. 107.

6. Schlussbemerkungen

Die deutsche Geschichte des 20. Jahrhunderts bewegt nach wie vor die Gemüter. Obwohl der Zweite Weltkrieg schon 70 Jahre zurückliegt, ist er unverändert Gegenstand des Interesses von Wissenschaftlern, Publizisten, Künstlern und einfachen Menschen. Ab und zu erscheinen Publikationen, Filme oder Sendungen, die Kontroversen hervorrufen und heftige Diskussionen mit sich bringen, in denen die Kategorien Schuld und Strafe, Sieger und Verlierer, Täter und Opfer[506] erneut zur Debatte gestellt werden. Im Jahre 2002 brach die Diskussion über die Rolle der deutschen Nation im Zweiten Weltkrieg erneut aus. In diesem Jahr erschienen nämlich drei Publikationen, die einen enormen Einfluss auf die neue Betrachtungsweise der Deutschen ausübten: die Novelle *Im Krebsgang* von Günter Grass, in der er die Geschichte der Versenkung der „Wilhelm Gustloff" erzählt und sich „an ein Tabuthema der deutschen Nachkriegsgeschichte und Literatur wagt",[507] *Der Brand* von Jörg Friedrich, der die Geschichte des alliierten Bombenkrieges gegen deutsche Städte thematisiert, ein „Tabu, das es gar nicht gibt", bricht[508] und „die Frage nach deutscher Schuld allzu lapidar zur Seite wischt";[509] das Spiegel-Sonderheft *Die Flucht der Deutschen*, in dem die Deutschen als Opfer und keine Täter mehr gesehen werden. Derartige Beispiele, auf die Geschichte Deutschlands aus einem anderen Blickwinkel zu

506 Aleida Assmann postuliert die Anwesenheit der dritten Instanz, die für die Identifizierung von Tätern und Opfern, die Bewertung des Gewaltgeschehens und die Zuschreibung der Rollen verantwortlich wäre: „Bei dieser externen Bewertung und Rollenzuschreibung spielt die Figur des Zeugen eine zentrale Rolle. Gleichzeitig mit der Aufwertung des Opfers in den letzten zwei bis drei Jahrzehnten hat die Rolle des Zeugen an Bedeutung gewonnen, weshalb wir den einen Begriff nicht ohne den anderen verstehen können".: Assmann, Aleida: *Der lange Schatten der Vergangenheit*, S. 85. Interessanterweise könnte man den Schriftsteller Surminski allen drei Instanzen zuordnen: Als elfjähriger Flüchtling und Vertriebener gehört er selbstverständlich den Opfern an, als Deutscher kann er als Repräsentant der Täter eingestuft werden. Schließlich fungiert er als Augenzeuge der damaligen Zeit, dessen in literarischer Form abgefasste „Berichte" die Unterscheidung zwischen Tätern und Opfern möglich machen.

507 Hage, Volker von: *Das tausendmalige Sterben*. In: *Die Flucht der Deutschen*. Spiegel Special. 2/2002.

508 Bollmann, Ralph: *Im Dickicht der Aufrechnung*. Rezension zu Jörg Friedrichs *Der Brand*. In: Die Tageszeitung. 10.12.2012.

509 Ebd.

schauen und „neue", bis dahin verschwiegene Aspekte in die Diskussion einzubeziehen, wecken sofort die Vorwürfe, es seien Versuche, durch Hervorhebung eigener Leiden die Schuld zu leugnen und dadurch die Geschichte zu relativieren. Gegen solch eine Haltung spricht sich Arno Surminski aus. Die Objektivität der Darstellung ist für seine Werke kennzeichnend. Der Schriftsteller vermeidet jede Einseitigkeit und versucht die Probleme aus unterschiedlichen Perspektiven zu schildern. Seine Prosa ist frei von jeglicher Entstellung, selbst die schrecklisten Ereignisse werden in seinen Werken vor dem Hintergrund eines konkreten historischen Kontextes zur Darstellung gebracht. Surminski verweist den Leser immer auf Ursachen und Folgen, Aktionen und Reaktionen, Handlungen und ihre Konsequenzen. Wenn er über Ostpreußen schreibt, macht er dies nicht im Stil von Wiechert oder Lenz, bei denen die Idealisierung der alten Heimat das echte Bild der ostpreußischen Provinz oft verfälscht. Surminski betont somit nicht nur die positiven Aspekte des Alltagslebens im Osten, sondern unterstreicht auch dessen Schattenseiten. Die Flucht und Vertreibung der Deutschen aus Ostpreußen schildert er wahrheitstreu, vergisst dabei jedoch nicht, die Zustimmung zu erwähnen, deren sich die NSDAP in dieser Provinz erfreute. Er betont, dass die Integrationsprobleme der Ankömmlinge aus dem Osten nicht einzig und allein aus dem Verlust von Hab und Gut resultierten und schildert – wieder der historischen Wahrheit entsprechend – inwieweit der Integrationsprozess durch negative, misstrauische und nicht selten auch feindliche Einstellung ihrer Landsleute beeinträchtigt wurde.

Außer der Objektivität fällt noch ein Aspekt auf, der in der vorliegenden Arbeit stark hervorgehoben wurde und der von allen Literaturwissenschaftlern, die sich mit dem Werk von Surminski befassen, unterstrichen wird. Es handelt sich um die Übereinstimmung des Erzählten mit dem Historischen. Obwohl die Romanfiguren frei erfundene Gestalten sind, fungieren sie niemals als unabhängige Individuen. Ihre Entscheidungen, Handlungen und Schicksale werden durch äußere Faktoren determiniert: den Ersten Weltkrieg, die Propaganda vor der Volksabstimmung des Jahres 1920 und dann die der Nazis, die einzelnen Phasen des Zweiten Weltkriegs, die Einberufung der Männer zum Wehrdienst, die zu spät begonnene Flucht, etc. Die ständige Anwesenheit der Geschichte im Leben der einzelnen Romanhelden wird durch die Anhäufung von historischen Texten akzentuiert, die den Eindruck von Authentizität verstärken. Dazu gehören öffentliche Anreden, Zitate aus Rundfunksendungen, Briefen und Presseartikeln, Abschnitte aus den berühmtesten Werken der Weltliteratur.

Obwohl viele Passagen durch die Biographie des Schriftstellers inspiriert wurden, spielen die individuellen Erfahrungen der Protagonisten eine sekundäre

Rolle, viel wichtiger scheint dagegen das kollektive Schicksal zu sein. Im Vorwort zur Neuausgabe des Romans *Jokehnen* schrieb Arno Surminski:

> Die Zahl der Briefe zu *Jokehnen* ist Legion. Die meisten Schreibenden übermittelten diese Botschaft: „In dem Buch ist mein Dorf, meine Geschichte, meine Flucht, mein Kriegsende beschrieben".[510]

Die im Rahmen dieser Arbeit analysierten Romane von Surminski erzählen die Geschichte einer Nation, die in einen wahnsinnigen Konflikt hineingetrieben wurde und die dessen verheerende Konsequenzen im Nachhinein zu tragen hatte. Diese sechs Titel bilden eine geschlossene Komposition von Werken, deren gemeinsamer Nenner die blutige und tragische Geschichte des 20. Jahrhunderts ist. Die Darstellungsweise ist hier von tiefem Humanismus erfüllt, der in den Worten des Autors Ausdruck findet:

> Manchen wäre es lieber gewesen, wenn ich die alte Heimat zurückgefordert hätte. Ich habe den Vertriebenenfunktionären immer gesagt: Ich werde vorurteilsfrei alles beschreiben, aber ich will nichts wiederhaben. Ich will mit den Menschen, deren Heimat das heute ist, in Frieden leben. Nur so können wir unsere alte Heimat im Geiste bewahren.[511]

---

510 Surminski, Arno: *Jokehnen…*, S. 5.

511 Gretzschel, Matthias: *Von Jäglack über Jokehnen bis nach Jegławki –Der Heimatbegriff bei Arno Surminski.* In: Littera Borealis. Edition zur zeitgenössischen Literatur im Norden. Arno Surminski. Sparkassenstiftung Schleswig-Holstein. Kiel 2012, S. 14.

7. Streszczenie

Arno Surminski to autor, którego piśmiennictwo obejmuje szeroki wachlarz tematyczny, przy czym centralnym elementem podkreślanym przez badaczy jego twórczości jest obraz Prus Wschodnich – ziemi rodzinnej pisarza. Opis dziejów tej niegdysiejszej niemieckiej prowincji, ukazanie życia codziennego jej mieszkańców oraz wpływ natury na wyjątkowość tych ziem stanowią istotny wycinek całej jego twórczości. Nawiązania do Królewca, Jegławek i innych miejscowości regionu wschodniopruskiego nigdy właściwie nie znikły z centrum zainteresowań autora, były obecne zarówno w debiutanckiej powieści *Jokehnen* z 1974 roku, jak i w wydanym w roku 2004 utworze *Vaterland ohne Väter*. Mimo tak licznej reprezentacji motywów wschodniopruskich w opowiadaniach i powieściach Surminskiego posądzanie go o monotematyczność byłoby krzywdzące i w żaden sposób nieuzasadnione. Przywiązanie do problematyki związanej z Prusami Wschodnimi świadczy bardziej o konsekwencji twórczej, której celem jest możliwie najpełniejszy opis utraty domu rodzinnego, bez ograniczania się wyłącznie do skutków, lecz w dużej mierze w oparciu o analizę przyczyn tego stanu rzeczy. W swoich utworach beletrystycznych i publicystycznych Arno Surminski poświęca wiele miejsca również innym regionom, narodom, wydarzeniom i miejscom pamięci. Jego proza jest swoistą kroniką najnowszych dziejów Europy, począwszy od wybuchu pierwszej wojny światowej, poprzez czas narodowego socjalizmu, prześladowanie Żydów, poszczególne etapy drugiej wojny światowej wraz z jej punktem kulminacyjnym w postaci ucieczki i wypędzenia Niemców z ziem wschodnich, aż po problemy integracyjne ludności niemieckiej w rzeczywistości powojennej oraz podział Niemiec na RFN i NRD.

Niniejsza praca jest próbą przedstawienia twórczości Arno Surminskiego, dla której czynnikiem zespalającym jest historia. Na podstawie wybranych utworów starałem się ukazać mnogość poruszanych przez niego tematów, wierność prawdzie historycznej oraz strategie opisywania tragicznych, a zarazem fascynujących dziejów narodu niemieckiego. Praca zawiera także odwołania do utworów innych pisarzy oraz porównanie narysowanych przez Surminskiego obrazów przeszłości z ich wersją opisywaną przez historyków, literaturoznawców i innych literatów. Z analizy porównawczej ukazuje się obraz pisarza dbającego o najdrobniejsze szczegóły, w którego utworach świat przedstawiony zaskakuje spójnością i realizmem.

Opisy wydarzeń minionych wkomponowane są w przestrzeń literacką, gdzie fikcja nieustannie miesza się z rzeczywistością, postacie będące wytworem wyobraźni pisarza napotykają na swej drodze osobistości znane z historii dwudziestego stulecia, a wszystko to przeplatane jest odniesieniami do własnych doświadczeń życiowych. Szczególnie pierwsze dwie powieści *Jokehnen* i *Kudenow* pełne są odwołań do życiorysu autora – narodzin w 1934 roku, wychowania we wschodniopruskiej wsi, utraty rodziców wskutek deportacji na Syberię, ucieczki i wypędzenia, czy wreszcie kilkuletniego pobytu w Szlezwiku-Holsztynie, tuż po wojnie, na jednym z gospodarstw wiejskich, w warunkach urągających człowieczeństwu. Mimo traumatycznych doświadczeń, których odzwierciedleniem są drastyczne opisy obecne w poszczególnych utworach, Surminski jest autorem często sięgającym po humor, ironię, sarkazm i groteskę. W jego powieściach odnaleźć można przykłady „humoru mazurskiego", o którego korzeniach pisał Siegfried Lenz w posłowie do zbioru opowiadań *Słodkie Sulejki.*[512] Surminski daje się poznać jako zdeklarowany krytyk narodowego socjalizmu i innych totalitarnych reżimów. Wszystko to ma jeden konkretny cel, myśl przewodnią, która zdaje się płynąć ze wszystkich utworów związanych tematycznie z historią dwudziestego wieku. Jest to chęć zachowania wspomnień o nawet najbardziej zbrodniczych i nieludzkich czasach, dzięki czemu możliwe będzie uniknięcie ich w przyszłości. Owo literackie credo odnaleźć można w przedmowie autora do powieści *Jokehnen*, w której apeluje on: „Nigdy więcej wojny! Nigdy więcej ucieczki i wypędzenia!"[513]

We wstępie do niniejszej pracy powołałem się na zaproponowane przez Aleidę Assmann pojęcia pamięci indywidualnej i zbiorowej oraz starałem się wykazać, jak mocno twórczość Surminskiego związana jest z powojennym dyskursem historycznym, w którym wyodrębnić można przeciwstawne wobec siebie kategorie winy i kary oraz sprawcy i ofiary. Liczne przykłady z dziedzin polityki i kultury dowodzą, jak względne są to pojęcia i jakże różnie są rozumiane w zależności od przynależności narodowej.

W drugim rozdziale przedstawiłem miejsce Arno Surminskiego we współczesnej literaturze niemieckiej. Urodzony we wsi Jäglack na terenie byłych Prus Wschodnich należy on do grupy pisarzy, którzy osobiście doświadczyli ucieczki przed Armią Czerwoną, deportacji rodziców na Syberię i wypędzenia. Przeżycia związane z wydarzeniami drugiej wojny światowej i okresu powojennego stanowią istotny element jego utworów beletrystycznych. Przede wszystkim pierwsze

512 Lenz, Siegfried: Dyskretna informacja o Mazurach. W: Lenz, Siegfried: Słodkie Sulejki. Borussia. Olsztyn 2013, S. 116–117.

513 Surminski, Arno: Jokehnen oder Wie lange fährt man von Ostpreußen nach Deutschland?. Ullstein Taschenbuch Verlag. Berlin 2008, S. 6.

trzy powieści *Jokehnen*, *Kudenow* i *Fremdes Land* pełne są odniesień do biografii Surminskiego. Stanowią one opartą na fikcji literackiej trylogię, w której pisarz nie tylko przedstawia własne doświadczenia, kreśli on również obraz burzliwych losów narodu niemieckiego.

Surminski z pewnością nie jest autorem o recepcji porównywalnej z Günterem Grassem, Siegfriedem Lenzem lub Hertą Müller. Nie oznacza to jednak, że jest pisarzem gorszym. W porównaniu z utworami wymienionych pisarzy jego dzieła w żadnym razie nie należą do kręgu literatury trywialnej, literatury o niskich walorach artystycznych, literatury drugiej kategorii. Wybitny badacz literatury niemieckiej Louis Ferdinand Helbig słusznie zauważył, że twórczość Surminskiego charakteryzuje się szczerym humanizmem, a jej silną stroną jest całkowity realizm. Ponadto w jego utworach odnaleźć można niezwykłe bogactwo środków stylistycznych. Poważny ton miesza się z ironią i humorystycznymi anegdotami, przeplatają się różne formy i perspektywy narracyjne, a każdy utwór cechuje intertekstualność, która potęguje realizm przedstawionych wydarzeń. Wersetom z Biblii towarzyszą słowa wypowiedziane przez Adolfa Hitlera, Josepha Goebbelsa lub Ericha Kocha. Obok doniesień prasowych i cytatów z audycji radiowych czytelnik odnajduje listy, kroniki, zapiski frontowe żołnierzy niemieckich, fragmenty przemówień najważniejszych postaci minionego stulecia.

W eseju pt. *Von ungleichwertiger Deprivation* (*O asymetrii deprywacji*) Hubert Orłowski wskazuje na najważniejsze kompleksy tematyczne literatury polskiej i niemieckiej po 1945 roku. O ile nadwiślańscy pisarze koncentrowali się przede wszystkim na opisie klęski Polski w kampanii wrześniowej, okrucieństwach codzienności okupacyjnej oraz doświadczeniach obozów koncentracyjnych i łagrów, pisarze niemieccy zwracali się ku zupełnie innym problemom. Dlatego powojenna literatura niemiecka porusza przede wszystkim problem klęski pod Stalingradem, rozumianej jako zapowiedź przyszłej klęski Trzeciej Rzeszy, kwestię nalotów dywanowych niemieckich miast oraz rok 1945 jako rok ostatecznego upadku Hitlera, rok ucieczki i wypędzenia.[514] Wszystkie wymienione przez Orłowskiego tematy charakterystyczne dla literatury niemieckiej odnaleźć można w twórczości Arno Surminskiego. Co ciekawe, w swoich dziełach

514 Vgl. Orłowski, Hubert: Von ungleichwertiger Deprivation. ‚Verlorene Heimat' in der deutschen und polnischen Literatur nach 1939. In: Bialek, Edward; Zybura, Marek (Hrsg.): Orłowski Hubert. Literatur und Herrschaft – Herrschaft und Literatur. Zur österreichischen und deutschen Literatur des 20. Jahrhunderts. Peter Lang Verlag. Frankfurt am Main; Berlin; Bern; Bruxelles; New York; Wien 2000, S. 118.

przypomina on również o miejscach pamięci ważnych z polskiego punktu widzenia – Katyniu, obozach koncentracyjnych, powstaniu w warszawskim getcie.

Surminski często bazuje na kontrastach, łączy przeszłość z teraźniejszością, wskazując na nierozerwalny związek między nimi, porusza problem winy i kary, wspomina o sprawcach i ofiarach, zwycięzcach i zwyciężonych. Bardzo wyraźnie zaznacza się obiektywizm autora, który stara się nie formułować oskarżeń i nie wydawać wyroków. Szczególnie ważne jest to z punktu widzenia Polaków, o których zawsze wyrażał się pozytywnie i w stosunku do których nigdy nie rościł sobie pretensji wynikających z postaw rewanżystycznych. W swoich utworach wspomina o wojnie z Polską, polskich jeńcach wojennych, postrzeganych przez wielu mieszkańców Prus Wschodnich jako ludzie drugiej kategorii, podczas opisu ucieczki i wypędzenia swoich krajanów z terenów Prus Wschodnich podkreśla, że identyczny los stał się również udziałem Polaków zamieszkujących Kresy Wschodnie. Autor sprzeciwia się relatywizowaniu historii, optując za możliwie najbardziej obiektywnym spojrzeniem na problemy kontrowersyjne, do dziś dzielące Polaków i Niemców. O spojrzeniu na historię stosunków polsko-niemieckich świadczy między innymi jego reakcja na pomysł utworzenia Centrum przeciwko Wypędzeniom. W jednym z wywiadów Surminski przyznał, że był sceptycznie nastawiony wobec tego projektu. Podkreślił własne doświadczenia związane z ucieczką, wypędzeniem, zbiorowymi gwałtami kobiet ze strony żołnierzy sowieckich, deportacją. Wypędzenia uznał za najmniejsze zło w całym horrorze schyłku drugiej wojny światowej. Poza tym Surminski uważa, że tego rodzaju Centrum powinno podkreślać nie tylko krzywdy niemieckie, lecz odwoływać się również do doświadczeń innych narodów. Erice Steinbach zarzucał, że poprzez jej działalność powstało podejrzenie, jakoby chodziło o roszczenia związane ze zwrotem ziem i majątku, co z kolei sprawiło, że cała idea stała się niewiarygodna, zwłaszcza z punktu widzenia Polaków i Czechów.[515]

Częstotliwość, z jaką autor przywołuje w swoich utworach wspomnienie o Prusach Wschodnich, sprawia, że jest on kojarzony przede wszystkim z tą byłą niemiecką prowincją. Herman Ernst Bayersdorf stwierdził, że Arno Surminskiego „wciąż należy postrzegać w pierwszej kolejności jako autora wypędzeń i wschodniopruskiej przeszłości".[516] Choć reminiscencje odwołujące się do tych

515 Trende, Frank: „Es gibt nicht nur gut, es gibt nicht nur schlecht". Ein Gespräch über erzählte Zeitgeschichte mit Arno Surminski. In: Littera Borealis. Edition zur zeitgenössischen Literatur im Norden. Arno Surminski. Sparkassenstiftung Schleswig-Holstein. Kiel 2012, S. 9.

516 Beyersdorf, Herman Ernst: Erinnerte Heimat. Ostpreußen im literarischen Werk von Arno Surminski. Harrassowitz Verlag. Wiesbaden 1999, S. 93.

ziem stanowią motyw przewodni twórczości Surminskiego, nie są one jedynym tematem jego dzieł. Zgadzam się z opinią Mirosława Ossowskiego, według którego Surminskiego należy traktować głównie jako kronikarza najnowszej historii Niemiec.[517] W jego powieściach i opowiadaniach za pomocą środków literackich przedstawione zostały najważniejsze rozdziały dwudziestowiecznej historii Niemiec, przy czym szczególne miejsce zajmują te wydarzenia historyczne, których naocznym świadkiem był sam autor. Płaszczyzna historyczna wkomponowana jest w przestrzeń literacką, na pierwszym planie znajduje się historia najnowsza, natomiast fikcja literacka stanowi środek wyrazu, za pomocą którego autor snuje fascynującą opowieść o przełomowych momentach minionego stulecia. Charakteryzuje się ona obiektywizmem oraz wiernością prawdzie historycznej. Odzwierciedleniem obiektywnego spojrzenia na historię Niemiec jest brak elementów upiększających, idealizujących, a co za tym idzie – przekłamujących rzeczywistość.

Kolejne trzy rozdziały pracy stanowią analizę wybranych powieści Arno Surminskiego. Rozdział trzeci dotyczy okresu przed drugą wojną światową. W pierwszej części przedstawiłem, w jaki sposób autor ukazał swoją wschodniopruską ojczyznę. Prusy Wschodnie zostały przedstawione na przykładzie fikcyjnych lub istniejących w rzeczywistości wsi. Przypominają one o rodzinnej wsi pisarza, dzisiejszych Jegławkach, przed 1945 rokiem znanych pod nazwą Jäglack. W debiutanckiej powieści rzekomo fikcyjne miejsce akcji zostało wkomponowane w mapę Prus Wschodnich. Sam autor zwracał uwagę na fakt, iż na podstawie zawartych w powieści opisów oraz za pomocą starej mapy możliwe jest znalezienie drogi do Jokehnen/Jäglack/Jegławek. Cztery lata później Siegfried Lenz posłużył się tą samą strategią, osadzając akcję swojej powieści *Muzeum ziemi ojczystej* w miejscowości Lucknow (w polskiej wersji Łukowiec). Podobnie jak u Surminskiego za wymyśloną nazwą kryje się miejsce prawdziwe, a więc miasto Lyck (dzisiejszy Ełk). W obu powieściach nazwy pozostałych miejsc są zgodne z rzeczywistością geograficzną.

Jedną z najważniejszych cech Prus Wschodnich, często podkreślaną przez pisarza oraz badaczy jego twórczości, jest oddalenie tych ziem od centrów władzy oraz ich prowincjonalny charakter. Ma to niezwykle istotny wpływ na życie mieszkańców, którzy przez długi czas żyją odseparowani od nazistowskiego terroru. Na pierwszy rzut oka powstaje wrażenie sielankowego życia, jakie prowadzą

517 Ossowski, Mirosław: Arno Surminski und der europäische Osten. Krieg und Erinnerung im Roman „Vaterland ohne Väter". In: Wille, Lucyna, Homa, Jaromin (Hrsg.): Menschen-Sprachen-Kulturen. Tectum Verlag. Marburg 2006, S. 211.

ludzie zamieszkujący te ziemie. Pojawiają się skojarzenia ze zbiorem opowiadań *Słodkie Sulejki* oraz powieścią *Muzeum ziemi ojczystej* Siegfrieda Lenza. Opisom krainy mazurskiej po drugiej wojnie światowej często towarzyszy idealizacja byłej ojczyzny oraz traktowanie jej w kontekście toposu raju utraconego. Taki sposób ukazania krajobrazu, życia codziennego i obyczajów prowadzi nierzadko do przekłamania rzeczywistości. Twórczość Arno Surminskiego jest natomiast daleka od fałszowania prawdziwego obrazu Prus Wschodnich. Surminski nie ukrywa widocznego w porównaniu z innymi częściami geograficznymi Rzeszy zacofania społeczno-gospodarczego tych ziem, którego przejawem są między innymi duży współczynnik zachorowań wśród dzieci, brak opieki zdrowotnej, brak elektryczności, nadużywanie alkoholu przez mężczyzn, uprzedzenia wynikające z wyznania lub głęboko zakorzenione, wiejskie przesądy. Porównując *Słodkie Sulejki*, stanowiące idealizację *par excellence*, z powieścią *Jokehnen* trudno nie zauważyć, jak odmienną rolę odgrywa kategoria zła. Surminski nie ukrywa ciemnych stron wschodniopruskiej rzeczywistości, zło u Lenza ma natomiast charakter łagodny, nieszkodliwy, nie niesie za sobą żadnych negatywnych skutków dla życia mieszkańców. Idealizacja ojczyzny utraconej, do której Surminski odnosi się w sposób sceptyczny, funkcjonuje przede wszystkim w utworze *Kudenow*, który w swojej treści porusza problemy integracyjne w nowej ojczyźnie. Idealizacja funkcjonuje tu jako środek stylistyczny, którego prymarnym celem jest podkreślenie, w jak ciężkich warunkach przyszło żyć uchodźcom i wypędzonym po drugiej wojnie światowej. To właśnie brak możliwości zaspokojenia podstawowych potrzeb życiowych sprawia, że jedna z protagonistek powieści *Kudenow* stworzyła w swojej wyobraźni obraz sielankowej egzystencji w idyllicznej krainie, tak mocno kontrastującej z jej aktualną sytuacją życiową.

W kolejnej części pracy zanalizowałem temat pierwszej wojny światowej w powieściach Surminskiego, porównując je z powieścią *Muzeum ziemi ojczystej* Lenza oraz odwołując się do prac historycznych. Dane historyczne dotyczące lat 1914–1918 nie pozostawiają złudzeń, że pierwsza wojna światowa była krwawym i okrutnym konfliktem, który pochłonął miliony ofiar, co zostało odnotowane również przez literaturę, która koncentrowała się głównie na opisie wydarzeń frontu zachodniego i wyniszczającej wojny pozycyjnej. Na myśl przychodzi słynna powieść Ericha Marii Remarque'a *Na zachodzie bez zmian*, ukazująca tragiczne losy młodych mężczyzn, którym na co dzień towarzyszą wybuchy, świst kul, krew i wszechobecna śmierć. Utwory Surminskiego kreślą zgoła odmienny obraz wojny, niezgodny z prawdą historyczną. Jest to jednak celowy zamysł pisarza. Bagatelizowanie wydarzeń pierwszej wojny światowej oraz humorystyczny sposób ukazania żołnierzy carskich służą bowiem podkreśleniu ogromnej różnicy między pierwszą a drugą wojną światową. Pierwsza wojna światowa przywoływana jest w powieściach *Jokehnen, Grunowen, Sommer vierundvierzig* oraz *Vaterland ohne Väter*. Bohaterowie tych utworów zdają się w ogóle nie dostrzegać, aby wybuch wojny w znaczący sposób wpłynął na ich życie. Ich jedynym zmartwieniem jest fakt, że wojna rozpoczęła się akurat w czasie żniw, co z kolei wiąże się z ryzykiem zniszczenia plonów. Oficerowie armii carskiej przedstawieni są jako ludzie wykształceni, oczytani i znający języki obce. Żołnierze rosyjscy to chrześcijanie żyjący zgodnie z zasadami dekalogu, a więc niedopuszczający się morderstw, gwałtów i kradzieży. Są łagodni, uśmiechnięci, czasem nieobliczalni. Taki obraz żołnierza armii carskiej towarzyszy mieszkańcom Jokehnen i Grunowen przez cały okres pierwszej wojny światowej. Za pomocą pełnych humoru anegdot autor rysuje postać nieszkodliwego człowieka o mongolskiej twarzy, który nie stanowi żadnego zagrożenia dla ludności cywilnej. Wspomnienia protagonistów dotyczące pierwszej wojny światowej nie odwołują się do wydarzeń istotnych z militarnego punktu widzenia, lecz oparte są na ich własnych doświadczeniach. Nie padają nazwiska najważniejszych dowódców, ani daty kluczowych bitew. Zamiast tego czytelnik dowie się, co się stało z kogutem, koniem, czy też konkretnym przedmiotem. Wydarzenia stricte wojenne są natomiast traktowane jako problem marginalny. Wspomnienie pierwszej wojny światowej odnaleźć można również w *Muzeum ziemi ojczystej Lenza*. W porównaniu z powieściami Surminskiego przedstawiony tu obraz wojny jest zdecydowanie bardziej szczegółowy i bliski prawdzie historycznej, a mieszkańcy Łukowca osobiście doświadczają jej skutków. Pomijając oczywiste różnice pomiędzy opisem pierwszej wojny światowej u Surminskiego i Lenza, w obu dziełach konflikt ten stanowi przeciwwagę dla drugiej wojny światowej. Dopiero zestawienie tych dwóch wydarzeń i przede wszystkim porównanie zachowania nieszkodliwych żołnierzy carskich z barbarzyńskimi czynami Armii Czerwonej w pełni pokazuje odczłowieczenie, jakie charakteryzowało żądnych zemsty i pozbawionych wszelkich hamulców moralnych Sowietów.

Jak już wspomniałem, Surminski nie przywołuje nazwisk pierwszoplanowych postaci okresu 1914–1918. Wyjątkiem jest feldmarszałek Paul von Hindenburg, postać niezwykle ważna dla historii Prus Wschodnich. Obok Ericha von Ludendorffa uznawany jest za ojca zwycięstwa niemieckich oddziałów nad Rosjanami pod Tannenbergiem. Co ciekawe, w oczach wschodniopruskiej ludności to właśnie Hindenburg uchodził za „wybawiciela Prus Wschodnich" i to właśnie jemu przypisywane były wszelkie zasługi za zwycięstwo nad wojskami Rennenkampfa i Samsonowa. Wokół Hindenburga urósł mit, którego echa odnaleźć można w twórczości Surminskiego. Bohaterowie powieści *Jokehnen, Grunowen* oraz *Sommer vierundvierzig* postrzegają feldmarszałka jako uosobienie kunsztu wojennego, traktują go z najwyższą estymą, każde wydarzenie z jego udziałem urasta do rangi święta. Szkoły nazywane są na jego część, dzieci uczą się wierszy o nim. Mieszkańcy Prus Wschodnich nie postrzegają go jako prezydenta Rzeszy, nie interesuje ich reprezentowana przez niego linia polityczna. Uważany jest wyłącznie za bohatera, który dzięki swoim zdolnościom przywódczym uratował wschodnie rubieże Rzeszy Niemieckiej przed najeźdźcą ze Wschodu. Śmierć Hindenburga jawi się niektórym mieszkańcom wsi Jokehnen jako zły omen, zapowiedź przyszłego ataku Rosjan na Prusy Wschodnie.

Kolejnym ważnym wydarzeniem historycznym, któremu Surminski poświęca uwagę na kartach swoich powieści, jest plebiscyt roku 1920, w którym mieszkańcy Prus Wschodnich mają się opowiedzieć za przynależnością narodową. Reminiscencje dotyczące tego okresu pojawiają się głównie w powieści *Grunowen*, w której jeden z protagonistów przywołuje wspomnienie o atmosferze, jaka towarzyszyła plebiscytowi. Opis Surminskiego jest w tym przypadku zgodny z dokumentami historycznymi, które potwierdzają bezprzykładną klęskę, jaką ponieśli Polacy w plebiscycie.

Ostatnia część trzeciego rozdziału pracy dotyczy fenomenu narodowego socjalizmu. Surminski podkreśla ogromne poparcie dla NSDAP na terenie Prus Wschodnich, przypomina wyniki wyborów poszczególnych lat, w których partia Hitlera odnosiła coraz bardziej spektakularne sukcesy. Autor zaznacza jednocześnie, jak wielką cenę musieli zapłacić mieszkańcy tej prowincji za udzielone nazistom poparcie. Zmiana barw z czarno-biało-czerwonych na barwę brunatną nie wywołała w Jokehnen większego poruszenia. Kolejne lata pod flagą ze swastyką upływają spokojnie, mieszkańców nie interesuje wielka polityka, ignorują oni ideologiczne hasła, które są im po prostu obce. Oczywiście istnieją pewne oznaki nowych czasów, są one jednak drugorzędne i nie mają większego wpływu na ich życie. Obok nowej flagi pojawiają się różne media, za pomocą których próbuje się wpajać mieszkańcom nowy światopogląd: radio, w którym usłyszeć można przemówienia Hitlera i Goebbelsa, czy też czasopisma *Völkischer Beobachter* i *Stürmer*, służące jako tuba propagandowa NSDAP. Dzieci uczą się w szkole pozdrowienia „Heil Hitler", starzy mieszkańcy nie mają zamiaru przyswajać sobie nowej formy powitania. Oprócz dwóch osób w Jokehnen nie ma nazistów z przekonania, postawa mieszkańców wsi oparta jest natomiast na oportunizmie i bierności. Nastawienie Surminskiego wobec narodowego socjalizmu jest jednoznacznie krytyczne i negatywne. Wielokrotnie przedstawia on funkcjonariuszy reżimu w sytuacjach dla nich kompromitujących, ukazuje ich głupotę, ślepe posłuszeństwo i niezdolność samodzielnego myślenia. Opowiadając o nazistach często sięga po ironię i groteskę. Surminski nie zapomina również o Żydach. Symbolem losów całego narodu jest historia Samuela Materny, jedynego Żyda znanego mieszkańcom Jokehnen. W powieści funkcjonuje on jako uosobienie wszystkich cech fizycznych i cech charakteru przypisywanych przez nazistów wyznawcom religii mojżeszowej. Trudni się on handlem obwoźnym na skalę lokalną, przez co naraża się na represje ze strony aparatu państwowego. Początkowo wierzy w szczęśliwe zakończenie wciąż narastającego konfliktu między nim i nazistami. Surminski w mistrzowski sposób wplata losy tej fikcyjnej postaci w kontekst historyczny, zachowując dbałość o chronologię wydarzeń. Podkreśla tragizm Materny, o którego życiu decydują Ustawy Norymberskie, Noc Kryształowa, kolejne przesłuchania. Powieści *Jokehnen* i *Grunowen* zawierają ponadto przykłady niezwykłej naiwności, z jednej strony Żydów, którzy liczyli, że wrogie im ustawy obejmą wszystkich innych, tylko nie ich samych i z drugiej strony gojów, którzy ślepo wierzą w pozytywny finał historii Samuela. Mieszkańcy wsi Jokehnen i Grunowen nie wierzą w istnienie obozów koncentracyjnych, samochodów, w których Żydzi duszeni są za pomocą spalin. Z jednej strony wypierają myśli o przerażającym losie swoich bliźnich i współczują im wszelkich krzywd, których doznają ze strony funkcjonariuszy państwowych, z drugiej zaś podświadomie odczuwają ulgę, że to nie ich spotyka to nieszczęście. Wymienione wyżej przykłady są dowodem na to, że problem Holocaustu jest wprawdzie obecny w twórczości Surminskiego, należy jednak podkreślić, że stanowi on jedynie niewielki epizod, a autor poświęca dużo więcej uwagi innym aspektom historii Niemiec.

Czwarty rozdział pracy dotyczy okresu drugiej wojny światowej. Przedstawiłem poszczególne etapy tego konfliktu w odniesieniu do powieści Surminskiego, Lenza, Wiecherta i Kempowskiego, porównując je z dokumentami historycznymi. W pierwszej części tego rozdziału ukazałem początkową fazę wojny, ograniczoną cezurami 1 września 1939 oraz 22 czerwca 1941 roku. Wydarzenia wojenne tego okresu w niewielkim stopniu wpływają na życie mieszkańców, dla których codzienne obowiązki mają dużo większe znaczenie. Większość nie dostrzega zagrożeń, z jakimi wiąże się szaleńcza polityka Adolfa Hitlera, tylko nieliczni patrzą w przyszłość w sposób realistyczny i potrafią przewidzieć nieuchronną klęskę. Brak zainteresowania wojną wśród mieszkańców wschodniopruskich wsi towarzyszy im aż do wkroczenia Armii Czerwonej na teren Rzeszy. Inny obraz wojny pojawia się w powieści *Sommer vierundvierzig*, która ukazuje przede wszystkim problem nalotów dywanowych na Królewiec oraz będące ich konsekwencją totalne zniszczenie miasta w sierpniu 1944 roku. W utworze tym przywoływane są również wspomnienia wcześniejszych lat wojny, której widocznymi objawami – zwłaszcza od 22 czerwca 1941 roku – są naloty bombowe, coraz większa liczba osób rannych i amputowanych kończyn. Początek planu Barbarossa wiąże się dla wszystkich mieszkańców Prus Wschodnich z nieuchronnymi konsekwencjami. Mężczyźni są powoływani do czynnej służby ku chwale Hitlera i narodowego socjalizmu, kobiety i starcy biorą udział w zbiórce odzieży dla walczącego na froncie wschodnim Wehrmachtu, we wsi Jokehnen i Grunowen pojawiają się pierwsi sowieccy jeńcy wojenni. Surminski przywołuje kolejne etapy wojny: początkowe zwycięstwa armii niemieckiej na terenie ZSRR, wypowiedzenie wojny Stanom Zjednoczonym, klęskę pod Stalingradem, klęskę wojsk Rommla w Afryce, zerwanie paktu przez Włochy, naloty dywanowe na Drezno, Hamburg i Królewiec. Za pomocą środków literackich ukazuje stopniowy rozkład Trzeciej Rzeszy, którego punktem kulminacyjnym jest rok 1945. Przedstawia przyczyny zbyt późno przedsięwziętej ucieczki przed Armią Czerwoną, jej przebieg i tragiczne konsekwencje. Kreśli portret żołnierza Armii Czerwonej – pozbawionego ludzkich uczuć i kręgosłupa moralnego rabusia, gwałciciela i mordercy. Opisy wydarzeń obecne na kartach powieści Surminskiego uderzają naturalizmem i są pełne okrucieństwa. Autor niczego nie tuszuje, nie przemilcza, nie przekłamuje. Jako naoczny świadek spisuje nie tylko własną historię, lecz przede wszystkim ukazuje dzieje narodu niemieckiego, który zapłacił najwyższą cenę za obłąkaną politykę swojego kanclerza. Literacki opis ucieczki, gwałtów, deportacji i wypędzenia przesiąknięty jest brutalnością, która charakteryzuje również inne utwory beletrystyczne odwołujące się do wydarzeń schyłku wojny. *Missa sine nomine* Wiecherta, *Alles umsonst* Kempowskiego, czy też *Muzeum ziemi ojczystej* Lenza to tylko nieliczne przykłady powieści, które pełne są wstrząsających opisów tamtych dni.

W ostatnim rozdziale niniejszej rozprawy poruszyłem trzy aspekty okresu powojennego. Pierwsza część ukazuje problemy integracyjne Niemców, z którymi zmierzyć się musieli w nowej rzeczywistości. Utworem w całości poświęconym tej problematyce jest druga powieść Surminskiego pt. *Kudenow oder An fremden Wassern weinen*. Autor przedstawia w niej losy pewnej mazurskiej rodziny, która w wyniku ucieczki z Prus Wschodnich straciła dorobek całego życia. Akcja powieści toczy się w Szlezwiku-Holsztynie, który po drugiej wojnie światowej stał się krajem związkowym, który w porównaniu do całkowitej liczby ludności przyjął największą liczbę uchodźców. Każdy dzień stanowi tutaj walkę o przetrwanie. Ludzie mieszkają w warunkach urągających człowieczeństwu, brakuje jedzenia, leków, odzieży i kwater, szerzą się choroby, dzieci mają wszy. Poza fatalną sytuacją materialną mieszkańcy byłych Prus Wschodnich muszą stawić czoła negatywnemu nastawieniu ze strony swoich zachodnich współziomków. Traktowani są jako ludzie drugiej kategorii, są wyszydzani z przyczyn, na które nie mają najmniejszego wpływu, nawet ich mowa odbierana jest z pogardą. Surminski zwraca uwagę na tragiczny los dzieci, które z powodu utraty rodziców oraz widzianych na własne oczy gwałtów, morderstw i rozkładających się ciał stały się nieczułe na krzywdy innych osób i nie zawsze potrafiły rozróżnić dobro od zła. Autor przedstawia wreszcie tęsknotę za utraconą ojczyzną, której przejawem jest naiwna i niepodparta żadnymi logicznymi przesłankami wiara w powrót do własnego domu.

Druga część ostatniego rozdziału jest analizą podziału Niemiec na RFN i NRD w oparciu o powieść *Polninken oder Eine deutsche Liebe*. W utworze można wyodrębnić trzy płaszczyzny narracyjne. Po pierwsze jest on kolejnym już wspomnieniem krajobrazu mazurskiego w twórczości Surminskiego. Po drugie porusza on problem podziału na Niemcy Wschodnie i Zachodnie. Po trzecie opowiada historię miłości dwojga młodych ludzi, która w obliczu tak licznych różnic między dwoma państwami niemieckimi skazana jest na niepowodzenie. Narracja powieści przywołuje na myśl dwa bardzo znane utwory literatury byłej NRD – *Zwei Ansichten* Uwe Johnsona oraz *Der geteilte Himmel* Christy Wolf. Zasadnicza różnica między Surminskim a dwojgiem pozostałych literatów wynika z faktu, iż mieszkał on i tworzył na terenie RFN, co pozwoliło mu na niezależne od wpływów cenzury przedstawienie własnego punktu widzenia. Podobnie jak w przypadku wszystkich innych utworów pisarza fikcja literacka miesza się w tej powieści z rzeczywistością historyczną. Autor przywołuje nazwiska, wydarzenia i przedmioty charakterystyczne dla obu państw: trabant, volkswagen, mur berliński, transparenty z okazji X. zjazdu SED, Erich Honecker, Leonid Breżniew, Helmut Schmidt. W powieści *Polninken* Surminski wyraża absurdalność sztucznego podziału narodu i krytykuje wszystkie systemy autorytarne, w których każdy aspekt życia ludzkiego podporządkowany jest władzy totalitarnej.

Ostatnia część pracy odwołuje się do motywu podróży do byłych Prus Wschodnich, obecnego w trzech utworach Arno Surminskiego: *Grunowen, Polninken* oraz *Sommer vierundvierzig*. Bohaterowie tych powieści reprezentują inne pokolenie i decydują się na podróż z innych pobudek. Inaczej postrzega Prusy Wschodnie urodzony po wojnie Ingo Majewski, główny bohater powieści *Polninken*. Jest on przedstawicielem generacji niezainteresowanej przeszłością, na Mazury jedzie wyłącznie w celach wypoczynkowych. Dopiero konfrontacja z Kazimierzem, Polakiem opowiadającym mu burzliwe dzieje tych ziem, wzbudza w nim chęć poznania historii Prus Wschodnich. Felix Malotka z powieści *Grunowen* to z kolei osiemdziesięcioletni mężczyzna, który zachował żywe wspomnienia o swoich rodzinnych stronach. Jest człowiekiem pełnym uprzedzeń, który nigdy nie potrafił pogodzić się z bezpowrotną utratą Prus Wschodnich na rzecz innych państw. Wciąż używa niemieckich nazw miejscowości, oburza się na konieczność wpisywania polskich nazw w formularzach wizowych. Jednak nawet on przyznaje pod koniec podróży: „Prusy Wschodnie to już przeszłość, istnieją jedynie w naszych umysłach". Powieść *Sommer vierundvierzig* zawiera krótką relację z podróży Hermanna Kallweita do Kaliningradu, którą protagonista odbywa pięćdziesiąt lat po nalotach alianckich na stolicę Prus Wschodnich. Zetknięcie bohatera z nową rzeczywistością pozwala mu dostrzec, że zniszczenie Królewca nie zakończyło się wraz z nalotami bombowymi lat 1941 i 1944. Wieloletnia socjalistyczna gospodarka planowa oraz odejście od chrześcijaństwa spowodowały, że tętniące niegdyś życiem kulturalnym miasto stało się siedliskiem rzezimieszków i prostytutek. Jedynymi turystami są Niemcy, którzy w swojej pamięci zachowali żywe wspomnienie o latach świetności Królewca i którzy podobnie jak główny bohater dostrzegają jego stopniowy rozkład symbolizujący upadek całej niegdysiejszej wschodniopruskiej prowincji.

Quellenverzeichnis

Primärliteratur

Kempowski, Walter: *Alles umsonst*. BTB Verlag. München 2008.

Lenz, Siegfried: *Heimatmuseum*. Hoffmann und Campe. Hamburg 1978.

Lenz, Siegfried: *Słodkie Sulejki*. Wydawnictwo Borussia. Olsztyn 2013.

Lenz, Siegfried: *So zärtlich war Suleyken*. Fischer Taschenbuch Verlag. Frankfurt am Main 1967.

Surminski, Arno: *Der Schrecken hatte viele Namen*. In: Reinoß, Herbert: *Es gab kein Zurück. Erinnerungen an die Vertreibung*. LangenMüller. München 2006. S. 9–23.

Surminski, Arno: *Fremdes Land oder Als die Freiheit noch zu haben war*. Ullstein Buchverlage GmbH. Berlin 2010.

Surminski, Arno: *Grunowen oder Das vergangene Leben*. Ullstein Buchverlage GmbH. Berlin 2006.

Surminski, Arno: *Jokehnen oder Wie lange fährt man von Ostpreußen nach Deutschland?*. Ullstein Taschenbuch Verlag. Berlin 2008.

Surminski, Arno: *Karaganda*. In: *Flucht und Vertreibung. Europa zwischen 1939 und 1948*. Ellert & Richter Verlag. Hamburg 2004, S. 220–223.

Surminski, Arno: *Kudenow oder An fremden Wassern weinen*. Ullstein Taschenbuch Verlag. Berlin 2008.

Surminski, Arno: *Polninken oder Eine deutsche Liebe*. Ullstein Taschenbuch Verlag. Berlin 2005.

Surminski, Arno: *Schweigen ist keine Antwort*. In: *Flucht und Vertreibung. Europa zwischen 1939 und 1948*. Ellert & Richter Verlag. Hamburg. 2004, S. 6–14.

Surminski, Arno: *Sommer vierundvierzig oder Wie lange fährt man von Deutschland nach Ostpreußen*. Ullstein Taschenbuch Verlag. Berlin 2008.

Surminski, Arno: *Vaterland ohne Väter*. Ullstein Taschenbuch Verlag. Berlin 2009.

Wiechert, Ernst: *Missa sine nomine*. Kurt Desch Verlag. München 1954.

Wiechert, Ernst, *Missa sine nomine*. Instytut Wydawniczy Pax. Warszawa 1958.

Sekundärliteratur

Allzeit, Siegfried: *Letzte Tage in Königsberg*. In: Kleindienst, Jürgen (Hrsg.): *Nichts führt zurück. Flucht, Vertreibung, Integration 1944–1955. 29 Zeitzeugen-Erinnerungen*. Zeitgut Verlag. Berlin 2008, S. 41–57.

Ankum, Katharina von: *Die Rezeption von Christa Wolf in Ost und West: Von Moskauer Novelle bis Selbstversuch*. Editions Rodopi B.V. Amsterdam 1992.

Anonyma: *Eine Frau in Berlin. Tagebuch-Aufzeichnungen vom 20. April bis zum 22. Juni 1945*. Eichborn Verlag. Frankfurt am Main 2003.

Arendt, Dieter: *Vom literarischen Recht auf Heimat oder: Das Motiv der Heimat in der Literatur*. In: Feuchert, Sascha (Hrsg.): *Gießener Arbeiten zur Neueren Deutschen Literatur und Literaturwissenschaft. Band 21. Flucht und Vertreibung in der deutschen Literatur. Beiträge*. Peter Lang Verlag. Frankfurt am Main 2001, S. 15–30.

Assmann, Aleida: *Der lange Schatten der Vergangenheit. Erinnerungskultur und Geschichtspolitik*. C.H.Beck. München 2006.

Assmann, Aleida: *Wozu nationales Gedenken*. In: Kobylińska, Ewa; Lawaty, Andreas: *Erinnern, Vergessen, Verdrängen. Polnische und deutsche Erfahrungen*. Otto Harrassowitz Verlag. Wiesbaden 1998, S. 110–119.

Autze, Rajan: *Treibgut des Krieges. Flüchtlinge und Vertriebene in Berlin 1945*. Quadriga Verlag. Berlin 2001.

Balduhn, Herta: *Der Tod wollte uns nicht*. In: Kleindienst, Jürgen (Hrsg.): *Nichts führt zurück. Flucht, Vertreibung, Integration 1944–1955. 29 Zeitzeugen-Erinnerungen*. Zeitgut Verlag. Berlin 2008, S. 34–40.

Batocki, Adolf von, Schack, Gerhard: *Bevölkerung und Wirtschaft in Ostpreußen*. Gustav Fischer Verlag. Jena 1929.

Beer, Matthias: *Flucht und Vertreibung der Deutschen: Voraussetzungen, Verlauf, Folgen*. C. H. Beck. München 2011.

Beevor, Antony: *Stalingrad*. Goldmann Verlag. München 2001.

Benz, Wolfgang: *Die 101 wichtigsten Fragen - das Dritte Reich*. C. H. Beck. München 2008.

Berg, Anna de: *Nach Galizien: Entwicklung der Reiseliteratur am Beispiel der deutschsprachigen Reiseberichte vom 18. bis zum 21. Jahrhundert*. Peter Lang Verlag. Frankfurt am Main 2010.

Beyersdorf, Herman Ernst: *Das kleine Dorf und der große Krieg. Arno Surminskis Roman „Vaterland ohne Väter"*. In: Stüben, Jens (Hrsg.): *Ostpreußen, Westpreußen, Danzig. Eine historische Literaturlandschaft*. Oldenbourg Wissenschaftsverlag. Oldenburg 2007, S. 589–603.

Beyersdorf, Herman Ernst: *...den Osten verloren. Das Thema der Vertreibung in den Romanen von Grass, Lenz und Surminski*. In: Engelmann Peter (Hrsg.): *Weimarer Beiträge*. Passagen Verlag GmbH. Wien 1992, S. 46–67.

Beyersdorf, Herman Ernst: *Erinnerte Heimat. Ostpreußen im literarischen Werk von Arno Surminski*. Harrassowitz Verlag. Wiesbaden 1999.

Bluhm, Lothar: *Popliteratur und Erinnerung – Kritische Anmerkungen zu einer topischen Entgegensetzung*. In: Gansel, Carsten; Zimniak Pawel (Hrsg.): *Das „Prinzip Erinnerung" in der deutschsprachigen Gegenwartsliteratur nach 1989*. V&R unipress. Göttingen 2010, S. 47–58.

Boll, Reinhard: *Littera Borealis. Edition zur zeitgenössischen Literatur im Norden. Arno Surminski*. Sparkassenstiftung Schleswig-Holstein. Kiel, 2012, S. 1–2.

Bollmann, Ralph: *Im Dickicht der Aufrechnung*. Rezension zu Jörg Friedrichs *Der Brand*. In: Die Tageszeitung. 10.12.2012

Börsing, Hilmar: *Die Wasser sind zu tief. Eine Romanze vor politischem Hintergrund*. In: Wiesbadener Kurier. 04./05.08.84.

Brennecke, Ernst: *Wo Deutsche auf Deutsche schießen. Arno Surminski: Polninken oder Eine deutsche Liebe*. In: Hamburger Anzeigen und Nachrichten. 29.03.84.

Brenner, Peter J.: *Der Reisebericht in der deutschen Literatur*. Walter de Gruyter Verlag. Berlin 1996.

Chłosta, Jan: *Prusy Wschodnie w literaturze niemieckiej 1945–1990. Biografie pisarzy*. Towarzystwo Naukowe: Ośrodek Badań Naukowych im. Wojciecha Kętrzyńskiego. Olsztyn 1993.

Dieregsweiler, Renate: *Krieg – Vergewaltigung – Asyl: die Bedeutung von Vergewaltigung im Krieg und ihre Bewertung in der bundesdeutschen Asylrechtsprechung*. Pro Universitate Verlag. Berlin 1997.

Dörffel, Elisabeth: *Kinder suchen ihre Eltern*. In: Kleindienst, Jürgen (Hrsg.): *Nichts führt zurück. Flucht, Vertreibung, Integration 1944–1955. 29 Zeitzeugen-Erinnerungen*. Zeitgut Verlag. Berlin 2008, S. 278–285.

Ehrenburg, Ilja: *Tötet, tötet, tötet*. In: Spiegel 36/1962.

Eichhorn, Svenja; Kuwert, Philipp: *Das Geheimnis unserer Großmütter. Eine empirische Studie über sexualisierte Kriegsgewalt um 1945*. Psychosozial-Verlag. Gießen 2011.

Eiynck, Andreas: *Des Kreises größte Sorge. Flüchtlings- und Wohnraumnot*. In: Eiynck, Andreas (Hrsg.): *Alte Heimat – Neue Heimat: Flüchtlinge und Vertriebene im Raum Lingen nach 1945*. Acken Verlag. Lingen 1997, S. 39–79.

Elm, Theo, Lenz, Siegfried: *Ganz wird sich der Mensch nicht definieren lassen… Ein Gespräch über Literatur und Geschichtsschreibung*. In: Engelmann, Peter (Hrsg.): *Weimarer Beiträge*. Passagen Verlag GmbH Wien. 1992.

Faehndrich, Jutta: *Eine endliche Geschichte. Die Heimatbücher der deutschen Vertriebenen*. Böhlau Verlag. Köln, Weimar, Wien 2011.

Frei, Norbert; Schmitz, Johannes: *Journalismus im Dritten Reich*. C. H. Beck. München 1999.

Friedrich, Jörg: *Der Brand*. Propyläen Verlag. Berlin 2002.

Gafert, Bärbel: *Kinder der Flucht - Kinder der Vertreibung 1945 - 1948.* In: Deutschland Archiv 40 (2007) 5, S. 833–839.

Gansel, Carsten: *Formen der Erinnerung in der deutschsprachigen Gegenwartsliteratur nach 1989.* In: Gansel, Carsten; Zimniak Pawel (Hrsg.): *Das „Prinzip Erinnerung" in der deutschsprachigen Gegenwartsliteratur nach 1989*, S. 19–36.

Genette, Gérard: *Palimpseste. Die Literatur auf zweiter Stufe.* Suhrkamp Verlag. Frankfurt/M. 1993.

Glinski, Gerhard von; Wörster, Peter: *Königsberg. Die ostpreußische Hauptstadt in Geschichte und Gegenwart.* Westkreuz-Verlag. Berlin, Bonn 1990.

Grass, Günter: *Im Krebsgang. Eine Novelle.* DTV. München 2014.

Gretzschel, Matthias: Von Jäglack über Jokehnen bis nach Jegławki – *Der Heimatbegriff bei Arno Surminski.* In: Littera Borealis. Edition zur zeitgenössischen Literatur im Norden. Arno Surminski. Sparkassenstiftung Schleswig-Holstein. Kiel 2012, S. 13–15.

Hage, Volker von: *Das tausendmalige Sterben.* In: *Die Flucht der Deutschen.* Spiegel Special. 2/2002.

Hahn, Eva; Hahn, Hans Henning, *Flucht und Vertreibung.* In: Francois, Etienne, Hagen Schulze (Hrsg.): *Deutsche Erinnerungsorte.* München. C.H. Beck 2001, Bd. 1, S. 335–351.

Helbig, Louis Ferdinand: *Der ungeheure Verlust. Flucht und Vertreibung in der deutschsprachigen Belletristik der Nachkriegszeit.* Otto Harrassowitz. Wiesbaden 1999.

Helbig, Louis Ferdinand: *Fünfunddreißig Jahre Literatur der Vertreibung. Versuch einer Bilanz 1945 - 1980.* In: *Deutsche Studien. Vierteljahreshefte. Flucht und Vertreibung.* Heft 71. Hrsg. von Gehrmann, Heinz, Hildebrandt, Lades. 1978.

Helbig, Louis Ferdinand: *Schlesien und Ostpreußen. Wortmeldungen zur unerledigten Vergangenheit.* In: Weigelt, Klaus (Hrsg.): *Flucht und Vertreibung in der Nachkriegsliteratur.* Verlag Ernst Knoth. Melle 1986.

Heukenkamp, Ursula: *Der Zweite Weltkrieg in der Prosa der Nachkriegsjahre (1945–1960).* In: Heukenkamp, Ursula (Hrsg.): *Deutsche Erinnerung, Berliner Beiträge zur Prosa der Nachkriegsjahre (1945–1960).* Erich Schmidt Verlag. Berlin 2000, S. 295–372.

Hitler, Adolf: *Politisches Testament.* In: http://www.ns-archiv.de/personen/hitler/testament/politisches-testament.php. Zugriff am 10.12.2014.

Hoegen von, Jesko: *Der Held von Tannenberg: Genese und Funktion des Hindenburg-Mythos.* Böhlau Verlag. Köln 2008.

Jakubów, Katarzyna: *Mythische Landschaften. Ostpreußen und Kresy im Werk von Johannes Bobrowski, Siegfried Lenz, Czesław Miłosz und Tadeusz Konwicki.* Lublin 2009.

Janicki, Kamil: *Pijana wojna. Alkohol podczas II wojny światowej.* Instytut Wydawniczy Erica. Warszawa 2012.

Jokostra, Peter: *Romeo und Julia 1980. Arno Surminskis Roman Polninken oder Eine deutsche Liebe.* In: Rheinische Post, 10.3.1984.

Kleindienst, Jürgen: *Geflohen, vertrieben, spät angekommen.* In: Kleindienst, Jürgen (Hrsg.): *Nichts führt zurück. Flucht, Vertreibung, Integration 1944–1955. 29 Zeitzeugen-Erinnerungen.* Zeitgut Verlag. Berlin 2008, S. 10–12.

Kleinhans, Bernd: *Ein Volk, ein Reich, ein Kino: Lichtspiel in der braunen Provinz.* Papyrossa. Köln 2003.

Kleßmann, Christoph: *Flucht und Vertreibung im 20. Jahrhundert - ein zeitgeschichtlicher Abriß.* In: Mehnert, Elke (Hrsg.): *Landschaften der Erinnerung. Flucht und Vertreibung aus deutscher, polnischer und tschechischer Sicht.* Peter Lang. Frankfurt am Main 2001, S. 14–40.

Knopp, Guido: *Stalingrad. Das Drama.* Goldmann Verlag. München 2006.

Knüttel, Wioletta: *Verlorene Heimat als literarische Provinz. Stolp und seine pommersche Umgebung in der deutschen Literatur nach 1945.* Peter Lang Verlag. Frankfurt am Main 2002.

Konarska, Ewa: *Flucht, Vertreibung und Heimatverlust in der deutschen Literatur am Beispiel Missa sine nomine von Ernst Wiechert.* In: Feuchert, Sascha (Hrsg.): *Gießener Arbeiten zur Neueren Deutschen Literatur und Literaturwissenschaft. Band 21. Flucht und Vertreibung in der deutschen Literatur. Beiträge.* Peter Lang. Frankfurt am Main 2001, S. 199–212.

Konarska, Ewa: *Vertreibung aus dem Paradies. Ernst Wiecherts „Missa sine nomine“, Siegfried Lenz' „Heimatmuseum“.* Vortrag anlässlich der Konferenz *Preußens vergessene Hälfte. Ostpreußen - Renaissance einer Kulturregion,* Potsdam, 18–21. Oktober 2001.

Kossert, Andreas, *Kalte Heimat. Die Geschichte der deutschen Vertriebenen nach 1945.* Verlagsgruppe Random House. München 2009.

Kossert, Andreas: *Masuren. Ostpreußens vergessener Süden.* Verlagsgruppe Random House. München 2008.

Kossert, Andreas: *Ostpreußen. Geschichte und Mythos.* Verlagsgruppe Random House. München 2007.

Kotowski, Albert: *Polens Politik gegenüber seiner deutschen Minderheit 1919–1939.* Harrassowitz Verlag. Wiesbaden 1998.

Krause, Tilman: *Das unermessliche Leid darf nicht vergessen werden. Siegfried Lenz über die Vertreibung in der deutschen Literatur, Ostpreußen und über Grass',„Im Krebsgang“*. In: Die Welt, 8.2.2002.

Kroll, Frank Lothar (Hrsg.): *Flucht und Vertreibung in der Literatur nach 1945.* Gebr. Mann Verlag. Berlin 1997.

Kroll, Frank Lothar (Hrsg.): *Ostpreußen. Facetten einer literarischen Landschaft.* Duncker & Humboldt GmbH. Berlin 2011.

Kube, Kristin: *Hochseefischer: Die Lebenswelt eines maritimen Berufstandes aus biografischer Perspektive.* Waxmann Verlag. Münster 2013.

Kürtz; Hans Joachim: *Daheim im Herzen von Ostpreußen – oder Wie weit ist es von Jäglack nach Jokehnen?* In: Littera Borealis. Edition zur zeitgenössischen Literatur im Norden. Arno Surminski. Sparkassenstiftung Schleswig-Holstein. Kiel 2012, S. 23–31.

Lamping, Dieter: *Über Grenzen: eine literarische Topographie.* Vandenhoeck & Ruprecht. Göttingen 2001.

Lejeune, Philippe: *Der autobiographische Pakt.* In: Niggl, Günter (Hrsg.): *Die Autobiographie. Zu Form und Geschichte einer literarischen Gattung.* Wissenschaftliche Buchgesellschaft. Darmstadt 1998, S. 214–257.

Lenz, Siegfried: *Diskrete Auskunft über Masuren.* In: Lenz, Siegfried: *So zärtlich war Suleyken. Masurische Geschichten.* Fischer Taschenbuch Verlag. Frankfurt am Main 1967.

Lenz, Siegfried: *Lächeln und Geographie. Über den masurischen Humor.* In: Lenz, Siegfried: *Beziehungen. Ansichten und Bekenntnisse zur Literatur.* Hoffmann und Campe. Hamburg 1970, S. 103–119.

Liebe zwischen Ost und West. In: Buch aktuell 1/84.

Longerich, Peter: *Goebbels. Biographie.* Siedler Verlag. München 2010.

Longerich, Peter: *Propagandisten im Krieg. Die Presseabteilung des Auswärtigen Amtes unter Ribbentrop.* Oldenbourg Verlag. München 1987.

Ludorowska, Halina: *Individuelle Geschichten im Erinnerungsdiskurs der Nachwendezeit – Günter der Bruyns Zwischenbilanz (1992) und Günter Kunerts Erwachsenenspiele. Erinnerungen (1997).* In: Gansel, Carsten; Zimniak Pawel (Hrsg.): *Das „Prinzip Erinnerung“ in der deutschsprachigen Gegenwartsliteratur nach 1989.* V&R unipress. Göttingen 2010, S. 75–86.

Łyjak, Konrad: *Arno Surminskis Vaterland ohne Väter – literarische Fiktion oder historische Dokumentation.* In: Golec, Janusz; von der Lühe, Irmela (Hrsg.): Berliner Beiträge zur Literatur- und Kulturgeschichte. Peter Lang Verlag. Frankfurt am Main. 2014.

Maletzke, Erich: *Siegfried Lenz. Eine biographische Annäherung.* Zu Klampen. Springer 2006.

Masuren- und Ermländerbund (Hrsg.): Masurischer Heimatkalender für das Jahr der Abstimmung 1920, Berlin 1919, S. VI.

Meindl, Ralf: *Ostpreußens Gauleiter Erich Koch – eine politische Biographie*. Fibre Verlag. Osnabrück 2007.

Melchert, Monika: *Die Zeitgeschichtsprosa nach 1945 im Kontext der Schuldfrage*. In: Heukenkamp, Ursula (Hrsg.): *Deutsche Erinnerung, Berliner Beiträge zur Prosa der Nachkriegsjahre (1945–1960)*. Erich Schmidt Verlag. Berlin 2000, S. 101–166.

Merchiers, Dorle: *Am Kreuzweg der Kulturen – am Scheideweg der Politik: Masuren im Roman Heimatmuseum (1978) von Siegfried Lenz*. In: Kątny, Andrzej (Hrsg.), *Studia Germanica Gedanensia* 13/2005. Uniwersytet Gdański. Gdańsk 2005.

Merkel, Ina: *Der Trabant*. In: Sabrow, Martin (Hrsg.): *Erinnerungsorte der DDR*. C.H. Beck Verlag. München 2009, S. 363–375.

Metzger, Simone: *Verlusterfahrung und literarische Erinnerungsstrategie. Die Darstellung von Heimat, Flucht und Integration in den Ostpreußen-Romanen von Arno Surminski*. Tectum Verlag. Marburg 2011.

Minakowski, Jerzy: *Baza artykułów dotyczących plebiscytu na Warmii, Mazurach i Powiślu w 1920 roku*. Olsztyn 2010.

Motekat, Helmut: *Die lange Fahrt von Ostpreußen nach Deutschland. Arno Surminskis Romane Jokehnen und Kudenow*. In: Kulturpolitische Korrespondenz. Sonderdienst Nr. 50. 20. Mai 1985.

Namowicz, Tadeusz: *Flucht, Vertreibung und Zwangsaussiedlung in der westdeutschen Literatur über Ostpreußen*. In: Mehnert, Elke (Hrsg.): *Landschaften der Erinnerung. Flucht und Vertreibung aus deutscher, polnischer und tschechischer Sicht*. Peter Lang. Frankfurt am Main 2001, S. 158–187.

Nora, Pierre: *Zwischen Geschichte und Gedächtnis*. Wagenbach. Berlin 1990.

Olszewski, Henryk: *Klaus Zernack i jego filozofia historii stosunków niemiecko-polskich*. In: Olszewski, Henryk (Hrsg.): *Klaus Zernack. Niemcy-Polska: Z dziejów trudnego dialogu historiograficznego*. Wydawnictwo Poznańskie. Poznań 2006

Opgenoorth, Ernst(Hrsg.): *Handbuch der Geschichte Ost- und Westpreußens*. Band IV. Institut Norddeutsches Kulturwerk. Lüneburg 1994.

Orłowski, Hubert: *Von ungleichwertiger Deprivation. ‚Verlorene Heimat' in der deutschen und polnischen Literatur nach 1939*. In: Bialek, Edward; Zybura, Marek (Hrsg.): *Orłowski Hubert. Literatur und Herrschaft – Herrschaft und Literatur. Zur österreichischen und deutschen Literatur des 20. Jahrhunderts*. Peter Lang Verlag. Frankfurt am Main; Berlin; Bern; Bruxelles; New York; Wien 2000, S. 117–132.

Orłowski, Hubert: *Za górami, za lasami... O niemieckiej literaturze Prus Wschodnich 1863–1945*. Borussia. Olsztyn 2003.

Ossowski, Mirosław: *Arno Surminski und der europäische Osten. Krieg und Erinnerung im Roman „Vaterland ohne Väter"*. In: Wille Lucyna, Homa Jaromin (Hrsg.): *Menschen-Sprachen-Kulturen*. Tectum Verlag. Marburg 2006.

Ossowski, Mirosław: *Die Natur Masurens in der gegenwärtigen deutschen Belletristik (Herbert Somplatzki, Horst Michalowski und Franz Böhm)*. In: Brandt, Marion; Kątny Andrzej (Hrsg.): *Die Natur und andere literarische Orte*. Wydawnictwo Uniwersytetu Gdańskiego. Gdańsk 2008, S. 95–103.

Ossowski, Mirosław: *Literatura powrotów - powrót literatury. Prusy Wschodnie w prozie niemieckiej po 1945 roku*. Wydawnictwo Uniwersytetu Gdańskiego. Gdańsk 2011.

Facius, Gernon; Reif, Adelbert: *Ostpreußen ist nur noch ein Mythos*. Interview mit Arno Surminski. In: Die Welt, 12.01.98.

Otto, Eva-Maria: *Glück im Unglück - kein Platz auf der „Gustloff"*. In: Kleindienst, Jürgen (Hrsg.): *Nichts führt zurück. Flucht, Vertreibung, Integration 1944–1955. 29 Zeitzeugen-Erinnerungen*. Zeitgut Verlag. Berlin 2008, S. 71–76.

Plieviers, Theodor: *Stalingrad*. KiWi Taschenbuch. Köln 1983.

Pölking, Hermann von: *Ostpreußen: Biographie einer Provinz*. be.bra Verlag. Berlin 2011.

Pyta, Wolfram: *Hindenburg. Herrschaft zwischen Hohenzollern und Hitler*. Siedler Verlag. München 2007.

Pyta, Wolfram: *Paul von Hindenburg als charismatischer Führer der deutschen Nation*. In: Möller, Frank: *Charismatische Führer der deutschen Nation*. Oldenbourg Wissenschaftsverlag. München 2004, S. 109–148.

Reich Ranicki, Marcel. *Dichter der beiden Deutschland? Uwe Johnsons neuer Roman „Zwei Ansichten"*. In: Die Zeit. 39/1964.

Reinoß, Herbert: *Erinnerungen an die Wegnahme der Heimat*. In: Reinoß, Herbert: *Es gab kein Zurück. Erinnerungen an die Vertreibung*. LangenMüller. München 2006, S. 9–23.

Remarque, Erich Maria: *Im Westen nichts Neues*. KiWi Verlag. Köln 1987.

Sacha, Magdalena: *Topos Mazur jako raju utraconego w literaturze niemieckiej Prus Wschodnich*. Ośrodek Badań Naukowych. Olsztyn 2001.

Schneiß, Wolfgang: *Vertreibung und verlorene Heimat im früheren Ostdeutschland. Beispiele literarischer Bearbeitung*. Peter Lang Verlag. Frankfurt am Main 1996.

Schütz, Erhard: *Der Volkswagen*. In: Francois, Etienne, Hagen Schulze (Hrsg.): *Deutsche Erinnerungsorte*. München. C. H. Beck 2001, Bd. 1, S. 352–359.

Ther, Philipp: *Deutsche und polnische Vertriebene: Gesellschaft und Vertriebenenpolitik in der SBZ/DDR und in Polen 1945–1956*. Vandenhoeck und Ruprecht. Göttingen 1998.

Tollkühn, Paul: *Geh doch nach Litauen!*. In: Kleindienst, Jürgen (Hrsg.): *Nichts führt zurück. Flucht, Vertreibung, Integration 1944–1955. 29 Zeitzeugen-Erinnerungen*.Zeitgut Verlag. Berlin 2008, S. 58–70.

Trende, Frank: *Es gibt nicht nur gut, es gibt nicht nur schlecht. Ein Gespräch über erzählte Zeitgeschichte mit Arno Surminski*. In: Littera Borealis. Edition zur zeitgenössischen Literatur im Norden. Arno Surminski. Sparkassenstiftung Schleswig-Holstein. Kiel 2012, S. 7–11.

Urban, Thomas: *Der Verlust. Die Vertreibung der Deutschen und Polen im 20. Jahrhundert*. C.H.Beck. München 2006.

Wagner, Erika: *Neue Schuhe*. In: Kleindienst, Jürgen (Hrsg.): *Nichts führt zurück. Flucht, Vertreibung, Integration 1944–1955. 29 Zeitzeugen-Erinnerungen*. Zeitgut Verlag. Berlin 2008, S. 286–289.

Weizsäcker, Richard von: *Zum 40. Jahrestag der Beendigung des Krieges in Europa und der nationalsozialistischen Gewaltherrschaft*. Ansprache des Bundespräsidenten Richard von Weizsäcker am 8. Mai 1985 in der Gedenkstunde im Plenarsaal des Deutschen Bundestages. Archiv vom Haus der Geschichte der Bundesrepublik Deutschland.

Wellner, Ursula, *Rückfahrkarte nicht inbegriffen*. In: Kleindienst, Jürgen (Hrsg.): *Nichts führt zurück. Flucht, Vertreibung, Integration 1944–1955. 29 Zeitzeugen-Erinnerungen*. Zeitgut Verlag. Berlin 2008, S. 268–277.

Wilmes, Hartmut: Eine deutsch-deutsche Liebe. Zu Arno Surminskis Roman: „Polninken". In: Sendung der Deutschen Welle „Bücherkiste" vom 21.01.85.

Wilpert, Gero von: *Sachwörterbuch der Literatur*. Kröner Verlag. Stuttgart 2001.

Wrzesiński, Wojciech: *Plebiscyty na Warmii i Mazurach oraz na Powiślu w roku 1920*. Ośrodek Badań Naukowych im. W. Kętrzyńskiego. Olsztyn 1974.

Wurm, Carsten: *Die Autobiographik*. In: Heukenkamp, Ursula (Hrsg.): *Deutsche Erinnerung, Berliner Beiträge zur Prosa der Nachkriegsjahre (1945–1960)*. Erich Schmidt Verlag. Berlin 2000, S. 239–294.

Zychowicz, Piotr: *Pakt Ribbentrop-Beck*. Rebis. Poznań 2013.

Lubliner Beiträge zur Germanistik und Angewandten Linguistik

Herausgegebenvon Janusz Golec und Hans-Jörg Schwenk

Band 1 Lucyna Krzysiak (Hrsg.): Blickpunkte der Germanistik. Literatur- und Kulturwissenschaft, Linguistik und Fremdsprachendidaktik. 2013.

Band 2 Jolanta Sękowska: Die Relation zwischen syntaktischem und lexikalisch-semantischem Wissen beim Satzverstehen in der Fremdsprache. 2014

Band 3 Jerzy Żmudzki: Blattdolmetschen in paradigmatischer Perspektive der anthropozentrischen Translatorik. 2015.

Band 4 Hans-Jörg Schwenk: Sind Adjektiv und Adverb verschiedene Wortarten? Deutsche Wortarten im Visier. 2015.

Band 5 Jolanta Pacyniak / Anna Pastuszka (Hrsg.): Zwischen Orten, Zeiten und Kulturen. Zum Transitorischen in der Literatur. 2016.

Band 6 Joanna Pędzisz: Profil des Online-Diskurses in Blog-Interaktionen an der Schnittstelle zwischen theoretischem Konzept und empirischem Modell. 2017.

Band 7 Magdalena Sowa / Jarosław Krajka (eds./éds.): Innovations in Languages for Specific Purposes. Present Challenges and Future Promise. Innovations en Langues sur Objectifs Spécifiques. Défis actuels et engagements à venir. 2017.

Band 8 Hans-Jörg Schwenk: Ergänzungen und Angaben und sonst nichts? Die syntaktische Umgebung des deutschen Verbs und ihre Gliederung. 2017.

Band 9 Hans-Jörg Schwenk: Exemplarisches Valenz- und Konstruktionswörterbuch deutscher Verben. Die Differenzierung und Klassifizierung der Begleiter des deutschen Verbs und ihre lexikographische Umsetzung in neuer Konzeption. 2017.

Band 10 Anna Pastuszka: Die Reise nach Ost- und Ostmitteleuropa in der Reiseprosa von Wolfgang Büscher und Karl-Markus Gauß. 2019.

Band 11 Jolanta Pacyniak: Von Menschen, Dingen und Räumen. Konstruktionen literarischer Gegenständlichkeit in ausgewählten Werken der deutschen und polnischen Gegenwartsliteratur. 2019.

Band 12 Konrad Łyjak: Historische und literarische Bilder im Werk von Arno Surminski. 2019.

www.peterlang.de

www.ingramcontent.com/pod-product-compliance
Lightning Source LLC
Chambersburg PA
CBHW060756310726
48980CB00002B/119

* 9 7 8 3 6 3 1 7 8 0 3 9 8 *